COFFEE STUDY PLUS

커피스터디 플러스

커피학**개론**&커피**향미**

커피**로스팅**

커피**추출**

라떼**아트**

커피**메뉴**

아이비라인 Ⓑ Publishing Co.

CONTENTS

PART 1. 커피학개론&커피향미

커피학개론

1. 커피 식물학 · 20
　1) 커피의 전파 · 21
　2) 커피의 계통도 · 22
　　① 아라비카 · 23
　　② 로부스타 · 23
　　③ 아라비카와 로부스타의 차이점 · 25

2. 커피 생물학 · 26
　1) 커피체리의 구성 · 27
　　① 외피 · 27
　　② 과육 · 27
　　③ 점액질 · 27
　　④ 파치먼트 · 27
　　⑤ 은피 · 27
　　⑥ 생두 · 27

3. 커피 농경학 · 28
　1) 파종 · 29
　2) 재배 · 30
　　① 그늘 경작 · 30
　　② 햇빛 경작 · 31
　3) 비료 살포와 병충해 방지 · 32
　　① 커피녹병 · 33
　　② 커피열매 천공충 · 33
　　③ 커피열매병 · 33
　4) 수확 · 34
　　① 개화와 열매의 성숙 · 34
　　② 수확 방법의 종류 · 34

4. 커피 가공 · 36
　1) 내추럴 가공법 · 37
　2) 워시드 가공법 · 40
　3) 펄프드 내추럴 가공법 · 45
　4) 그 밖의 가공법 · 48
　　① 허니프로세싱 · 48
　　② 길링 바사 · 49
　　③ 코피 루왁 · 49

5. 디카페인 커피 · 50
　1) 디카페인 커피의 기준 · 51
　2) 디카페인 커피 제조방법 · 52
　　① DCM 방식 · 52
　　② EA 방식 · 52
　　③ 초임계 방식 · 52
　　④ 스위스 워터 프로세스 방식 · 52

6. 커피 등급 구분 · 54
　1) 등급 구분의 시작 · 54
　2) 등급의 의미 · 54
　3) 등급 구분의 변수 · 55
　　① 스크린 사이즈에 따른 분류 · 55
　　② 밀도 및 재배고도에 따른 분류 · 55
　　③ 결점두 함량에 따른 분류 · 55

커피향미

7. 커피 보관 및 포장 · 58
    1) 보관방법 · 59
    2) 포장방법 · 59
        ① 주트백 · 59
        ② 그레인프로 · 59
        ③ 진공 포장 · 59

8. 커피 무역 · 60
    1) 선물거래 · 60
    2) 커피 무역 용어 · 60
        ① FOB · 60
        ② CIF · 61
        ③ 선하증권(B/L) · 61
        ④ 메트릭톤(MT) · 61
        ⑤ 파운드(lb) · 61
        ⑥ TEU · 61
    3) 계약서 작성 · 61

9. 세계 커피산업의 흐름 · 62
    1) 커피 관련 해외 단체 · 63
        ① 국제커피기구 · 63
        ② 스페셜티커피협회 · 63
        ③ ACE · 63
    2) 스페셜티 커피의 대두 · 64
    3) 커피산업의 지속가능성을 위한 노력 · 66

1. 센서리 이론 · 70
    1) 미각과 후각 · 71
        ① 미각 · 71
        ② 후각 · 72
    2) 아로마 · 73
        ① 효소반응에 의해 형성된 향, 엔자이매틱 · 74
        ② 갈변반응에 의해 형성된 향, 슈가브라우닝 · 74
        ③ 건류반응에 의해 형성된 향, 드라이디스틸레이션 · 74
    3) 향미 · 74

2. 커피향미 평가 · 76
    1) 커핑 프로토콜 · 76
        ① 온도와 상대 습도 · 76
        ② 장비와 설비 · 76
        ③ 장소 · 77
        ④ 샘플 로스팅 · 77
        ⑤ 샘플 보관 · 77
        ⑥ 추출비율 · 78
        ⑦ 분쇄 · 78
        ⑧ 물 · 78
    2) 커핑 테이블 세팅 · 79
        ① 커핑에 필요한 준비물 · 79
        ② CoE 방식 · 80
        ③ SCAA 방식 · 80

3) 커핑 절차 · 81
　① 원두 계량 · 81
　② 원두 분쇄 · 81
　③ 프래그런스 체크 · 81
　④ 물 붓기 · 81
　⑤ 아로마 체크 · 82
　⑥ 크러스트 브레이크 · 82
　⑦ 크러스트 제거 · 82
　⑧ 향미 체크 · 82
　⑨ 평가 종료 · 83

3. 커피향미 평가요소와 기준 · 84
1) 커피향미 평가요소 · 85
　① 프래그런스와 아로마 · 85
　② 클린컵 · 85
　③ 스위트니스 · 85
　④ 액시디티 · 85
　⑤ 바디와 마우스필 · 85
　⑥ 플레이버 · 85
　⑦ 애프터테이스트 · 85
　⑧ 밸런스 · 85
　⑨ 유니포미티 · 85
　⑩ 오버롤 · 85
　⑪ 총점 · 85
　⑫ 디펙트 · 86
　⑬ 최종 점수 · 86

2) 커피향미 평가기준 · 86
3) 향미 평가방법과 용어 · 87
4) CoE와 SCAA의 향미 평가기준 · 92
　① CoE 기준 · 92
　② SCAA 기준 · 94

4. 실전 커핑 · 96
1) 커핑의 기술 · 96
2) 커핑 시 주의할 점 · 97
3) 그 밖의 커피품질 평가방법 · 97

PART 2. 커피로스팅

생두

1. 생두의 구성 성분 · 102
  ① 탄수화물 · 104
  ② 아미노산과 단백질 · 105
  ③ 지질 및 무기질 · 105
  ④ 카페인 · 106
  ⑤ 트리고넬린 · 106
  ⑥ 클로로겐산 · 107
  ⑦ 기타 성분(비타민과 유기산) · 107

2. 생두의 품종과 가공방식 · 108
  ① 품종 · 109
  ② 가공방식 · 110

3. 생두 평가 · 112
  ① 수분 · 113
  ② 크기 · 114
  ③ 결점두 수 · 114
  ④ 밀도 · 115
  ⑤ 색상 · 115

로스팅

1. 로스팅의 유래 · 118

2. 로스터의 구조와 발전양상 · 120
  ① 로스터의 구조 · 121
  ② 드럼의 구조 · 121
  ③ 로스터의 발전양상 · 122

3. 로스터의 열원과 열전달 방식 · 124
  ① 열원 · 125
  ② 열전달 방식 · 125

4. 로스터의 유형별 특성 · 128
  ① 직화식 · 129
  ② 반열풍식 · 130
  ③ 열풍식 · 131

5. 생두의 물리적 변화 · 132
  ① 수분 증발 · 134
  ② 색상 · 135
  ③ 부피 · 135
  ④ 밀도 · 136
  ⑤ 무게 · 136
  ⑥ 1차팝핑 · 137
  ⑦ 2차팝핑 · 138
  ⑧ 냉각 · 139

6. 생두의 화학적 변화 · 140
① 메일라드 반응 · 141
② 열분해 · 141
③ 가수분해 · 142
④ 캐러멜화 · 142
⑤ 탄수화물 · 142
⑥ 아미노산과 단백질 · 143
⑦ 카페인과 트리고넬린 · 143
⑧ 탄닌 · 143

실전 로스팅

1. 로스팅 플랜 · 146
① 로스팅 레벨과 로스팅 방식 결정 · 147
② 용도 결정 · 148
③ 로스터 예열 · 148
④ 건조 · 150
⑤ 열분해 · 152
⑥ 냉각 · 152

2. 로스팅 변수 · 154
① 로스팅 시간 · 156
② 배기 · 158
③ 투입량 · 159
④ 예열과 로스팅 횟수 · 159
⑤ 열원과 압력 · 160
⑥ 온도 센서 · 160
⑦ 외부 환경 · 161

3. 로스팅 노하우 · 162
① 용도별 로스팅 방법 · 162
② 품질 관리 · 164

블렌딩

1. 블렌딩의 목적 · 168
① 생두의 특성 극대화 · 169
② 고객의 니즈 충족 · 169
③ 싱글 오리진의 단점 보완 · 170
④ 가격 경쟁력 확보 · 171

2. 블렌딩을 위한 생두 선택 · 172
① 맛에 따른 분류 · 173
② 가공방식에 따른 분류 · 173

3. 맛의 포인트 · 174
① 단맛 · 175
② 신맛 · 175
③ 짠맛 · 175
④ 쓴맛 · 175
⑤ 감칠맛 · 175

4. 블렌딩 방법 · 176
① 선블렌딩 · 176
② 후블렌딩 · 176
③ 블렌딩 스타일 · 177

PART 3. 커피추출

그라인딩

1. 그라인딩의 기능 · 182
　① 분쇄 시 일어나는 원두의 변화 · 193
　② 분쇄도의 중요성 · 184

2. 그라인더의 종류 · 190
　① 그라인더에 따른 분쇄입자 차이 · 191
　② 분쇄온도 · 192
　③ 분쇄방식의 종류 · 193
　④ 용도별 그라인더의 종류 · 195
　⑤ 그라인더의 구조 · 197
　⑥ 분쇄도 조절방법 · 198

추출

1. 커피의 추출수율과 농도 · 202
　① 커피의 농도 · 203
　② TDS · 205
　③ 커피의 추출수율 · 208

2. 추출수율과 농도의 변수 · 210
　① 분쇄도 · 211
　② 추출비율 · 211
　③ 온도 · 213
　④ 물의 움직임 · 216
　⑤ 추출시간 · 217

3. 물 · 218
　① TDS가 추출에 미치는 영향 · 219
　② 추출에 적합한 TDS · 219
　③ 미네랄 함량에 따른 맛의 변화 · 220
　④ 물의 경도 · 220
　⑤ 수소이온농도지수(pH) · 220
　⑥ 커피 추출에 알맞은 수질 · 221
　⑦ 정수 · 222

에스프레소

1. 에스프레소 추출 · 226

2. 크레마 · 228
① 크레마의 생성 · 229
② 크레마의 역할 · 230

3. 에스프레소 추출변수 · 232
① 추출비율 · 233
② 추출수율 · 235
③ 저항 · 236
④ 압력 · 237
⑤ 밀도 · 238
⑥ 인퓨전 · 243

4. 에스프레소 머신 · 246
① 에스프레소 머신의 구조 · 247
② 보일러의 구조 · 248
③ 보일러 형식 · 248
④ 에스프레소 머신의 부품 · 250

브루잉

1. 필터 브루잉 · 258
① 필터의 역할 · 258
② 필터의 종류 · 259
③ 드리퍼 · 261
④ 드리퍼의 종류와 구조 · 261

2. 실전 브루잉 · 263
① 핸드드립 · 263
② 프렌치프레스 · 265
③ 에어로프레스 · 267
④ 클레버 · 270
⑤ 콜드브루 · 272

PART 4. 라떼아트

라떼아트의 이해

1. 라떼아트의 정의와 종류 · 280
    1) 라떼아트란? · 281
    2) 라떼아트의 종류 · 282
        ① 기본 · 282
        ② 에칭 · 283
        ③ 프리푸어링 · 284
        ④ 프로페셔널 프리푸어링 · 284

2. 라떼아트에 필요한 재료와 도구들 · 286

3. 라떼아트의 필수 조건 · 288
    1) 에스프레소 · 289
    2) 스팀밀크 · 292
        ① 우유의 종류 · 294
        ② 우유의 온도 · 296
        ③ 거품양 · 299

실전 라떼아트

4. 라떼아트의 기본 순서 · 302
    1) 라떼아트의 기본 원리 · 303
    2) 밀크 스티밍 · 303
    3) 믹스 · 311
    4) 시작점 · 314
    5) 낙차 · 314
    6) 유량과 유속 · 317
    7) 스팀피처의 움직임 · 317
    8) 마무리 · 319

5. 라떼아트 실습 · 320
    1) 원 · 321
    2) 하트 · 323
    3) 결하트 · 325
    4) 튤립 · 327
    5) 하트 인 하트 · 330
    6) 로제타 · 333
    7) 폼에칭 · 336
    8) 소스에칭 · 339
    9) 캐릭터에칭 · 342
    10) 프리푸어링 · 346
    11) 프로페셔널 프리푸어링 · 349

PART 5. 커피메뉴

준비

1. 재료 · 356
① 커피 · 357
② 물 · 360
③ 우유 · 361
④ 설탕 · 362
⑤ 기타 부재료 · 363

2. 커피추출 장비 & 도구 · 366
① 기본 도구 · 367
② 그라인더 · 372
③ 에스프레소 머신 · 374
④ 브루잉 도구 · 376
⑤ 잔 · 379

추출

1. 커피향미 · 384
① 향미 트렌드 · 385
② 원하는 맛 찾기 · 385
③ 상권 분석 · 386

2. 커피추출 · 390
① 에스프레소 추출 · 391
② 브루잉 커피 추출 · 393

3. 밀크 스티밍 · 394
① 밀크 스티밍 하는 법 · 395
② 카페라떼와 카푸치노의 차이 · 395

카페 메뉴

1. 메뉴 개발 · 398
① 커피 프랜차이즈 · 399
② 일반 카페 · 401

2. 메뉴판 디자인 · 402

에스프레소 레시피

1. 프릳츠 커피 컴퍼니 · 406
2. 모모스 커피 · 409
3. 커피 렉 코리아 · 412
4. 커피 그래피티 · 415
5. 파이브 익스트랙츠 · 418
6. 펠트 · 420
7. 좀비 커피 로스터스 · 422
8. 키쏘 커피 컴퍼니 · 424
9. 아스트로노머스 커피 · 426
10. 커피점빵 · 428

브루잉 커피 레시피

1. 칼리타
- 나무사이로 커피 · 432

2. 칼리타 웨이브
- 엘카페 커피 로스터스 · 434

3. 융
- 헬카페 · 436

4. 케멕스
- 파이브 브루잉 · 438

5. 하리오
- 메쉬 커피 · 440

6. 하리오
- 왕창상회 · 442

7. 사이폰
- 그린마일 커피 · 444

8. 에어로프레스
- 루하 커피 · 446

카페라떼 및 카푸치노 레시피

1. 카페라떼
- 팩토리 670 · 450

2. 진한 카푸치노
- 김약국 커피 컴퍼니 · 452

3. 카푸치노 이탈리안
- 카페 컴플렉스 · 454

4. 덤보치노
- 러스티드 아이언 · 456

5. 카페런던
- 카페 아이두 · 458

6. 챔프커피
- 챔프 커피 로스터스 · 460

7. 플랫화이트
- 리사르 커피 로스터스 · 462

8. 라떼 리이슈
- 리이슈 · 464

9. 노 아이스 라떼
- 에픽 에스프레소 더 커피 바 · 466

베리에이션 음료 레시피

1. 샤커레또
- 플라츠 커피 · 470

2. 바닐라 라떼
- 모나드 커피 로스터스 · 472

3. 카바레 마키아토
- 카바레 마키아토 · 474

4. 시트러스 카푸치노
- 스티머스 커피 팩토리 · 476

5. 오렌지 카푸치노
- 노아스 로스팅 · 478

6. 카페 사이공
- 카페 뮬 · 480

7. 카페 브륄레
- 원더 커피 · 482

8. 자몽밤
커피 밤 · 484

9. 비체린
- 콩밭 커피 로스터 · 486

10. 우바 밀크티
- 트리아농 · 488

한국바리스타챔피언십 창작 메뉴 레시피

1. 2015 KBC 1위 송이슬
- 바이올렛 시그니처 · 492

2. 2015 KBC 2위 김덕아
- 오에스티 커피 · 494

3. 2015 KBC 3위 이은주
- 퍼즐 · 496

4. 2014 KBC 1위 정아름
- 오렌지 필 소 굿 · 498

5. 2014 KBC 2위 윤혜령
- 리프레쏘 · 500

PART 1

커피학개론 & 커피향미
COFFEE INTRODUCTION & COFFEE FLAVOR

참고문헌
1. 『Coffee: Growing, Processing, Sustainable Production』, J.N. Wintgens, Wiley-VCH(2009)
2. 『The World Atlas of Coffee』, James Hoffmann, Mitchell Beazley(2014)
3. 『The Coffee Exporters Guide』, International Trade Centre, ITC(2011)
4. 『Specialty Coffee: Managing Quailty』, Thomas Oberthür, Peter Läderach, H.A. Jürgen Pohlan, James H. Cock, International Plant Nutrition Institute(2012)
5. 『Arabica Green Coffee Defect Handbook』, Specialty Coffee Association of America, SCAA(2013)
6. 『The Coffee Produced Throughout the World』, Philippe Jobin, P. Jobim&Cie(1992)
7. 『The Ultimate Coffee Book』, Johanna Wechselberger, Tobias Hierl, braumuller(2009)
8. perfectdailygrind, "wet hulled coffee", http://www.perfectdailygrind.com/2015/10/indonesian-wet-hulled-coffee-your-one-stop-guide/
9. United States Department of Agriculture, "organic coffee", https://www.ams.usda.gov/grades-standards/organic-standards/

COFFEE STUDY PLUS

1
커피학개론

CHAPTER 1

커피식물학

에티오피아 고원(아비시니아 고원이라고도 한다)의 카파Kaffa 지역은 해발고도가 최고 3,500m에 달하며 열대식물이 자라기에 최적화된 연중 온화한 기후를 자랑하는 커피의 요람이다.

커피의 전파

커피는 에티오피아의 카파 지역에서 처음 발견되어 575년경 아라비아 반도의 예멘으로 옮겨졌으며 15~16세기 전까지는 다른 지역에서 재배된 기록이 없다. 당시 지배자들은 이 매력적인 식물의 해외 반출을 막기 위해 커피를 수출할 때 불에 굽거나 물에 끓여서 발아력을 제거했다고 한다.

초창기 커피는 음식의 재료로 쓰였다. 800년경 아비시니아Abyssinia(에티오피아의 옛 이름)의 오로모Oromo 부족은 잘 말린 커피체리의 씨앗을 갈아서 기름이나 버터를 섞은 후 당구공 모양으로 만들어 가지고 다니면서 먹었다. 20세기 초까지만 해도 아프리카의 유목민인 갈라Galla 부족은 긴 여행을 떠날 때 이 음식을 식사대용으로 가지고 다녔다.

이후에는 커피체리의 과육과 껍질을 발효시켜 와인을 만들었고, 1200년경에는 생두를 물에 끓여서 음료로 마시기도 했다. 1300년경에 이르러서는 커피체리의 껍질을 벗겨서 불에 구운 후 곱게 갈아 끓는 물에 타 마시는 음료가 등장했으며 이는 오늘날 커피의 시초가 됐다.

커피는 16세기 유럽인들에 의해 기록으로 남겨졌으며, 맛과 향이 뛰어나고 생리학적으로도 이뇨작용, 소화촉진, 각성 등의 효과가 있어 유럽인들의 생활 속에 빠르게 스며들었다.

커피는 에티오피아와 아라비아 반도를 거쳐 유럽으로 널리 전파되는 과정에서 이름도 여러 가지 변화를 겪었다. 아랍인들은 'qahwah', 터키인들은 'kahve'라고 불렀으며, 17세기 이후 이탈리아에서는 'caffé', 프랑스와 스페인에서는 'café', 영국에서는 'coffee', 네덜란드에서는 'koffie', 독일에서는 'kaffee'라고 불렀다.

커피의 계통도

커피coffee는 1753년 스웨덴의 식물학자 칼 폰 린네Carl Von Linné에 의해 식물계Vegetal—속씨식물군—쌍떡잎식물강Dicotiledónea—용담목—꼭두서니과Rubiace—코페아속Coffea 식물로 처음 분류되었다. 코페아속에는 다양한 종species이 존재하는데, 아라비카Arabica종, 카네포라Canephora종, 리베리카Liberica종, 엑셀사Excelsa종이 대표적이다. 하지만 이중에서 품질과 생산성이 우수한 아라비카와 카네포라만이 상업적 거래가 이루어지기 때문에 평소 우리가 마시는 커피는 아라비카 아니면 카네포라라고 해도 과언이 아니다.

커피나무는 사계절 푸른 잎을 가진 상록수이며, 종마다 적응할 수 있는 기후환경이 조금씩 다르다.

❷ 로부스타

19세기 말 아프리카 콩고와 기니에서 처음 발견된 로부스타는 엄밀히 말하면 카네포라종의 하위 품종이지만 다른 품종보다 생산성이 월등히 높아 아라비카보다 상업적인 용도로 더 많이 이용되고 있다. 로부스타Robusta라는 이름은 네덜란드 출신의 한 상인이 벌레가 잘 먹는 아라비카에 비해 깨끗한 로부스타의 표면을 보고 'Robuust(네덜란드어로 튼튼하다는 뜻)'라 일컬은 데서 유래했다.

로부스타는 아라비카보다 생육조건이 까다롭지 않고 병충해에 강하며 생산량도 많아서 상업적으로 높은 가치를 지닌다. 유전학적으로 보면 로부스타가 아라비카의 조상 격이지만 향미flavor의 품질과 다양성이 상대적으로 떨어지기 때문에 주로 인스턴트커피 제조에 사용된다. 카네포라종의 하위 품종에는 로부스타 외에도 코닐론Conillon과 과리니Guarini 등이 있다.

❶ 아라비카

아라비카의 학명은 코페아 아라비카Coffea Arabica이며, 에티오피아 남서쪽에 위치한 카파 지역에서 처음 발견된 후 아라비아 반도를 거쳐 세계 각국의 생산지로 퍼져 나갔다. 아라비카는 커피의 맛과 향이 다른 종에 비해 뛰어나 현재 가장 많은 판매량을 보이고 있으며, 실제로 전 세계 커피 생산량의 60%가량을 차지하고 있다.

아라비카의 품종에는 대표적으로 티피카Typica, 버번Bourbon, 문도 노보Mundo Novo, 카투라Caturra, 카투아이Catuai, 마라고지페Maragogype 등이 있다. 유전학적 분석 결과에 따르면 코페아 아라비카는 코페아 카네포라Coffea Canephora와 코페아 유지노이드Coffea Eugenoides를 교배시켜 탄생한 하위 종이라고 한다.

---

*1983년 카메론에서는 자연 발생한 무카페인 커피인 코페아 샤리에리아나(Coffea Charrieriana)가 발견되었고, 카페인 함량이 매우 낮은 코페아 란시폴리아(Coffea Lancifolia)가 마다가스카르에서 발견되었다. 하지만 이 품종으로 만든 커피는 강한 쓴맛과 날카로운 맛 때문에 상업화하는 데 어려움이 있었다.

THE ARABICA COFFEE FAMILY TREE

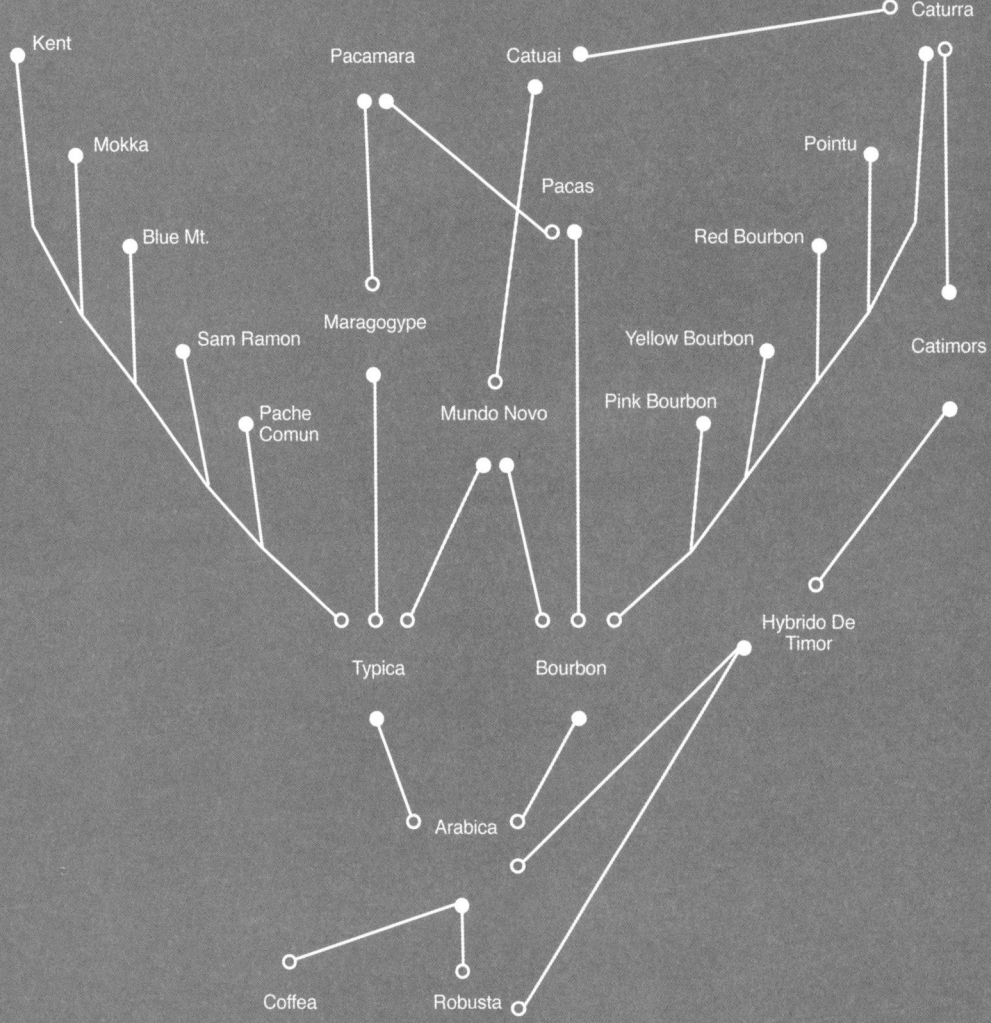

❸ 아라비카와 로부스타의 차이점

아라비카는 원형을 유지하려는 습성이 있어 4배체의 염색체를 가지고 자가수분을 한다. 로부스타는 아라비카에 비해 기온이 높고 재배고도가 낮은 곳에서도 잘 자라지만 10℃ 이하에서는 생육활동이 제한되고 많은 양의 물을 필요로 하기 때문에 연중 고온다습한 동남아에서 널리 재배된다. 카페인 함량이 높고 쓴맛이 강한 로부스타는 병충해 저항성이 강해 안정적인 생산이 가능하다.

아라비카 생두

로부스타 생두

아라비카와 로부스타의 특성 비교

아라비카	구분	로부스타
4n=44(4배체)	염색체수	2n=22(2배체)
자가수분	수분방법	타가수분
동아프리카, 중남미	주요 재배지	서아프리카, 동남아
18~22℃	연평균기온	20~25℃
0℃	최저기온	10℃
해발 900~2000m	재배고도	해발 200~800m
1,200~2,000ml	강수량	1,500~3,000ml
약 3개월	최대건기	약 1개월
마디당 10~20개	꽃의 개수	마디당 60~80개
1~1.5%	카페인 함량	2~3%
최대 2.5m	뿌리깊이	최대 1.5m
1.2~2cm	열매크기	9~1.6cm
약함	병충해 저항성	강함
좋은 산미, 강한 단맛	향미 특징	강한 쓴맛, 구수한 맛

CHAPTER 2

커피생물학

다양한 색깔의 커피체리

커피체리의 구성

커피체리는 외피husk, 과육pulp, 점액질 mucilage, 파치먼트parchment, 은피silver skin, 생두green bean 등으로 구성되어 있다.

❶ 외피
커피체리의 가장 바깥쪽에 있는 껍질로, 펄프드 내추럴pulped natural이나 워시드 washed 방식으로 가공할 때 펄핑pulping 단계에서 과육과 함께 제거된다.

❷ 과육
커피체리의 과육도 다른 과일들처럼 단맛이 나긴 하지만 강도는 매우 약한 편이다. 외피와 마찬가지로 펄프드 내추럴이나 워시드 방식으로 가공할 때 펄핑 단계에서 제거된다.

❸ 점액질
파치먼트 표면에 붙어있는 점액질은 펙틴pectin* 성분을 많이 함유하고 있으며 쉽게 썩는다.

❹ 파치먼트
커피체리의 과육과 생두 사이에 위치한 중과피로, 표면에 점액질이 붙어있으며 생두를 보호하는 역할을 한다. 파치먼트가 생두를 감싸고 있는 상태의 커피를 파치먼트 커피parchment coffee라고 하며 스페인어로는 페르가미노pergamino라고 한다.

❺ 은피
생두를 둘러싸고 있는 얇은 막으로, 로스팅 시 벗겨진 것을 채프chaff라고 한다.

❻ 생두
커피의 주재료인 생두는 커피체리의 가장 안쪽에 있는 씨앗이며 두 개가 한 쌍을 이루는 것이 일반적이다.

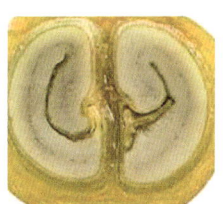
커피체리의 단면

피베리(peaberry)의 단면

* **펙틴** : 과일과 채소에서 주로 발견되는 당과 산의 중합체이다. 겔(gel) 타입으로 끈적이는 점성을 가지고 있으며 세포를 결합하는 작용을 한다.

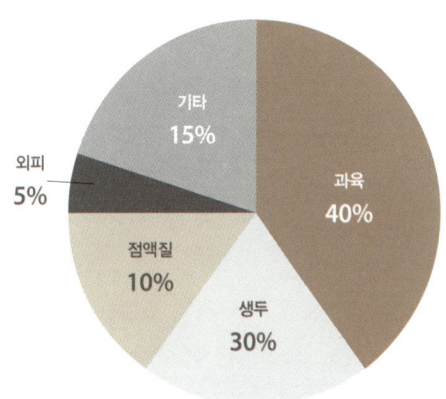
커피체리의 구성 비율

CHAPTER 3

커피농경학

커피나무 묘목

파종

커피생산의 첫 단계는 파종이다. 농부들은 대부분 커피나무를 재배할 때 커피체리의 씨앗인 파치먼트를 밭에 바로 뿌리지 않고 먼저 묘포nursery에서 묘목을 키운다. 묘포는 파치먼트에 지속적으로 물과 영양분을 공급하는 동시에 일조량을 적절히 조절하여 커피나무의 새싹이 잘 자랄 수 있는 환경을 제공한다. 파종 후 1~2개월이 지나면 파치먼트에서 싹이 돋아나기 시작하고, 묘목이 40~60cm가량 자랐을 때 농장에 옮겨 심는다.

파치먼트

씨앗의 발아

재배

❶ 그늘 경작

그늘 경작shade grown은 커피나무 주변에 키가 큰 나무를 심어 그늘을 만들어주는 전통적인 경작 방법이다. 커피나무는 역사가 오래된 품종일수록 햇볕에 약해서 셰이드트리shade tree를 이용해 일조량을 조절한다. 또한 그늘이 조성되면 새들이 모여들어 해충 피해가 줄고 풍해를 막는 효과가 있기 때문에 유기농법으로 커피나무를 재배할 수 있다. 브라질을 제외한 대다수의 커피 산지에서는 품질향상을 위해 그늘 경작을 다시 도입하거나 시도하는 중이다.

그늘 경작

셰이드트리의 조건

플랜틴 나무

잎이 넓은 나무여야 한다
햇빛을 적당히 가리기 위해서는 나무의 잎이 넓거나 가지가 우산처럼 넓게 퍼져야 한다.

영양 경쟁에서 우세한 나무는 제외해야 한다
일반적인 나무는 뿌리 길이가 키에 비례하는 데 반해 커피나무는 수확의 용이성과 효과적인 영양공급을 위해(영양분이 열매에 집중될 수 있게) 중간에 계속 가지치기pruning를 하기 때문에 상대적으로 뿌리가 깊지 않다. 커피나무의 뿌리가 셰이드트리보다 긴 경우 영양분이 셰이드트리에 더 빨리 흡수되어 커피나무의 성장에 방해가 될 수 있으므로 주의해야 한다.

과실수는 제외해야 한다
과실수는 과일이 익으면 해충 피해를 입을 위험이 크기 때문에 되도록 피하는 것이 좋지만 껍질이 두껍고 덜 익은 상태로 수확하는 플랜틴 나무plantain tree는 셰이드트리로 많이 사용한다.

유기농법의 정의

아직까지도 사람들은 유기농산물이라고 하면 농약을 전혀 쓰지 않고 천연비료로만 재배한다고 많이 생각하는데 유기농법 organic agriculture 혹은 organic farming에 대한 정확한 정의는 아래와 같다.

"농업 생산물을 원활히 재배하기 위해 비료를 주고 제초제를 뿌리는 행위나 유해균과 해충 박멸을 위해 살충제를 살포하는 행위는 허용하지만 화학적 합성물이 들어간 약품을 사용해서는 안 된다. 또한 인류의 건강과 안전 그리고 토양 보존을 위해 호르몬을 이용한 성장촉진제를 투여하거나 항생제를 먹인 가축의 배설물과 하수찌꺼기 등을 비료로 사용해서는 안 되며, 유전자변형 농산물 Genetically Modified Organism, GMO이어서도 안 된다."

(출처: 미국농무부 United States Department of Agriculture, USDA)

❷ 햇빛 경작

주로 브라질에서 사용하는 경작 방법인 햇빛 경작 sun grown은 커피나무를 강한 햇빛에 노출시켜 커피체리의 성숙기간을 단축하고 생산량을 극대화하는 방식이다. 하지만 이 같은 방식은 커피체리가 익는 시간을 지나치게 앞당겨서 겉으로 보기에는 빨갛게 잘 익은 것 같아도 실제로는 아직 무르익지 않아 밀도가 떨어지고 커피성분도 충분히 생성되지 않는 경우가 많다. 이러한 커피는 상대적으로 클로로제닉산 함량이 높게 나타나며 품질저하의 원인이 되는 떫은맛이 강하게 느껴진다. 때문에 햇빛 경작은 전통적인 품종의 커피나무보다는 많은 일조량에 견딜 수 있도록 개량된 품종의 커피나무에 적용하는 것이 바람직하다.

비료 살포와 병충해 방지

코페아속에 속하는 커피나무는 원래 우거진 숲 속의 나무그늘 아래서 자라는 식물이다. 나무그늘은 일조량을 적정 수준으로 낮춰 커피나무에 너무 많은 열매가 맺히는 것을 막는다. 높은 일조량으로 인해 커피체리의 수확량이 지나치게 많아지면 다음해에 토양의 영양분이 충분히 보충되지 않는 한 생산성이 갈수록 떨어지기 때문이다. 잎마름병*과 해거리 문제를 미연에 방지하려면 그늘 경작과 가지치기, 토양 보존 등을 통해 커피나무를 적절히 관리해야 한다.

주요 영양소가 커피나무에 미치는 영향

영양소	공급형태	기능
질소 N Nitrogen	NO_2^+ NH_4^+	나무의 성장, 단백질 형성, 효소작용, 호르몬 생성, 광합성
칼륨 K Potassium	K^+	열매의 품질향상, 수분균형, 병충해 저항
인 P Phosphorus	HPO_4^{2-} $H_2PO_4^-$	에너지 합성, 뿌리의 발달, 열매의 성숙, 개화
칼슘 Ca Calcium	Ca^{2+}	세포벽 형성, 뿌리와 잎의 발달, 열매의 성숙과 품질 향상
마그네슘 Mg Magnesium	Mg^{2+}	엽록소 생성, 씨앗의 발아
황 S Sulfur	SO_4^{2-}	아미노산과 단백질 형성, 엽록소 생성, 병충해 저항, 씨앗의 발아
염소 Cl Chlorine	Cl^-	광합성, 수분균형, 가스교환
철 Fe Iron	Fe^{2+}	광합성
붕소 B Boron	H_3BO_3	싹과 뿌리의 성장과 발달, 열매의 성숙, 개화
망간 Mn Manganese	Mn^{2+}	효소작용, 광합성
아연 Zn Zinc	Zn^{2+}	호르몬 생성, 효소작용, 나무의 성장
구리 Cu Copper	Cu^{2+}	엽록소 생성, 단백질 형성
몰리브덴 Mo Molybdenum	MoO_4^{2-}	질소대사

키피나무에 지나치게 많은 양의 열매가 달린 모습

*잎마름병 : 잎이 마르면서 노란 반점이나 얼룩무늬가 생기는 병.

❶ 커피녹병

CLR^{Coffee Leaf Rust} 또는 로야^{Roja}라 불리는 커피녹병은 'Hemileia Vastatrix'라는 곰팡이 균의 공격을 받은 커피나무의 잎이 마치 녹슨 것처럼 누렇게 변색되다가 말라죽는 병이다. 이 곰팡이 균은 잎에 오렌지색 포자를 만들어 바람을 타고 다른 나무로 쉽게 확산되는데, 특히 원종에 가까운 품종일수록 더 취약하다.

1869년 네덜란드에 의해 커피재배를 시작한 실론섬(스리랑카의 옛 지명)은 커피녹병으로 인해 큰 타격을 입은 뒤 생산 품목을 커피에서 차로 전환한 바 있다. 커피녹병은 현재까지도 여러 생산국에서 지속적으로 발생하고 있다.

커피녹병에 걸린 커피나무는 광합성이 제대로 이루어지지 않아 꽃을 피우거나 열매를 맺기가 어렵고, 그 결과 커피체리 생산량이 급격히 감소하여 농장이 심각한 피해를 입는다. 하지만 커피녹병은 이렇다 할 해결책을 아직 찾지 못해 연 5회 이상 구리가 포함된 비료를 주거나 꾸준히 살충제를 뿌려 예방하는 수밖에 없다.

* **벌레 먹은 빈** : 벌레 먹은 빈은 로스팅 시 커피의 아로마와 향미를 떨어뜨리는 원인이 되기도 한다.

❷ 커피열매 천공충

CBB^{Coffee Berry Borer} 또는 브로카^{Broca}라 불리는 커피열매 천공충은 커피체리에 서식하며 알을 낳는 벌레다. 알에서 부화된 애벌레들은 생두를 먹고 자라다가 성충이 된 후 다른 열매로 옮겨가는데, 이렇게 애벌레들이 떠나고 난 자리에 구멍이 생긴 생두를 결점두 중 하나인 벌레 먹은 빈^{insect damage bean}*으로 분류한다.

다른 벌레들은 커피나무의 방어 기제로 작동하는 카페인 때문에 커피체리를 기피하지만, 미국식품의약국^{Food and Drug Administration, FDA}의 연구 결과에 따르면 오직 브로카만이 장속에 카페인 분해 능력을 가진 세균이 있어 독성을 중화시킨다고 한다. 현재 이 세균을 이용해 디카페인 커피를 개발하려는 노력이 활발하게 이루어지고 있다.

커피열매 천공충
(출처: Google)

❸ 커피열매병

1922년 케냐에서 처음 발견된 CBD^{Coffee Berry Disease}는 커피체리가 가지에 매달린 채로 썩는 병이다. 썩은 커피체리를 수확하면 커피품질에 나쁜 영향을 미칠 뿐더러 심한 경우 생산량이 급감할 수도 있다.

커피열매병

수확

❶ 개화와 열매의 성숙

커피나무가 꽃을 피우는 모습은 씨앗이 발아한 지 3~4년째 되는 해부터 볼 수 있다. 개화시기에 산지를 방문하면 농장 전체가 달콤한 향으로 가득 차는데, 커피꽃이 개화하면서 발산하는 향 때문이다. 하지만 커피꽃은 개화 후 3~4일이 지나면 거의 다 떨어지기 때문에 볼 수 있는 시간이 길지 않다. 커피꽃이 떨어지고 난 자리에 맺힌 열매가 바로 커피체리이며, 처음에는 초록색이지만 익으면서 점점 붉은색이나 노란색 또는 오렌지색을 띠게 된다.

커피꽃

❷ 수확 방법의 종류

수확은 스페셜티 커피를 생산하는 데 있어서 매우 중요한 단계다. 한 가지에 난 열매라고 해도 익는 속도가 서로 다르기 때문에 품질 차이가 생길 수 있다. 커피체리는 완숙도가 높은 것을 선별적으로 수확해야 하는데, 잘 익은 커피체리일수록 탄수화물 함량이 높아 단맛이 강하고 긍정적인 향미 평가요소가 풍부하며 전체적인 밸런스도 잘 잡혀 있다.(탄수화물은 로스팅 시 생두가 화학반응을 거쳐 갈색으로 변하게 만든다) 반대로 덜 익은 커피체리는 로스팅했을 때 퀘이커quaker* 형태로 나타나거나 떫은맛과 쓴맛을 내며 커피 본연의 맛을 왜곡시킨다.

커피체리(잘 익은 것)

커피체리(덜 익은 것)

*퀘이커 : 미숙한 생두를 로스팅해서 생기는 밝은 색깔의 원두.

선택적 수확

선택적 수확selective harvesting은 농부가 잘 익은 커피체리만 선별적으로 수확하는 방법으로, 핸드피킹hand picking으로도 불린다. 수확시기에 모든 커피체리가 똑같이 익는 것은 아니기 때문에 선택적 수확을 하는 농장에서는 농부들이 매일 달라지는 커피체리의 성숙도를 직접 확인하고 잘 익은 것만 골라서 수확한다. 커피체리를 일일이 손으로 따는 방식인 만큼 상당한 수고가 따르고 인력도 많이 필요하지만 좋은 품질의 커피를 생산하기에는 가장 이상적인 수확방법이다. 물론 선택적 수확을 한다고 해서 무조건 품질이 보장되는 것은 아니지만, 일반적인 스트리핑이나 기계수확보다 훨씬 더 좋은 효과를 기대할 수 있는 방법이다.

스트리핑

스트리핑striping은 커피나무에 달려있는 커피체리를 손으로 훑어서 나뭇가지 하나를 한 번에 수확하는 고전적인 방법이다. 커피체리의 성숙도를 고려하지 않기 때문에 상대적으로 커피품질이 떨어지며, 주로 낮은 등급의 커피를 수확할 때 사용한다.

기계수확

기계수확mechanical striping은 기계를 이용한 스트리핑으로, 수확용 트렉터가 일정한 간격으로 줄지어 서 있는 커피나무 사이를 지나다니며 나뭇가지에 달려있는 커피체리를 한 번에 수확하는 방법이다. 트렉터가 지나다녀야 하기 때문에 경사가 심한 산보다 평지에서 주로 사용하며, 규모가 작은 농장보다는 효율성을 중시하는 대형 농장에서 자주 볼 수 있는 방식이다. 하지만 스트리핑과 마찬가지로 커피체리를 잘 익은 것과 덜 익은 것의 구별 없이 한 번에 수확하기 때문에 커피품질이 떨어질 수밖에 없다.

핸드피킹

브라질 기계수확

CHAPTER 4

커피 가공

커피체리는 수확 후 최대 12시간 내에 가공과정에 들어간다. 수확한 커피체리를 너무 오래 방치하면 썩을 가능성이 높기 때문이다.
커피체리를 가공하는 방법은 크게 내추럴 가공법natural processing, 워시드 가공법fully washed processing, 펄프드 내추럴 가공법pulped natural processing 으로 나뉜다. 하지만 같은 가공법이라도 생산국의 지역적 특성과 생산 목적에 따라 조금씩 차이가 있다.

내추럴 가공법

내추럴 가공법은 수확한 커피체리를 바로 건조시키는 고전적인 방법으로 건식 가공법dry method이라고도 한다. 가장 쉬운 건조 방식이지만 좋은 품질의 커피를 생산하기에는 가장 힘든 가공법이다. 워시드 가공법에 비해 중간 과정이 너무 단순해서 커피체리의 품질을 관리할 수 있는 기회가 거의 없기 때문이다.

또한 생두를 파치먼트 상태로 말리는 워시드 가공법과 달리 내추럴 가공법은 커피체리를 그대로 말리기 때문에 수분함량이 제각각이며 그만큼 열이 고르게 전달되지 않아 로스팅했을 때 결과가 균일하지 못하다.

하지만 잘 익은 커피체리만 선별적으로 수확하고, 탈곡 후 결점두를 꼼꼼히 골라내면 품질을 향상시킬 수 있다.

내추럴 커피 가공순서

1. 수확 harvesting
2. 키질 winnowing
3. 건조 dry
4. 탈곡 hulling or husking

TIP 내추럴 커피의 향미 특징

내추럴 커피는 커피체리의 과육과 점액질에 들어있는 유효성분이 생두에 화학반응을 일으켜 단맛과 바디body를 높이는 효과가 있다. 하지만 텁텁하고 떫은맛을 지니고 있어 깨끗한 향미cleanliness가 썩 뛰어난 편은 아니다.

❶ 수확
커피품질을 높이기 위해서는 성숙한 커피체리만 선별해 수확하는 것이 중요하다.

❷ 키질
키질을 통해 커피체리에 섞여있는 나뭇가지나 나뭇잎 등의 이물질을 제거한다.

❸ 건조
커피체리를 수분함량이 10~13%가 될 때까지 건조장에서 말리는 과정이다.

❹ 탈곡
수분함량을 12% 이하로 떨어뜨린 파치먼트를 기계로 탈곡하여 생두를 생산한다.

> **TIP** 햇빛건조 sun dry와 기계건조 mechanical dry
>
> 햇빛건조를 할 때는 파티오 patio나 테이블 table*을 사용하고 기계건조를 할 때는 건조기를 사용한다. 햇빛건조는 날씨의 영향을 많이 받기 때문에 일조량이 부족해 커피체리가 썩는 일이 없도록 기계건조를 병행하기도 한다.

---

* 테이블 : 테이블 건조(table dry)는 아프리칸 베드(African bed) 또는 레이즈드 베드(raised bed)라고 한다. 에티오피아에서 처음 시작된 건조방법으로, 나무로 짠 골격 위에 그물망을 넓게 펼친 후 커피체리를 널어놓고 말리는 방식이다. 위아래로 통풍이 잘될 수 있게 고안한 형태이며, 중남미의 많은 농장들이 커피체리의 수분을 효과적으로 날리기 위해 이 방식을 택하고 있다. 하지만 테이블 건조는 단위면적당 작업량이 적은 데 반해 생산비용은 높아서 생산자들이 쉽게 선택할 수 있는 방법은 아니다.

내추럴 커피 건조

파티오

기계건조

아프리칸 베드

탈곡

워시드 가공법

습식가공법wet method으로도 불리는 워시드 가공법은 내추럴 가공법에 비해 가공과정이 복잡하지만 그만큼 품질을 관리할 수 있는 기회가 많아서 생두의 품질도 내추럴 커피보다 더 뛰어나다.

워시드 가공법은 커피체리를 파치먼트 상태로 건조하기 때문에 내추럴 가공법보다 건조기간이 짧다는 장점이 있다. 날씨 변화가 심한 지역에 알맞은 가공법이다.

워시드 커피 가공순서

1. 수확 harvesting
2. 선별 picking
3. 펄핑 pulping
4. 발효 fermentation
5. 세척 washing
6. 소킹 soaking
7. 건조 dry
8. 탈곡 hulling or husking

TIP 워시드 커피의 향미 특징

워시드 커피는 커피체리의 과육과 점액질을 모두 제거하여 깨끗한 향미가 느껴지는 것이 특징이며, 발효에 의해 신맛이 증가한다는 점에서 다른 가공법과 차이가 난다. 또한 가공과정에 결점두를 걸러내는 절차가 많아 좋은 품질의 커피를 만드는 데 효과적인 방법이다. 하지만 커피체리를 그대로 말리는 내추럴 커피에 비해 단맛과 바디는 상대적으로 낮은 편이다.

❶ 수확

커피품질을 높이기 위해서는 성숙한 커피체리만 선별해 수확하는 것이 중요하다.

❷ 선별

수확한 커피체리를 플로테이션 탱크flotation tank에 넣어 물 위에 커피체리(수분이 과도하게 증발하여 밀도가 낮아진)나 나뭇가지, 나뭇잎 등의 이물질을 제거한 후 다음 단계로 넘어간다.

❸ 펄핑

커피체리를 펄퍼pulper 또는 디펄퍼depulper라고 불리는 기계에 넣어 외피와 과육을 제거한다. 펄퍼의 종류에는 실린더와 디스크, 에코 방식이 있다. 덜 익은 커피체리는 펄핑을 해도 외피와 과육이 벗겨지지 않아서 선별기를 통과하지 못한다.

플로테이션 탱크

선별기

> **TIP** 펄퍼의 종류

실린더형 cylinder 펄퍼

실린더형 펄퍼는 전동 펄퍼와 수동 펄퍼에 모두 적용할 수 있는 방식이다. 마치 핸드밀이 분쇄도는 고르지 않지만 힘이 덜 드는 코니컬 버를 장착하는 것처럼 소형 수동 펄퍼는 힘을 적게 들이고도 쉽게 조작할 수 있는 실린더형 펄퍼를 주로 사용한다. 가공시설이 작거나 재배고도가 높은 곳에서도 이동과 설치가 용이한 실린더형 펄퍼를 많이 쓴다.

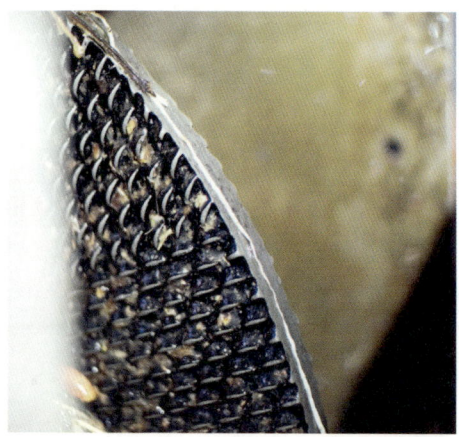

디스크형 disc 펄퍼

대형 전동 펄퍼에 많이 사용하는 방식으로 워시드 가공이 이루어지는 웨트밀 wet mill에서 자주 볼 수 있다. 디스크형 펄퍼는 디스크와 판넬 사이에 발생하는 물리적 회전력을 이용해 커피체리의 외피와 과육을 벗겨내며, 보통 2개 이상의 디스크를 장착해 매우 빠른 속도로 펄핑을 진행한다.

에코 eco 펄퍼

펄핑 후 기계로 점액질을 제거하기 때문에 발효에 사용되는 물의 낭비를 줄일 수 있는 방식이다. 콜롬비아의 페나고스 Penagos 펄퍼가 대표적인 예다.

❹ 발효

발효는 펄핑이 끝난 뒤 파치먼트에 남아있는 점액질mucilage을 제거하는 과정으로, 워시드 가공법에서 매우 중요한 부분이다.

점액질의 주성분인 펙틴은 프로토펙틴Protopectin(약 33%)과 포도당Glucose, 과당Fructose을 비롯한 환원당Reducing Sugars(약 30%), 자당Sucrose 등의 비환원당Non-Reducing Sugars(약 20%), 그리고 셀룰로오스Cellulose와 그 외의 성분(약 17%)으로 구성되어 있다.

발효는 바로 이 펙틴이라는 화합물을 분해하는 것으로, 물에 의한 발효Hydrolysis(가수분해)와 미생물에 의한 발효 두 종류가 있다.

파치먼트를 물에 담가 발효시키는 경우 비수용성 물질인 프로토펙틴이 가수분해Hydrolysis(물이 화합물을 분해하여 두 개의 새로운 분자를 생성하는 화학반응)되고 수용성 물질인 당은 물에 녹아 사라진다.

발효시간은 산지와 농장의 특성에 따라 조금씩 다른데 보통 6시간에서 12시간 정도 소요된다. 발효를 너무 오래 하면 생두가 부패stinker될 수 있으므로 주의해야 한다.

발효는 국가나 지역, 사용하는 물의 양과 온도, 습도 등에 따라 다양한 결과가 나타나는데, 물이 부족한 아프리카에서는 가수분해보다 미생물에 의한 호기성 발효Aerobic Fermentation와 혐기성 발효Anaerobic Fermentation가 더 많이 이루어진다. 때문에 아프리카에서 생산된 워시드 커피는 와인 향미가 도드라지는 경향이 있다.

＊호기성 발효를 하는 미생물은 산소가 있는 상태에서만 활동하는데 반해 혐기성 발효를 하는 미생물은 산소가 없는 상태에서도 활동한다. 호기성 미생물은 최종산물로 이산화탄소와 물을 만들어내지만, 혐기성 미생물은 유기산이나 메탄 같이 발효냄새가 강한 물질을 만들어낸다.

점액질 제거기

TIP 점액질 제거기

발효는 자칫하면 파치먼트가 썩을 수 있고 작업시간도 길기 때문에 점액질 제거기demucilager를 이용해 파치먼트가 손상될 위험을 낮추고 가공과정의 경제적 효율성을 높인다. 점액질 제거기는 물리적인 힘으로 파치먼트의 점액질을 제거하는 기계이며, 점액질을 일괄적으로 제거하여 커피향미가 균일하다는 장점이 있다. 하지만 발효 과정에서 생성되는 다양한 향미 성분이 생략되어 커피 향미의 다양성이 떨어지는 경향이 있다.

TIP 폐수처리 문제

발효에 사용된 물을 바로 방류해선 안 된다. 발효가 진행되는 동안 물도 산성화되어 환경오염의 원인이 될 수 있기 때문이다. 발효가 끝난 뒤에는 물에 중화제를 넣고 며칠 더 기다렸다가 완전히 중화시킨 후 방류해야 한다. 발효가 경제적으로나 환경적으로 미치는 영향은 한번쯤 생각해볼 만한 일이다.

❺ 세척

세척은 파치먼트가 더 이상 발효되지 않도록 물에 씻어서 남아있는 점액질을 제거하는 과정이다. 이중에는 채널링channelling이라는 품질관리 절차도 있는데, 긴 수로에 파치먼트를 넣고 양쪽으로 패들링(노젓기)하며 밀도가 정상인 파치먼트와 그렇지 않은 파치먼트를 구분하는 것이다. 채널링을 통해 밀도가 낮고 가벼운 파치먼트(덜 익거나 결점이 있으면 물에 잘 뜬다)는 따로 분류한다.

❻ 소킹

소킹은 세척된 파치먼트를 10~24시간 동안 물에 담가두는 것을 말한다. 이 과정을 통해 커피의 쓴맛을 내는 성분인 폴리페놀Polyphenol과 디터펜Diterpenes이 줄어들게 된다. 하지만 파치먼트를 너무 오래 담가두면 다시 발효가 진행될 수 있으므로 주의해야 한다. 소킹은 워시드 가공법에 모두 적용되는 것은 아니며 선택적으로 추가할 수 있다.

❼ 건조

파치먼트를 수분함량이 10~12%가 될 때까지 건조장에서 말리는 과정이다. 햇빛건조나 기계건조를 적절히 병행하는데, 워시드 가공법도 햇빛건조를 할 때 파티오나 테이블을 사용한다.

❽ 탈곡

수분함량을 12% 이하로 떨어뜨린 파치먼트를 기계로 탈곡하여 생두를 생산한다.

펄프드 내추럴 가공법

내추럴 가공법과 워시드 가공법의 장점만 모아 만든 펄프드 내추럴 가공법은 커피 체리의 외피와 과육을 벗겨낸 후 점액질이 붙어있는 상태로 건조하는 것이다. 외피와 과육을 제거하여 깨끗한 향미를 살리는 동시에 점액질을 그대로 건조하여 단맛과 바디를 높이는 가공법이다.

브라질에서 처음 개발된 펄프드 내추럴 가공법은 현재까지도 세계 각국의 산지에서 꾸준히 도입하고 있지만 쉽게 썩는 점액질의 특성상 농부들이 선뜻 받아들이기에는 위험성이 높다. 이러한 단점을 보완하기 위해서는 기후조건이 건조작업을 하기에 알맞은 곳이거나 습하고 비 오는 날에도 외부환경의 영향을 받지 않는 건조시설이 잘 갖춰진 곳이어야 한다.

좋은 품질의 펄프드 내추럴 커피를 생산하기 위해서는 철저한 관리와 노력이 요구되지만 그만큼 높은 가치를 인정받으며, 생산량도 많지 않아서 비싼 가격에 거래되곤 한다.

펄프드 내추럴 커피 가공순서

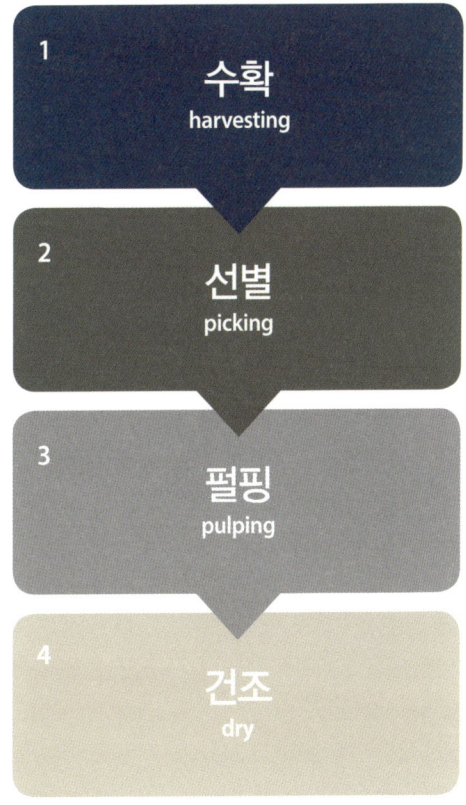

TIP 펄프드 내추럴 커피의 향미 특징

펄프드 내추럴 커피는 점액질의 펙틴 성분이 생두에 긍정적인 영향을 미쳐 워시드 커피보다 단맛과 바디가 더 좋다는 평가를 받는다. 과육과 함께 외피가 제거되어 텁텁하고 떫은맛이 덜하며 향미도 깨끗한 편이다. 하지만 펄프드 내추럴 커피 역시 내추럴 커피와 마찬가지로 가공과정에 결점두를 골라낼 수 있는 기회가 적고, 점액질이 썩을 경우 실패할 확률이 높기 때문에 수확 전후로 잘 익은 커피체리를 선별하여 품질을 향상시키는 것이 관건이다.

❶ 수확

펄프드 내추럴 가공법은 실패 위험이 크기 때문에 소량을 생산하더라도 충분한 보상을 받을 수 있게끔 품질을 최상으로 끌어올려야 한다. 잘 익은 커피체리만 선별해 수확하는 것이 선택이 아닌 필수인 것도 이러한 이유에서다.

❷ 선별

수확한 커피체리에서 가장 잘 익은 것들만 한 번 더 선별한다.

❸ 펄핑

커피체리를 펄퍼 또는 디펄퍼라고 불리는 기계에 넣어 외피와 과육을 제거한다. 물을 사용하지 않거나 적은 양을 여러 번 펄핑하는 경우에는 소형 실린더형 펄퍼를 사용하는 것이 좋다.

❹ 건조

파치먼트를 점액질이 붙어있는 상태로 건조장에서 말리는 과정이다. 건조는 2~3일 내에 수분함량이 20~24%가 될 때까지 수분을 날리는 것이 중요한데, 이를 스킨드라이skin dry라고 한다. 스킨드라이를 할 때는 건조기간이 너무 길거나 파치먼트가 서로 엉켜있으면 썩을 확률이 높아지기 때문에 시간을 알맞게 조절하고 자주 뒤집어야 한다.

TIP 건조기간 설정

날씨가 좋다는 가정 하에 햇빛건조는 5~6일이면 파치먼트의 수분함량을 10~12%로 낮출 수 있다. 하지만 지역마다 기후가 다르기 때문에 건조기간이 같아도 결과에는 차이가 난다.

특히 스킨드라이 이후의 건조기간은 생산자들이 각자 원하는 향미를 표현하기 위해 일조량과 온도를 조절하여 임의로 정한다.

기계건조는 파치먼트를 빠른 시간에 건조할 수 있는 방법이지만 열이 과도하게 전달되면 로스팅될 우려가 있어 주로 커머셜 커피를 건조시키는 데 사용한다.

채널링

내추럴 가공법	워시드 가공법	펄프드 내추럴 가공법
장점 물 낭비가 적음 많은 인력이 필요하지 않음	**장점** 품질을 관리할 수 있는 중간단계가 많음	**장점** 커피의 맛을 최대치로 끌어올릴 수 있음
단점 품질을 관리할 수 있는 중간단계가 적음	**단점** 물 낭비가 많음 많은 인력이 필요함 설비 투자 비용이 많이 듦	**단점** 세심한 관리가 필요함 많은 인력이 필요함 실패 위험이 높음

그 밖의 가공법

❶ 허니프로세싱

허니프로세싱honey processing은 펄프드 내추럴과 매우 유사한 가공방법으로 펄프드 내추럴 가공법을 허니프로세싱이라고 부르기도 한다.

허니프로세싱이라는 이름은 파치먼트에 붙어있는 점액질이 꿀처럼 진득하다고 해서 붙여졌으며, 이 용어는 코스타리카에서 처음 사용되었다. 2003년 코스타리카를 방문한 한 일본인 그린빈 바이어가 브라질 펄프드 내추럴 커피를 대체할 커피를 찾다가 당시 워시드 커피뿐이었던 코스타리카 커피에 펄프드 내추럴 가공법을 시도한 것을 계기로 허니프로세싱이 탄생했다고 한다. 허니프로세싱은 펄프드 내추럴 가공법과 마찬가지로 텁텁함과 떫은맛을 줄이는 대신 단맛과 바디를 더했으며, 점액질의 양에 따라 옐로우, 레드, 블랙으로 세분화된다.

옐로우 허니프로세싱

점액질이 25% 정도 남은 상태에서 파치먼트를 건조시키거나 햇빛에 많이 노출시켜 건조기간을 8일 정도로 짧게 설정하는 방식이다. 허니프로세싱 커피 중 가장 밝은 색을 띠며 단맛은 가장 적지만 점액질이 썩을 가능성이 가장 낮다.

레드 허니프로세싱

점액질이 50% 정도 남은 상태에서 파치먼트를 건조시키거나 햇빛에 적게 노출시켜 건조기간을 12일 정도로 길게 설정하는 방식이다. 색깔은 옐로우 허니보다 약간 어둡지만 단맛이 더 높다.

블랙 허니프로세싱

점액질이 100% 남은 상태에서 파치먼트를 건조시키거나 햇빛을 완전히 가려 건조기간을 14일 이상으로 가장 길게 설정하는 방식이다. 일반적인 펄프드 내추럴 가공법과 가장 유사하며 허니프로세싱 커피 중 색깔이 제일 어둡고 단맛과 바디도 가장 높다. 점액질의 양이 많기 때문에 건조할 때 파치먼트가 서로 엉켜서 썩지 않도록 통풍이 잘되는 아프리칸 베드를 사용하거나 자주 뒤집어줘야 한다.

❷ 길링 바사

인도네시아 커피에서 종종 발견되는 끝이 갈라진 생두는 인도네시아에서 많이 사용하는 길링 바사giling basah 또는 wet hulling라는 가공법 때문에 나타나는 현상이다. 보통 인도네시아 커피(아라비카 기준)는 진흙 냄새와 스모크 향, 강한 바디로 표현되지만 사실 이러한 특징은 열악한 가공시설과 길링 바사가 만들어낸 결과물이다. 길링 바사는 발효된 파치먼트를 햇빛에서 2~3일간 스킨드라이한 후 탈곡하는 것을 말한다. 파치먼트를 수분함량이 20~24%인 상태에서 탈곡하기 때문에 생두 표면이 훌러huller에 의해 손상되며, 짧은 건조기간으로 인해 갈라짐 현상이 나타나기도 한다. 또한 깨끗하지 않은 바닥에서 건조가 이루어지기 때문에 생두에 좋지 않은 향미가 배어들 수 있다.

그럼에도 인도네시아에서 길링 바사를 하는 이유는 무엇일까?

첫 번째 이유는 인도네시아의 역사에서 찾을 수 있다. 인도네시아는 1966년 네덜란드에 의해 커피가 전파되었고, 네덜란드의 식민 지배를 받던 당시 커피사업의 수익을 극대화하기 위해 가공과정이 짧고 인건비가 적게 드는 길링 바사를 택했다고 한다.

두 번째 이유는 인도네시아의 날씨를 보면 알 수 있다. 일 년 내내 습하고 강수량이 많은 인도네시아는 기후조건이 적합하지 않을뿐더러 건조시간이 지체될수록 곰팡이 균과 박테리아의 활동이 활발해지기 때문에 건조기간이 짧은 길링 바사를 택한 것이다.

하지만 최근 들어 인도네시아도 커피품질에 관심을 가지고 가공방법을 개선하기 위해 노력하는 생산자들이 많이 늘고 있는 추세라 머지않아 좋은 품질의 인도네시아 커피를 맛볼 수 있을 것으로 보인다.

❸ 코피 루왁

코피 루왁kopi luwak은 사향고양이civet가 커피체리를 먹고 배설한 소화되지 않은 파치먼트로 만든 커피다. 코피 루왁은 동물의 배 속에서 가공이 이루어지는 만큼 독특한 향미를 지니고 있는데 그로 인해 한때 세계적인 부호들이 마시는 커피로 유명세를 타며 가격이 천정부지로 오르기도 했다.

코피 루왁은 원래 사향고양이가 한 철에만 커피체리를 먹는데다 배설물을 채집하기가 워낙 어려워 극히 소량만 생산되었지만, 사향고향이를 생포해 우리에 가두고 억지로 커피체리만(심지어 덜 익은 것도) 먹이며 키우는 사람들이 늘어나면서 지금은 생산량이 증가하고 가격은 하락한 상태다.

하지만 코피 루왁을 생산할 목적으로 야생동물인 사향고양이를 비인간적인 방법으로 사육하는 것은 명백한 동물 학대다. 사향고양이가 극도의 스트레스를 받으며 배설한 파치먼트로 만든 커피가 우리에게 어떤 영향을 줄지는 한 번쯤 생각해볼 필요가 있다.

인도네시아 커피 농장

사향고양이

CHAPTER 5

디카페인 커피

많은 사람들이 커피를 즐기지만 피치 못할 이유로 카페인* 섭취를 줄이거나 카페인이 아예 없는 커피를 찾는 사람들도 있다. 임산부, 청소년, 심장질환을 가진 사람과 카페인에 민감한 사람 등이 그렇다.

디카페인 커피는 일반 커피에 비해 향미가 단조로운 편이고 카페인을 제거하는 과정에서 커피에 들어있는 항산화 물질이 일부 제거되어 건강적인 측면에서도 그다지 긍정적이지 못하다.

디카페인 커피의 기준

유럽과 미국은 디카페인 커피에 대해 서로 다른 인증기준을 가지고 있으며 미국의 기준이 조금 더 엄격하다.

❶ EU
카페인 함량이 0.1% 이하여야 한다.(아라비카 기준)

❷ 미국
카페인 함량이 0.045% 이하며, 97% 이상의 카페인이 제거되어야 한다.(아라비카 기준)

디카페인 생두

디카페인 생두는 일반 생두에 비해 색깔이 진하다. 생두를 수분함량이 높은 상태에서 기계로 빠르게 건조시키기 때문이다.

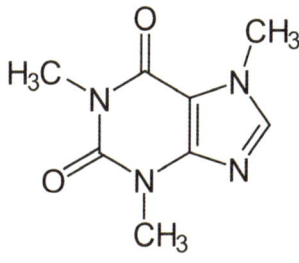

$C_8H_{10}N_4O_2$ M.W = 194.19

---

*카페인 : 카페인은 커피에서 처음 발견됐으며, 1820년 독일의 화학자 프리드리히 룽게(Friedrich Ferdinand Runge)에 의해 최초로 카카오빈(cacao bean)으로부터 순수 분리되었다. 카페인은 알카로이드(alkaloid)의 일종으로서 병충해에 대한 식물의 방어기작으로 발달했으며, 어원은 독일어 'Kaffee'와 프랑스어 'Café'에서 찾을 수 있다. 화학명은 1,3,7-트리메틸크산틴(1,3,7-trimethylxanthine)이며 화학식은 $C_8H_{10}N_4O_2$이다. 보통 아라비카는 1~1.5%, 카네포라는 2~3%의 카페인을 함유하고 있는데, 적당량 섭취할 경우 중추신경계를 자극하여 신진대사를 활발히 하고 일시적으로 졸음을 막는 효과가 있다. 카페인은 몸에 흡수되고 1시간 내로 효과가 나타나며 3~4시간이 지나면 사라진다.

디카페인 커피 제조방법

❶ DCM 방식
디클로로메탄Dichloromethane이 첨가된 용액을 이용해 카페인을 추출, 제거하는 방법이다. 발암물질인 디클로로메탄의 잔류 가능성 때문에 현재는 사용이 금지되었다.

❷ EA 방식
에틸아세테이트Ethylacetate가 첨가된 용액을 이용해 카페인을 추출, 제거하는 방법이다. 호흡계와 신경계에 좋지 않은 영향을 끼치는 에틸아세테이트의 잔류 가능성 때문에 현재는 사용이 금지되었다.

❸ 초임계 supercritical CO_2 방식
액화 이산화탄소CO_2를 이용해 카페인을 추출, 제거하는 방법으로 스위스 워터 프로세스Swiss Water Process 방식 다음으로 널리 사용된다. 이산화탄소를 액체와 기체로 계속 변화시킬 수 있는 설비를 갖춰야 하므로 초기 시설 투자비용이 많이 발생한다.

❹ 스위스 워터 프로세스 방식
물과 활성 카본필터를 이용해 카페인을 추출, 제거하는 방법으로 스위스에서 처음 개발되었다. 스위스 워터 프로세스 사의 특허 기술로 비교적 저렴하고 안전하게 디카페인 커피를 만들 수 있다.

스위스 워터 프로세스 사의 디카페인 커피 제조과정

1. 생두를 뜨거운 물에 불린다.

2. 물로 생두의 수용성 성분을 추출한 뒤 활성 카본필터에 반복적으로 통과시켜 99.9%의 카페인을 제거한다.

3. 다른 생두를 활성 카본필터로 걸러낸 용액에 담가 카페인을 제외한 나머지 성분을 그대로 흡수시킨다.

4. 생두를 기계로 건조한다.

DECAFFEINATION PROCESS
SWISS WATER

BEAN COMPOSITION
A typical green coffee bean is composed of:

- 1.20% CAFFEINE
- 25% SOLUBLE FLAVOR COMPONENTS
- 74% INSOLUBLE COMPONENTS

FLAVOR-CHARGED WATER
How flavor-charged water is collected:

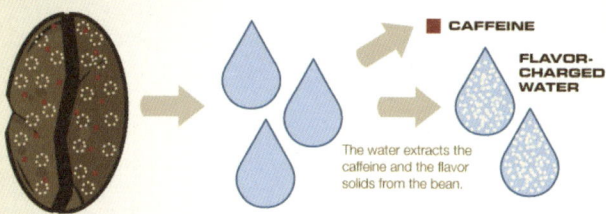

The water extracts the caffeine and the flavor solids from the bean.

"Flavor-Charged" water composed of 25% flavor solid is created.

CHEMICAL-FREE DECAFFEINATION PROCESS

Beans are first soaked in water to prepare for extraction process.

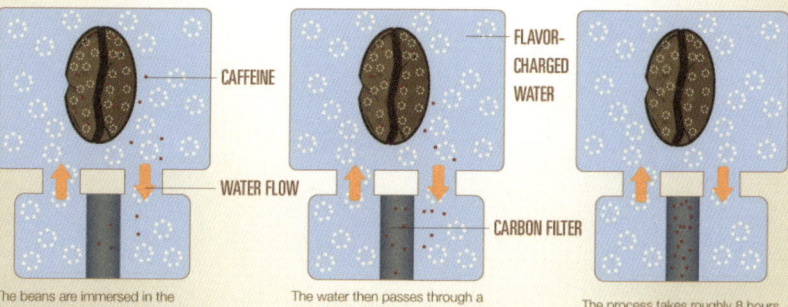

The beans are immersed in the flavor-charged water. Initially the water is caffeine free, and as a result the caffeine diffuses into the water. Since the concentration of the flavor components are equal, only the caffeine is removed and the flavor stays intact.

The water then passes through a carbon filter that traps the caffeine. Now that the caffeine is removed, the water flows back to the beans to remove more caffeine.

The process takes roughly 8 hours until the beans are 99.9% caffeine-free.

The decaffeinated beans are removed from the water. They are then dried, cleaned, polished, bagged and shipped.

1 Hour   8 Hours

(출처: coffee for less)

CHAPTER 6

커피 등급 구분

등급 구분의 시작

⌄

커피의 등급 구분은 1836년 브라질에서 생두를 1등급, 2등급, 하위등급으로 나눈 것이 최초였다. 당시에는 부서진 생두broken bean와 건조과정이나 보관과정에서 수분을 잃어 하얗게 변한 생두white를 결점두로 분류했다.

등급의 의미

⌄

등급 구분은 판매자seller와 구매자buyer 사이의 의사소통을 돕기 위해 고안된 것이다. 예를 들어 콜롬비아에서 수출하는 커피 중에서 크기가 가장 큰 생두는 수프레모Supremo라고 표기하고, 에티오피아 생두 중에서 결점두가 가장 적은 생두는 G1이라고 표기하는 식이다.

등급 구분의 변수

⌵

등급을 나누는 기준은 저마다 다르지만 통상적으로 산지에서 사용하는 분류법이 있다. 생두의 크기와 밀도, 재배고도, 결점두 함량, 그리고 향미 평가 결과가 바로 그것이다.

스크리너

분류계(색상)
허용할 수 있는 색의 범위를 정한 뒤 그에 해당되는 생두만 분류하는 기계.

분류계(밀도)
밀도에 따라 생두를 분류하는 기계.

핸드픽
사람이 손으로 직접 생두를 분류하는 작업.

❶ 스크린 사이즈에 따른 분류

체처럼 생긴 스크리너screener를 이용해 생두를 크기별로 분류하고 이에 따라 등급을 구분하는 방식이다. 스크린 번호가 18번#18 이상인 생두를 콜롬비아에서는 수프레모Supremo 등급, 케냐와 탄자니아에서는 AADouble A 등급을 매긴다.

❷ 밀도 및 재배고도에 따른 분류

일반적으로 생두는 재배고도가 높을수록 밀도가 높다. 고지대는 일교차가 커서 커피체리가 익는 시간이 길고 그로 인해 더 많은 성분이 생성되어 단단해지기 때문이다. 재배고도와 밀도가 비례한다는 등식이 성립되면서 과테말라와 코스타리카에서는 SHB Strictly Hard Bean 등급을, 온두라스, 엘살바도르, 멕시코, 니카라과에서는 SHG Strictly High Grown 등급을 상업적 가치가 가장 높은 등급으로 여긴다.

❸ 결점두 함량에 따른 분류

에티오피아나 인도네시아에서는 생두의 등급을 결점두 함량에 따라 G1, G2, G3로 나눈다.

결점두의 종류

블랙 빈
black bean

원인 미생물에 의한 과발효
향미 특징 페놀릭한 Phenolic, 더러운 Dirty, 메케한 Moldy, 시큼한 Sour

사워 빈
sour bean

원인 너무 익은 커피체리나 땅에 떨어진 커피체리를 수확했을 때 혹은 가공과정에서 세균이 많이 들어있는 물을 사용하거나 미생물에 의해 과발효됐을 때 나타남
향미 특징 발효된 Fermented, 부패한 Stinker

미성숙두
immature bean

원인 미성숙한 커피체리 수확 또는 미생물에 의한 과발효
향미 특징 풀 같은 Grassy, 지푸라기 같은 Straw-like, 비린 Greenish, 톡 쏘는 듯하게 떫은 Astringent

펑거스 빈
fungus bean

원인 온도와 습도 조절이 잘못되어 곰팡이 균에 전염된 경우 어느 생산과정에서나 발생할 수 있음
향미 특징 발효된 Fermented, 페놀릭한 Phenolic, 더러운 Dirty, 매케한 Moldy

벌레 먹은 빈
insect damage bean

원인 커피열매 천공충의 유충에 의해 생두 안에 구멍이 생기는 현상
향미 특징 더러운Dirty, 시큼한Sour, 매케한Moldy, 요오드 같은Rioy

플로터
floater

원인 가공과정(특히 건조와 보관)에서 파치먼트가 높은 온도에 노출되었을 때 나타남
향미 특징 발효된Fermented, 메케한Moldy, 진흙 같은Earthy

위더드 빈
withered bean

원인 생산과정에서 가뭄 등으로 인해 물이 부족해진 경우
향미 특징 풀 같은Grassy, 지푸라기 같은Straw-like

쉘
shell

원인 유전적 원인
향미 특징 탄내Burnt, 숯 같은Charred

깨진 빈
broken/chipped/cut

원인 펄핑이나 탈곡과정에서 생두가 강한 힘을 받거나 지나치게 건조되어 쉽게 부서지는 현상
향미 특징 더러운Dirty, 시큼한Sour, 발효된Fermented

외부물질
foreign matter

원인 생산과정 중에 외부에서 이물질이 유입된 경우
향미 특징 향미에 큰 영향을 미치진 않으나 위생상 문제가 되며 가공시설의 성능 저하를 가져올 수도 있다.

CHAPTER 7

커피 보관 및 포장

보관방법

⌄

생두 보관에 있어서 가장 중요한 변수는 다름 아닌 습도다. 상대 습도가 60%를 넘어갈 경우 곰팡이 균과 박테리아의 활동이 활발해지기 때문이다.

TIP 오크라톡신 A

Aspergillus ochraceus 또는 Penicillium viridicatum에 의해 생성되는 마이코톡신mycotoxin(곰팡이독)이다. 오크라톡신 AOchratoxin A는 1965년 남아프리카에서 처음 A. ochraceus로부터 순수 분리되었으며, 이후 미국과 유럽, 일본 등지에서 쌀, 보리 등의 곡류와 커피, 향신료 등의 농산물 오염 사례가 보고된 바 있다. 생두에 생긴 오크라톡신 A는 로스팅한다고 해서 소멸되지 않으며, 자칫하면 신장과 간에 암을 일으킬 수 있다. 오크라톡신 A는 주로 결점두에서 발견되므로 핸드픽을 꼼꼼히 하거나 커머셜 커피에 비해 비교적 까다로운 선별과정을 거친 스페셜티 커피를 사용하는 것이 그나마 위험을 줄일 수 있는 방법이다.

포장방법

⌄

❶ 주트백

황마섬유로 만든 주트백Jute bag 또는 hessian sack은 생두 포장에 가장 많이 사용되는 방법이다. 비용은 저렴하지만 외부의 수분과 냄새를 차단하지 못해 커피향미에 치명적인 변화를 가져올 수 있다.

❷ 그레인프로

주트백의 단점을 보완하기 위해 그레인프로GrainPro 사에서 개발한 곡물포장용 비닐백으로 외부요소를 효과적으로 차단할 수 있는 방법이다. 대부분의 스페셜티 커피는 생두를 그레인프로에 담은 뒤 주트백으로 한 번 더 포장해 배송한다.

❸ 진공 포장

진공 포장vacuum packed 또는 sealed bag은 생두의 부피를 최소화해 수송 공간을 효율적으로 사용하고 품질도 일정하게 유지할 수 있는 방법이다. 하지만 비싼 가격과 제한된 용량 때문에 주로 스페셜티 커피에 사용된다.

주트백

그레인프로

진공 포장

CHAPTER **8**

커피 무역

선물거래

선물거래future market란 사전에 미리 정해놓은 가격으로 현재 시점에 매매할 것을 약정하는 거래로, 미래의 가치를 사고파는 행위다. 미리 정한 가격으로 매매를 결정하기 때문에 추후 가격변동에 의해 발생할 수 있는 손실을 피할 수 있다.

아라비카의 선물거래는 뉴욕 선물거래소ICE(www.theice.com)에서, 로부스타의 선물거래는 런던 선물거래소 EURONEXT(www.euronext.com)에서 이루어진다.

커피 무역 용어

❶ FOB

'Free on Board'의 약자로 FOB 가격이란 무역 상품을 선적항에서 구매자에게 인도할 때의 가격을 말한다. 본선인도가격, 본선적재가격, 수출항본선인도가격이라고도 하며, CIF와 더불어 가장 많이 사용되는 무역상거래조건 중 하나다. 판매자가 약속한 화물을 구매자가 지정한 선박에 적재하고, 본선상에서 화물의 인도를 마칠 때까지의 일체 비용과 위험을 부담한다. 이후에는 구매자가 책임을 진다.(출처: 매일경제)

❷ CIF

'Cost, Insurance, Freight'의 약자로 판매자가 무역 상품을 선적해서 목적지까지 수송하는 데 드는 원가격, 운임료, 보험료 일체를 부담할 것을 조건으로 한 무역계약이다. CIF 가격이란 수출입 상품의 운임·보험료를 포함한 가격, 즉 도착항까지의 인도가격을 말한다. 일반적으로 통관통계 시에 수출은 FOB 가격을, 수입은 CIF 가격을 적용한다.(출처: 시사상식사전, 박문각)

❸ 선하증권(B/L)

B/L은 'Bill of Lading'을 뜻하며 해운회사가 탁송 화물에 대해 발행하는 화물대표증권이다. 해운회사와 하주간의 운송조건을 정한 운송계약서로 수취증 역할을 하며 하환어음의 부속서류 중에서 가장 중요하다. 보통은 한 화물의 운송에 대해 여러 통의 선하증권을 발행하며 이중 한 통을 지정한 항구에서 교환하면 화물의 인도를 청구할 수 있다.(출처: 매일경제)

❹ 메트릭톤(MT)

'Metric Ton'의 약자로 1톤을 의미한다.

❺ 파운드(lb)

'Libra'의 약자로 무게단위인 파운드pound를 의미한다. 1lb는 0.453kg이다.

❻ TEU

'Twenty-feet Equivalent Unit'의 약자로 길이가 20피트, 높이와 폭이 각각 8피트인 컨테이너에 실을 수 있는 무게를 의미한다. 대략 21.7톤 정도다.

계약서 작성

생두를 거래하기 위해서는 아래와 같은 내용의 계약서를 작성해야 한다.

① **계약날짜**contract date : 계약이 체결된 날짜(ex. 16th June 2016)

② **참조번호**contract reference No : 계약서 번호(ex. CT08303)

③ **판매자**sellers : 계약서상의 생두를 판매하는 사람이나 회사 이름(ex. RTO Limted, Costa Rica)

④ **구매자**buyers : 계약서상의 생두를 구매하는 사람이나 회사 이름(ex. Orangee Coffee Company, South Korea)

⑤ **거래량**quantity : 실제 구매량(ex. 1,000bags packed in bags of 69kg each, Total 6.9MT)

⑥ **품질과 설명**quality&description : 등급이나 품질에 관한 구체적인 설명(ex. Costa Rica Finca Pabio Tarrazu Burbon Washed SHB)

⑦ **생산년도**crop : 커피체리의 수확년도(ex. 2016 Crop)

⑧ **가격**price : 지불해야 하는 금액(ex. US$4.00 per lb)

⑨ **조건**terms : 무역조건(ex. CIF, FOB 등)

⑩ **무게와 조건**weight&terms : 선적량 기준(ex. Shipped or Landed)

⑪ **운송조건**shipment : 도착지 예상 도착날짜(ex. Till the first half of July 2016)

⑫ **도착지**destinstion : 도착장소(ex. Busan)

⑬ **지불**payment : 지불방법(ex. NCAD, Net Cash Against Documents)

⑭ **보험**insurance : 책임 소재(ex. To be covered by seller)

⑮ **특이사항**special conditions : 별도 조건(ex. SAS, Special Air Service)

⑯ **중재관할지역**abitration : 분쟁 시 관할지(ex. Seoul)

CHAPTER 9

세계 커피산업의 흐름

최근 선진국을 중심으로 스페셜티 커피 소비가 급속히 증가하고 있다. 글로벌 브랜드 스타벅스 역시 프리미엄 매장인 스타벅스 리저브Starbucks Reserve 런칭 이후 스페셜티 커피에 대한 지향성을 밝히며 기존 매장을 리저브 매장으로 바꾸고 있고, 스페셜티 전문 브랜드를 표방한 블루보틀Bluebottle이 아시아 시장에서까지 성공을 거두며 트렌드를 선도하고 있다. 스페셜티 커피는 좋은 품질의 커피가 가진 본연의 향미를 최대한 발현시키기 위해 다크 로스팅보다 미디엄이나 라이트 로스팅을 선호하며, 고객들도 스페셜티 커피의 다양한 향미를 더 많이 이해하고 커피가 지닌 산미에 빠르게 적응해 가고 있다. 이러한 트렌드는 우리나라에서도 새로운 커피문화를 형성하며 급속히 자리매김할 것으로 기대된다.

커피 관련 해외 단체

❶ 국제커피기구

국제커피기구International Coffee Organization, ICO는 1963년 커피의 경제적 중요성이 대두되면서 설립된 단체이며 한때 UN의 지원을 받았다. 전 세계 77여개 커피생산국과 소비국이 가입한 국제커피협정International Coffee Agreement, ICA을 관리, 집행하는 단체로 본부는 런던에 있다.

❷ 스페셜티커피협회

스페셜티커피협회Speciality Coffee Association, SCA는 1998년 런던을 기반으로 출범해 유럽의 스페셜티 커피 보급에 앞장선 단체인 유럽스페셜티커피협회Speciality Coffee Association of Europe, SCAE와 1982년 설립되어 스페셜티 커피 무역의 기준을 정립하고 스페셜티 커피 산업의 활성화에 힘써 온 미국스페셜티커피협회Specialty Coffee Association Of America, SCAA가 2017년 합병해 이루어진 단일 협회다. 커피스킬스프로그램Coffee Skills Program, CSP을 통해 SCA 커피 디플로마SCA Coffee Diploma 등의 교육과 자격인증 프로그램을 운영하며 전 세계 커피인들에게 체계적이고 발전된 커피 지식을 전달하는 데 기여하고 있다.

❸ ACE

ACEAlliance for Coffee Excellence는 매년 커피산지에서 열리는 품질평가 대회인 컵오브엑셀런스Cup of Excellence, CoE를 주관하는 비영리 단체로, 미국 포틀랜드에 사무국을 두고 있다. CoE는 1999년 브라질을 시작으로 2015년까지 11개국에서 개최됐으며 다양한 국적의 심사위원들이 엄격한 심사를 통해 검증한 커피를 소개하는 창구다. 생산자와 소비자 사이를 연결하여 좋은 품질의 커피를 생산하기 위해 노력한 농부들이 그에 합당한 대가를 받으며 커피생산을 지속할 수 있게 돕는다.

스페셜티 커피의 대두

사람들이 스페셜티 커피에 관해 자주 하는 질문 중 하나는 스페셜티 커피가 무엇이냐는 것이다. 많은 이들이 스페셜티 커피에 대해 '스페셜티커피협회의 커핑 시트를 기준으로 평가했을 때 80점 이상을 받은 커피'라고 정의한다. 물론 협의의 개념으로 보면 틀린 말은 아니지만 광의의 개념에서는 다소 미진한 설명이다.

스페셜티 커피의 개념은 현대인들의 필수품인 스마트폰의 발전 양상과 비슷한 모습을 보인다. 2000년대 말까지만 해도 스마트폰은 일상에서 접하기 힘든 이질적이고 낯선 존재였지만 지금은 일반적인 휴대폰으로 여겨질 만큼 보편적인 의미로 확대되었다. 트렌드 변화에 따라 패러다임이 전환되었기Paradigm Shift 때문이다.

이러한 패러다임의 전환은 커피에도 대입해볼 수 있다.

커피의 등급을 크게 커머셜과 스페셜티로 나누면 커머셜은 인스턴트커피와 같이 비교적 저렴한 가격의 제품에 사용되는 단조로운 향미와 결점을 지닌 커피로, 스페셜티 커피는 이보다 다양한 향미를 느낄 수 있는 좋은 품질의 커피로 보는 것이 일반적이다.

스페셜티	풍부하고 독특한 향미
프리미엄 (하이커머셜)	다소 평범한 향미
커머셜	결점이 많은 향미

CoE 커피

하지만 최근 스페셜티 커피에 대한 수요와 공급이 늘어나고 가격이 낮아지면서 일반 소비자들도 어렵지 않게 스페셜티 커피를 접할 수 있게 되었다. 산지의 많은 생산자들이 소비국의 커피 취향을 파악하고 이를 생산에 적극적으로 반영하기 위해 노력한 결과다.

이미 미국 커피시장 내 스페셜티 커피의 점유율이 30%를 웃돌 정도로 스페셜티 커피시장은 빠른 속도로 발전하고 있다. 마치 스마트폰 사용이 일상화된 것처럼 스페셜티 커피도 이제 커피의 새로운 패러다임으로 자리 잡아가고 있는 것이다.

커피산업의 지속가능성 sustainable coffee 을 위한 노력

∨

2000년대 초 생두 기준 가격이 폭락한 이후 수익이 절반 이하로 줄어든 농부들은 커피 농사를 포기하기에 이르렀다. 현재까지도 많은 소규모 농장이 생활고에 시달리고 있으며, 이는 병충해와 더불어 커피 산업을 지속하는 데 커다란 걸림돌이 되고 있다. 전 세계가 농부들의 삶의 질 향상을 위해 여러 가지 인증 제도를 마련한 것도 이러한 이유에서다.

컵오브엑셀런스
(Cup of Excellence, CoE)

생두 품질평가 대회를 개최해 최고 품질의 생두를 엄선하고 경매를 통해 가격을 보장함.

· **인증기관** ACE(Alliance for Coffee Excellence)
· **홈페이지** www.allianceforcoffeeexcellence.org

공정무역마크
(Fair trade Labelling Organizations International, FLO)

적정가격 책정과 공정거래를 통해 농부들이 가난을 극복하고 삶의 질을 높일 수 있도록 만든 인증프로그램이다.

· **인증기관** Fair Trade International
· **홈페이지** www.fairtrade.net

열대우림연합
(Rainforest Alliance)

농부들의 사회적 평등과 경제적 자립, 환경보호를 목적으로 하는 단체다.

- **인증기관** Rainforest Alliance
- **홈페이지** www.rainforest-alliance.org

유기농인증
(Organic Certified)

인공살충제와 화학비료를 사용하지 않고 재배한 유기농 농작물을 인증하는 제도다.

- **인증기관** USDA(United States Department of Agriculture)
- **홈페이지** www.usda.gov

4C
(Common Code for the Coffee Community)

환경을 보호하고 농부들의 삶의 질을 보장하기 위해 커피생산의 효율성 향상과 시장 진입을 돕는 단체다.

- **인증기관** 4C Association
- **홈페이지** www.4c-coffeeassociation.org

Bird Friendly

100% 그늘 경작과 유기농법을 도입하여 토양과 새 서식지를 보존함으로써 생태계의 다양성을 유지하기 위한 제도다.

- **인증기관** Smithsonian Migratory Bird Center
- **홈페이지** www.nationalzoo.si.edu

UTZ

마야어로 '좋은 커피'를 뜻하는 Kapeh는 과테말라 농부들의 삶의 질 향상을 위해 합당한 가격의 직거래를 지향하는 프로젝트다.

- **인증기관** Utz Kapeh
- **홈페이지** www.utz.org

2

커피향미

CHAPTER 1

센서리 이론

미각과 후각

❶ 미각

미각gustation이란 혀에 분포되어 있는 미뢰taste bud의 미세포* 자극을 통해 인지되는 감각으로, 어떤 물질이 미각을 전달하기 위해서는 물이나 오일, 타액 등에 용해되어야 한다. 용해되지 않은 물질은 자극이 미뢰까지 전달되지 않아 맛을 느낄 수 없기 때문이다.

사람의 혀에는 흔히 유두papilla라고 하는 여러 가지 형태의 돌기가 분포되어 있는데, 위치에 따라 각각 다른 맛을 인지한다.

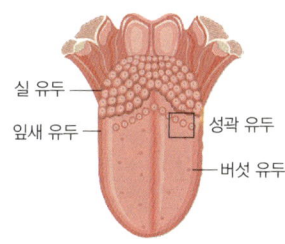

- **실 유두**filiform papilla

  혀 뒤쪽을 덮고 있는 원뿔 모양의 돌기로 촉각을 인지한다.

- **버섯 유두**fungiform papilla

  혀끝과 측면에 분포되어 있으며 단맛과 짠맛에 민감하다.

- **잎새 유두**foliate papilla

  혀 뒤쪽의 가장자리에 분포되어 있으며 신맛에 민감하다.

- **성곽 유두**circumvallate papilla

  10여 개의 돌기가 혀 뒤쪽에 V자 형태로 분포되어 있으며 쓴맛에 민감하다.

사람의 혀가 인지하는 다섯 가지 맛은 다음과 같다.

- **단맛**sweetness

  저분자화합물로 구성된 당류에서 느껴지는 맛으로, 다른 맛에 비해 역치thresholds value* 값이 높아 신맛이나 쓴맛을 부드럽게 중화시키며 전체적인 밸런스를 잡아준다. 커피의 성분 중에서는 자당과 과당 등이 단맛을 내는 역할을 한다.

- **신맛**sourness

  용매에 녹아 해리된 수소이온H^+의 자극을 통해 인지되는 미각으로, 산성 물질에서 느껴지는 맛이다. 커피의 성분 중에서는 시트릭산citric acid이나 타르타릭산tartaric acid 등 신맛을 내는 다양한 유기산이 존재한다.

- **쓴맛**bitterness

  쓴맛을 내는 물질은 아주 많으며 그중에는 알칼로이드 독극물도 있다. 사람이 쓴맛을 느끼는 것은 독극물에 대한 일종의 자기방어 기제이며, 커피의 성분 중에서는 카페인caffeine과 클로로제닉산chlorogenic acid이 쓴맛을 내는 역할을 한다.

- **짠맛**saltness

  중성염에 의해 느껴지는 맛으로, 짠맛을 내는 성분이 쓴맛을 내는 경우도 있다. 커피의 성분 중에서는 나트륨Na^+과 칼륨K^+이 짠맛을 내는 역할을 하지만 함량이 그리 높진 않다.

- **감칠맛**umami

  아미노산계 조미료인 L-글루탐산L-glutamic acid이 내는 맛으로 다섯 가지 맛 중에서 가장 늦게 발견되었다.

---

*미세포 : 맛을 느끼는 감각세포. 대부분의 미뢰는 한 가지 이상의 맛에 반응한다.

*역치 : 감각세포의 반응을 일으키는 최소한의 자극을 말한다. 역치 값이 낮을수록 민감하게, 높을수록 둔감하게 반응하며 그보다 낮은 자극은 인지하기 어렵다.

네 가지 맛의 역치 값

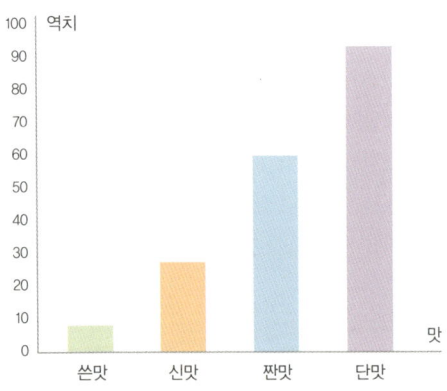

커핑cupping 시 슬러핑slurping*을 하는 이유도 커피의 향 분자를 스프레이 뿌리듯이 입 안에 골고루 확산시키면 비후경로를 통해 더 강한 자극이 후세포로 전달되어 보다 많은 정보를 얻을 수 있기 때문이다.

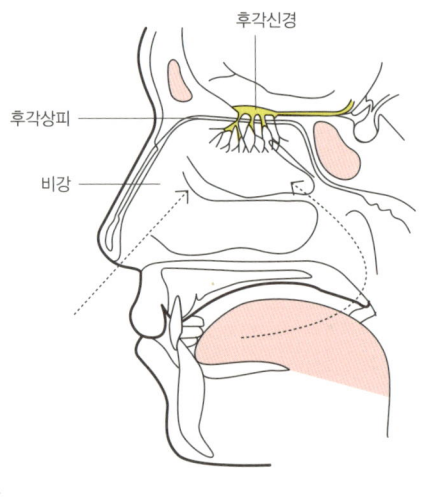

❷ 후각

사람의 후각 수용기는 콧구멍 안쪽(비강) 점막에 있는 후각상피라는 상피세포다. 기체 상태의 물질이 공기 중에 확산되면 코 점막에 닿으면서 세포를 자극하는데, 이것이 바로 우리가 후각olfaction이라고 인지하는 감각이다.

약 5만 개의 감각수용체로 이루어진 인간의 감각계는 4천여 가지에 달하는 냄새를 구별하고 기억할 수 있는데, 자극이 오랫동안 지속되면 이내 순응adaptation하여 해당 자극에 대한 반응이 무뎌진다.

후각세포는 중추신경계인 뇌와 매우 가까이 위치해 있어 다른 감각에 비해 더욱 민감하게 반응하며, 그만큼 외부 독성물질의 영향을 쉽게 받는다는 위험이 있다.

평소 음식을 먹을 때 맛과 향을 제대로 느끼려면 음식을 코에 가져다 대고 냄새를 맡는 것보다 씹어 삼키는 것이 더 효과적이다. 입 안의 음식이 혀 뒤쪽에서 후두를 경유하여 비점막에 이르는 비후경로retronasal route*를 통해 후각세포를 자극하기 때문이다. 이를 통해 우리는 단순히 콧구멍으로 들어오는 orthonasal route 향만 느끼지 않고 미각, 촉각과 함께 전체적인 향미를 느끼게 된다.

*비후경로 : 우리가 음식을 먹고 맛을 느끼는 것은 단순히 혀의 감각에만 의존하는 것이 아니다. 코감기에 걸린 상태에서 음식을 먹었을 때 맛에 대한 인지능력이 떨어지는 것을 생각해보면 이해가 빠를 것이다.

이 세상에는 신맛, 쓴맛, 단맛, 짠맛, 감칠맛만으로는 미처 다 표현할 수 없는 다양한 맛이 존재하는데, 우리가 먹고 마시는 모든 것이 비후경로에서 일어나는 미각과 후각, 그리고 촉각의 상호작용을 통해 감각으로 인지되기 때문이다. 오렌지의 신맛과 단맛, 포도의 신맛과 단맛이 다르게 느껴지는 것도 이러한 이유에서다.

결국 같은 맛도 다르게 구분할 수 있는 건 후각 기능 덕분인 셈이다.

*슬러핑 : 커퍼들은 보통 커핑을 할 때 휘파람 같은 소리를 내며 커피를 흡입하는데, 이를 슬러핑이라고 한다. 커피를 커핑스푼으로 조금만 떠서 입에 가까이 댄 다음 윗입술을 살짝 벌린 채로 공기와 함께 힘껏 빨아들여 입안에 골고루 분사시키는 것이다. 슬러핑을 하면 커피가 작게 쪼개진 형태로 감각세포, 특히 후세포에 전달되어 향미를 보다 정확하게 인지할 수 있으며, 침이 고이기 전에 빠른 속도로 커피를 흡입하여 향미 평가를 방해하는 요소가 적다는 장점이 있다.

다만 슬러핑을 너무 급하게 하면 사레가 걸릴 수 있으니 주의하길 바란다.

슬러핑을 하지 않는다고 해서 커핑을 못하는 것은 아니다. 간혹 커핑을 처음 배우는 사람들이 향미 평가보다 슬러핑에 집착하는 모습을 보이는데, 슬러핑은 연습을 통해 충분히 익힐 수 있는 부분이기 때문에 향미 평가에 집중하는 것이 더 바람직하다.

아로마

일반적으로는 향을 영어로 '아로마aroma'라고 표기하지만 전문적인 향미 평가에서는 아래와 같이 세분화하며, 아로마는 크게 세 가지로 카테고리를 나눠 분석한 할 수 있다.

TIP 아로마 키트 사용법

'르 네 뒤 카페Le Nez Du Café'는 프랑스의 조향사 장 르누아르Jean Lenoir가 SCAA와 콜롬비아커피생산자연합회 Federación Nacional de Cafeteros, FNC와 함께 커피에서 느낄 수 있는 향 중 대표적인 36가지를 추려 만든 커피 아로마 키트다. 르 네 뒤 카페는 장 르누아르가 앞서 완성한 '르 네 뒤 뱅Le Nez Du Vin'이라는 와인 아로마 키트만큼 종류가 많지 않고, 트렌드에 맞게 보완해야 할 부분도 있지만 커피향미를 익히기에 적당한 교보재라 기초 연습용으로 많이 사용한다. 르 네 뒤 카페는 엔자이매틱, 슈가브라우닝, 드라이디스틸레이션, 아로마 결점aromatic taints*으로 구성되어 있으며 이밖에도 다양한 아로마 키트가 출시되고 있다.

*크러스트 : 커핑 시 커핑 볼(cupping bowl)에 분쇄원두를 담고 물을 부으면 커피 표면에 가벼운 커피가루가 뜨는데 이를 크러스트라고 하며, 이 크러스트를 깨지(break) 않은 상태에서 나는 향을 크러스트 아로마라고 한다.

*아로마 결점 : 커피에 적절하지 않은 향으로 커핑 시 감점 요인이 된다.

르 네 뒤 카페

분쇄된 원두
'프래그런스fragrance' 또는
'드라이 아로마dry aroma'

추출된 커피
'아로마' 또는 '웻 아로마wet aroma'

크러스트crust*
'크러스트 아로마crust aroma'

❶ 효소반응에 의해 형성된 향,
엔자이매틱 enzymatic

휘발성이 가장 강한 향으로 분쇄원두와 추출된 커피에서 느낄 수 있다. 커피나무가 자라면서 일어나는 효소반응에 의해 나타나며 밝은 느낌의 신향과 깨끗한 단향이 주를 이룬다.

❷ 갈변반응에 의해 형성된 향,
슈가브라우닝 sugar browning

로스팅 과정에서 일어나는 갈변반응에 의해 나타나는 향으로, 묵직한 단향과 살짝 쓴향을 느낄 수 있다.

❸ 건류반응에 의해 형성된 향,
드라이디스틸레이션 dry distillation

로스팅 시 생두에 수분이 거의 없는 상태에서 열화학반응이 지속적으로 이어질 때 나타나는 향으로, 생두의 섬유질이 탄화되면서 생긴다.

향미

영어 사전에서 'flavor'라는 단어를 찾으면 '풍미', '향미', '맛'과 같은 다양한 해석이 나오지만 커피에서는 'flavor'가 커핑 용어 중 하나로 향미를 뜻하는 단어로 쓰인다.
그렇다면 향미란 과연 무엇일까.
향미란 앞에서 언급했듯이 맛 taste과 향 aroma의 단순한 조합이 아닌, 음식을 먹었을 때 후각과 미각에서 전해지는 종합적인 느낌을 말한다. 향미는 커피를 이해하는 데 반드시 필요한 요소지만 여러 가지 감각이 뒤섞여 만들어내는 복합적인 개념이기 때문에 객관적으로 측정하기가 어렵다.
향미에 대한 기호는 민족과 지역, 연령, 성별, 식문화 등에 따라 차이가 있으며, 이를 최소화하기 위해서는 좋은 품질의 커피를 계속 경험하고 반복적으로 커핑 훈련을 하면서 객관적인 판단기준을 마련해야 한다. 향미 평가에 도움이 되는 교보재로 플레이버 휠 flavor wheel이 있다.

SCAA 플레이버 휠

CHAPTER **2**

커피향미 평가

커핑 프로토콜^{cupping protocol}

∨

커핑은 후각과 미각을 이용한 평가이므로 감각능력을 약화시킬 수 있는 환경은 피하고 평가에 집중할 수 있는 조건을 갖춘 장소에서 진행해야 한다.

❶ 온도와 상대 습도
날씨가 너무 춥거나 더운 경우 혹은 너무 건조하거나 습한 경우 감각이 둔해질 수 있으므로 온도는 20~25℃, 상대 습도^{Relative Humidity, RH}는 45~55%로 맞추는 것이 좋다.

❷ 장비와 설비
커핑에 사용되는 모든 장비와 설비는 위생적으로 문제가 없고 불쾌한 냄새가 나지 않아야 한다.

❸ 장소

장소는 평가에 집중할 수 있는 조용한 곳이어야 하며 먼지와 냄새로부터 자유로워야 한다. 커핑에 참여하는 사람은 향수나 향이 강한 화장품을 사용해선 안 되며 커핑을 시작하기 전에는 짜고 매운 음식을 피하는 것이 좋다. 만약 감기에 걸렸다면 두 개의 커핑스푼을 사용해서 다른 사람에게 전염되지 않도록 주의해야 한다.

❹ 샘플 로스팅

로스터 용량에 따라 다르지만 샘플 로스팅은 보통 8분에서 12분 사이에 마칠 것을 권장한다. 로스팅 레벨은 아그크론Agtron 사의 커피 색도계 수치를 기준으로 했을 때 #60~#65가 적당하며 스코칭scorching*이나 티핑tipping* 같은 로스팅 디펙트가 없어야 한다. 로스팅 후 원두를 식히는 과정인 쿨링cooling은 물을 사용하지 않고no quenching 공기로만 해야 한다.

❺ 샘플 보관

로스팅 후 샘플은 실내온도가 20℃ 내외인 시원하고 어두운 장소에 보관하고 가스를 배출해야 한다degassing는 점을 고려해 최소 8시간이 지난 후에 24시간 내로 커핑하는 것이 바람직하다.

*다른 커피 색도계의 예를 들면 프로밧 컬러레트(Probat Colourette)는 90~100, 토니노(Tonino)도 90~100이 적당한 수치다.

*스코칭 : 너무 뜨거운 열에 의해 원두 표면이 타거나 검게 그을리는 현상.

*티핑 : 생두의 배아(embryo) 부분을 통해 열이 배출되는 현상. 생두에 너무 많은 열이 가해졌을 때 나타나며, 원두 끝부분이 검게 그을리고 혀를 찌르는 듯한 탄 맛이 난다.

❻ 추출비율

커핑 시 추출비율brewing ratio은 원두 8.25g과 물 150ml를 기준으로 한다. 이는 브루잉 컨트롤 차트brewing control chart*에서 골드컵goldcup에 해당하는 추출비율(원두 55g과 물 1L)을 적용한 것이며, 150ml 커핑 볼에 분쇄원두를 계량해 넣고 물을 가득 부으면 얼추 비슷하게 비율을 맞출 수 있다.(만약 커핑 볼이 200ml라면 원두를 11g 사용하면 된다)

커핑 컵cupping cup 또는 커핑 볼이라 불리는 커핑용 잔은 대부분 유리나 세라믹 재질로 만들어지며 용량도 최소 150ml에서 최대 260ml까지 다양하다.

❼ 분쇄

분쇄 시에는 메쉬 사이즈mesh size가 20(약 840㎛)인 체에 원두를 걸렀을 때 70~75%가 통과할 수 있도록 입자 크기를 조절해야 한다. 일반적인 핸드드립 분쇄도보다 약간 더 크다고 보면 된다. 분쇄원두는 향이 금방 날아가는 것을 막기 위해 커핑 볼 위에 뚜껑을 덮어두며, 분쇄 후 30분 이상 지난 샘플은 커핑에 사용하지 않는다.

❽ 물

커핑에 사용하는 물은 육안상 깨끗하고 나쁜 냄새가 없어야 한다. 또한 TDSTotal Dissolved Solids를 측정했을 때 125~175ppm이 적절한 수치다. TDS 수치가 100ppm보다 낮거나 250ppm보다 높다면 미네랄 함량을 조정할 필요가 있다. 미네랄 함량이 지나치게 높으면 커피 성분이 원활하게 추출되지 않아 맛이 다소 밋밋해지고, 반대로 미네랄이 너무 적을 경우 산 성분이 물속에 더 잘 녹아들어 신맛이 강해지기 때문이다.

물 온도는 팔팔 끓였다가 93℃ 정도로 식힌 것이 알맞으며, 기압이 끓는점에 영향을 미친다는 점을 고려해 고도에 따라 다르게 조절해야 한다.

---

*브루잉 컨트롤 차트 : 최적의 추출 강도와 추출 수율에 대해 그래프화한 차트.

다양한 종류의 커핑용 잔

커핑 테이블 세팅

❶ 커핑에 필요한 준비물

커핑에는 여러 가지 준비물이 필요하다. 일단 커핑용 잔과 커핑스푼 그리고 원두의 무게를 측정할 수 있는 저울이 있어야 한다. 저울은 무게가 0.01g 단위까지 측정되는 것을 사용하길 권한다.

다음으로 원두를 분쇄할 수 있는 그라인더와 뜨거운 물이 필요하다. 테이블 위에는 스푼을 헹굴 때 쓸 잔과 입에 머금고 있던 커피를 뱉어낼 때 쓸 잔, 마지막으로 시간을 측정할 수 있는 타이머를 올려놓는다. 스푼에 물기가 묻었을 때 털어낼 수 있는 냅킨이 있으면 더 좋다.

블라인드 테스트가 아닐 경우에는 원두나 생두 샘플을 테이블 위에 올려놓고 커핑을 진행해도 무방하다. 평가 결과가 신뢰를 얻으려면 준비물이 항상 깨끗하고 정확한 측정이 가능한 상태여야 한다.

커핑 준비물

❷ **컵오브엑셀런스**Cup of Excellence, CoE **방식 테이블 세팅**

- 샘플 하나당 총 4개의 커핑 볼을 준비하여 테이블 양쪽에 2개씩 배치한다.
- 한 라운드당 최대 10개의 샘플로 구성하는 것이 원칙이며 진행 방향은 앞에서 뒤로 한쪽 방향으로 이동한다.
- 타이머는 진행 방향을 기준으로 제일 앞쪽에 둔다.
- 커핑 시간은 총 50분 정도 소요된다.

CoE 방식의 커핑 테이블

❸ **미국스페셜티커피협회**Specialty Coffee Association of America, SCAA **방식 테이블 세팅**

- 샘플 하나당 총 5개의 커핑 볼을 준비하여 테이블 한쪽에 배치한다.
- 한 라운드당 최대 10개의 샘플로 구성하는 것이 원칙이며 진행 방향은 앞에서 뒤로 이동한다.
- 타이머는 진행 방향을 기준으로 제일 앞쪽에 둔다.
- 커핑 시간은 총 50분 정도 소요된다.

SCAA 방식의 커핑 테이블

커핑 절차

⌄

커핑은 언제나 일관된 절차를 따라야 한다. 샘플에 변화가 생기면 평가 결과의 신뢰도가 떨어지기 때문이다.

❶ 원두 계량
자신이 사용하는 커핑 볼의 사이즈를 감안하여 원두를 원하는 만큼 계량한다.

❷ 원두 분쇄
커핑 볼에 담긴 원두를 각각 따로 분쇄한다. 원두를 분쇄하기 전에는 그라인더에 남아있는 기존의 커피가루가 섞이지 않도록 샘플을 먼저 분쇄해 린스rinse 해줘야 한다.

❸ 프래그런스 체크
원두를 분쇄한 후에는 향이 날아가지 않도록 뚜껑으로 커핑 볼 위를 덮어야 한다. 프래그런스는 분쇄 후 15분 안에 확인해야 하는데, 이때 커핑 볼을 손바닥으로 톡톡 치면서 코에 가져다 대면 향이 더 잘 느껴진다.

❹ 물 붓기
프래그런스 체크가 끝나면 이제 뜨거운 물을 부을 차례다. 물은 테이블 양쪽에 한 명씩 서서 타이머를 켜는 동시에 앞쪽부터 순서대로 부어주면 되는데, 이때 물을 붓는 사람은 커피가 최대한 동일한 조건에서 추출될 수 있도록 속도와 방식을 비슷하게 맞춰야 한다. 또한 분쇄원두와 물이 골고루 섞이려면 물을 커핑 볼의 가장자리에서 붓기 시작해 가운데로 천천히 움직여줘야 한다. 물을 거의 다 부었을 때 분쇄원두가 젖지 않은 부분이 없는지 한 번 더 확인한다.

❺ 아로마 체크

물을 부은 후 커피에서 올라오는 수증기의 아로마를 확인한다. 아로마는 프래그런스만큼 휘발성이 강하거나 향이 다양하진 않지만 커피의 단향 정도는 파악할 수 있다.

❻ 크러스트 브레이크

커핑에서는 커피 표면에 떠있는 커피가루를 크러스트라고 하는데, 분쇄원두에 물을 붓고 4분 정도가 지나면 이 얇은 막을 스푼으로 깨뜨리는 동작인 크러스트 브레이크crust break를 해야 한다.

스푼을 절반만 담가 앞뒤로 세 번 정도 밀었다 당기면서 커피를 저어주는 것인데, 모든 샘플의 추출이 균일하게 이루어지려면 젓는 횟수가 일정해야 한다.

보통은 다른 커퍼들과 상의해 각자 어떤 컵을 브레이크할지 정하고 브레이크하는 동안 아로마를 체크한다. 일례로 CoE에서는 한 테이블에 4명의 커퍼가 배정되며 한쪽에 두 명씩 서서 두 개의 컵 중 어느 것을 브레이크할지 의논해 결정한다.

❼ 크러스트 제거

커피 표면에 남아있는 크러스트를 스푼으로 떠서 완전히 제거하는 과정이다. 이때도 브레이크와 마찬가지로 본인이 맡은 컵 위주로 크러스트를 제거crust removal한다. 서로 다른 컵의 크러스트를 제거하기 전에는 각 샘플의 향미가 서로 섞이지 않게 반드시 스푼을 물에 헹궈야 한다.

❽ 향미 체크

타이머의 시간이 10분 정도 지났을 때 본격적인 향미 평가를 시작한다. 보통 10분이 지나면 커피성분이 어느 정도 추출되어 맛을 볼 수 있는 상태가 되고, 커피도 적당히 식어 커핑하기에 알맞은 온도가 되기 때문이다.

향미는 물을 가장 먼저 부은 컵부터 체크하며, 커퍼들끼리 서로 방해가 되지 않도록 한 방향으로 진행한다. 커핑 시 순서를 어기고 다른 사람을 앞질러 가는 것은 바람직한 행동이 아니다.

❾ 평가 종료

향미는 최대 50분 동안 체크할 수 있다. 커피가 식은 후에도 향미 평가를 계속 진행할 수 있는 것이다.

사실 우리의 감각기관은 온도가 높을수록 인지능력이 떨어지기 때문에 커피가 너무 뜨거울 때 맛보는 것보다 식은 후에 맛보는 것이 오히려 더 정확하다.

점수는 커핑이 종료되기 전까지 얼마든지 변경할 수 있으며 그전에 모든 항목의 점수를 기록하기만 하면 된다. 총점은 커핑이 끝난 후에 계산해도 무방하다.

커핑 절차

원두 계량
▽
원두 분쇄
▽
프래그런스 체크
▽
물 붓기
▽
아로마 체크
▽
(4분 후)
크러스트 브레이크
▽
크러스트 제거
▽
(10분 후)
향미 체크
▽
(커핑을 시작하고 50분이 지나
커피가 완전히 식은 후에도)
향미 체크
▽
평가 종료

CHAPTER 3

커피향미 평가요소와 기준

커피향미 평가요소

❶ 프래그런스와 아로마

프래그런스는 마른 상태의 분쇄원두에서 감지되는 향을 말하며, 아로마는 분쇄원두가 뜨거운 물에 젖었을 때 감지되는 향을 말한다. 둘 다 강도intensity와 품질quality로 세부항목을 나눠 평가할 수 있지만 CoE에서는 아로마와 프래그런스가 향미와 연관성이 낮다는 이유로 품질을 평가하는 수평척도를 사용하지 않는다.

❷ 클린컵

클린컵clean cup은 커피에 결점 요소가 얼마나 있는지를 평가하는 항목으로 수평척도만 사용하며, 향미에 부정적인 영향을 주는 것이 있으면 좋은 평가를 받을 수 없다.

❸ 스위트니스

스위트니스sweetness는 커피에서 느껴지는 단맛의 강도와 품질을 평가하는 항목으로 평가에는 수평척도만 사용한다.

❹ 액시디티

흔히 산미acidity라고 부르는 액시디티는 커피에서 느껴지는 신맛의 강도와 품질을 평가하는 항목으로 평가에 수평척도와 수직척도를 둘 다 사용한다.

❺ 바디와 마우스필

바디와 마우스필mouthfeel은 입안에서 느껴지는 커피의 물리적인 촉감을 평가하는 항목으로 평가에 수직척도와 수평척도를 둘 다 사용한다.

❻ 플레이버

흔히 향미라고 불리는 플레이버는 커피의 기본 특징을 가리키는 말로, 입안에서 느껴지는 맛과 비후경로를 통해 전해지는 후각세포의 자극을 일컬어 플레이버라고 한다. 다시 말해 플레이버는 커피의 복합적인 캐릭터를 평가하는 항목이며 평가에는 수평척도만 사용한다.

❼ 애프터테이스트

애프터테이스트aftertaste는 커피를 목으로 넘긴 후 남아있는 향미를 평가하는 항목으로 평가에는 수평척도만 사용한다.

❽ 밸런스

스위트니스, 액시디티, 바디(또는 마우스필), 플레이버 등의 평가요소가 적절한 조화를 이루는지(단순히 양적으로 동일하다는 뜻은 아니다) 평가하는 항목으로 평가에는 수평척도만 사용한다.

❾ 유니포미티uniformity

샘플이 전체적으로 얼마나 균일한지를 평가하는 항목으로 평가에는 수평척도만 사용한다.

❿ 오버롤overall

커퍼가 샘플에 대한 전반적인 느낌을 점수로 매기는 항목으로 커피가 어떤 경향성을 지니고 있는지 파악할 수 있으며 평가에는 수평척도만 사용한다.

⓫ 총점total score

디펙트 점수를 제외한 모든 점수의 총합을 말한다.

⑫ 디펙트

디펙트defect는 커피가 결점두 등 다양한 결점으로 인해 지니게 되는 나쁜 향미를 말한다. 디펙트의 종류에는 테인트taint와 폴트fault가 있으며 테인트는 주로 향의 결점을, 폴트는 향미의 결점을 의미한다. 디펙트 점수는 총점에서 빼는 방식으로 계산한다.

⑬ 최종 점수

총점에서 디펙트 점수를 뺀 최종 점수final score를 말한다.

커피향미 평가기준

❶ 점수 척도

수직척도 vertical scale

평가요소에 대한 감각의 인지강도를 높고 낮음으로 표현하는 척도다. 여기서 말하는 강도는 양을 뜻하기도 한다.

수평척도 horizontal scale

커퍼가 자신의 경험에 근거해 평가요소의 품질점수를 매기는 척도다. 품질에 대한 평가를 나타내는 척도인 만큼 수직척도에 우선해 평가되어야 하며, 수직척도는 수평척도의 점수 책정에 참고만 할뿐이다.

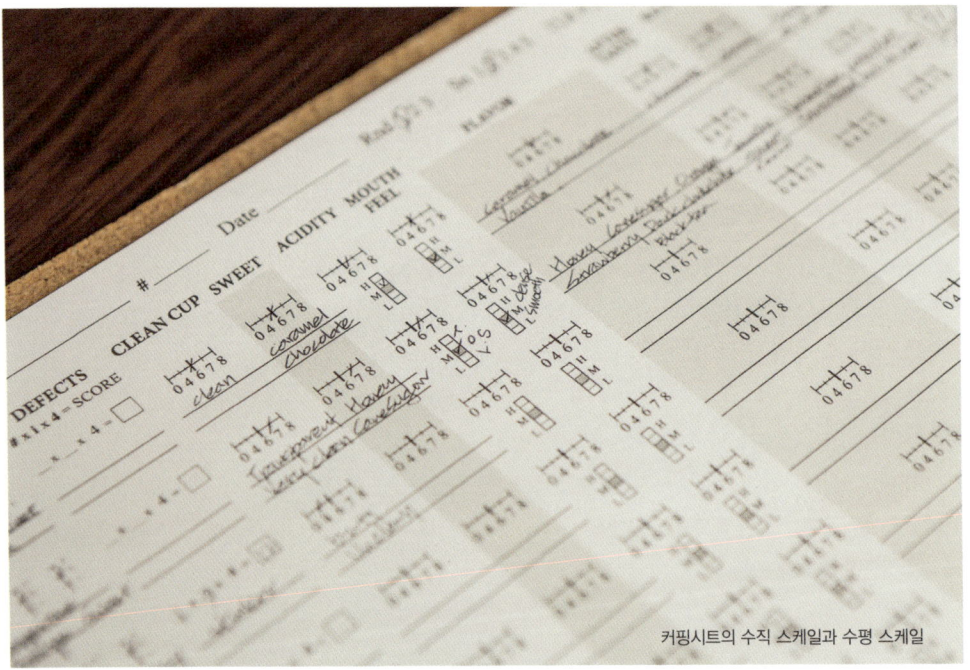

커핑시트의 수직 스케일과 수평 스케일

커피향미

> **TIP** 질적인qualitative 부분과
> 양적인quantitative 부분의 차이

커피향미 평가에서 가장 중요한 것은 양적인 부분(강도)보다 질적인 부분(품질)을 우선적으로 평가하는 것이다. 어떤 평가요소의 강도가 아무리 높아도 품질이 좋지 않으면 낮은 점수를 받는 것도 그 때문이다.
예를 들어 액시디티에서 식초 같은 신맛acetic acid이 강하게 나는 커피라면 수직척도에서는 산미가 높은 것으로 나타나지만 식초 같다는 말은 결국 산미가 좋지 못하다는 뜻이므로 수평척도에서는 오히려 더 낮은 평가를 받는다.

좋은 경우

orange(오렌지 같은), apricot(살구 같은),
black berry(블랙베리 같은), grape(포도 같은),
strawberry(딸기 같은)
chocolate(초콜릿 같은), caramel(캐러멜 같은),
roasted peanut(볶은 땅콩 같은)

향미 평가방법과 용어

❶ 프래그런스와 아로마

프래그런스를 확인할 때는 분쇄원두에서 느껴지는 향을 구체적인 단어로 표현하고 강도는 수직항목에, 품질은 수평항목에 점수를 매긴다. 그런 다음 물을 부어 크러스트에서 나는 아로마와 브레이크를 할 때 나는 아로마를 확인하고, 마지막으로 크러스트를 제거한 후에 나는 아로마를 확인한다. 아로마도 프래그런스와 마찬가지로 수직항목에는 강도를, 수평항목에는 품질을 표시한다.

좋지 않은 경우

earthy(진흙 냄새 같은), smoky(연기 냄새 같은),
rubber(고무 냄새 같은)
straw(지푸라기 냄새 같은), leather(가죽 냄새 같은)

❷ 클린컵

클린컵은 특히 스페셜티 커피에서 중요하게 여기는 요소다. 창문을 통해 바깥 풍경을 볼 때 창문이 더러우면 바깥 풍경이 아무리 좋아도 제대로 볼 수 없는 것처럼, 좋은 캐릭터를 가지고 있는 커피도 클린컵이 떨어지면 잠재력을 알아보기 어렵고 심지어 왜곡될 가능성도 있다.

또 다른 예로 볶은 땅콩을 들 수 있는데, 땅콩을 냉장고에 오랫동안 보관하면 소위 말하는 '냉장고 냄새'가 배어 땅콩을 먹었을 때 좋지 않은 맛이 날 수 있다. 냉장고 냄새가 땅콩 본연의 맛을 왜곡시켜 제대로 느끼지 못하는 것이다.

클린컵과 같은 항목을 두어 커피에 불필요한 잡미가 섞여있지 않은지 살펴보는 것도 향미 평가에 방해가 되는 요소를 파악하기 위해서다.

❸ 스위트니스

단맛은 스페셜티 커피에서 가장 중요한 요소다. 덜 익은 오렌지는 시기만 하지만 잘 익은 오렌지는 단맛과 신맛이 적절히 어우러져 더 맛있게 느껴진다. 단맛은 액시디티, 바디(또는 마우스필), 플레이버, 애프터테이스트 등의 다른 평가요소와 상호작용하며 전체적인 밸런스를 맞추는 역할을 한다. 스페셜티 커피를 생산할 때 당도가 높은 잘 익은 커피체리를 수확해야 한다고 강조하는 이유도 바로 이 때문이다.

좋은 경우

honey(꿀 같은), canesugar(사탕수수 설탕 같은), sugar(설탕 같은)
caramel(캐러멜 같은), syrup(시럽 같은),
brown sugar(흑설탕 같은), mellow(은은하게 달콤한)

좋은 경우

transparent(투명한),
clean(깨끗한),
clear(맑은)

좋지 않은 경우

dirty(더러운),
dusty(먼지 같은),
astringent(떫고 텁텁한)

좋지 않은 경우

astringent(떫고 텁텁한), low sweet(단맛이 거의 없는)

❹ 액시디티

커피의 신맛을 뜻하는 액시디티, 즉 산미는 단순히 신맛이 강하다고 높은 점수를 받는 것이 아니다. 앞서 스위트니스에서도 언급했듯이 단맛이 없는 신맛은 절대 좋은 산미가 될 수 없다. 우리가 잘 익은 과일의 새콤달콤한 산미는 좋은 산미로, 식초처럼 단맛이 받쳐주지 않는 산미는 나쁜 산미로 느끼는 것도 같은 이유에서다. 액시디티는 좋은 산미가 얼마나 다양하게 느껴지는지 complexity가 핵심이다.

좋은 경우

ripe orange(잘 익은 오렌지 같은), grapefruit(자몽 같은) berries(베리류 같은), grapes(포도류 같은)
complex(복합적인), delicate(섬세한), bright(밝은), fine(좋은)

좋지 않은 경우

sour(신맛만 강한), acetic acid(식초 같은), sharp(날카로운), acrid(혀가 아린)

❹ 바디와 마우스필

바디와 마우스필은 입안의 혀와 입천장에서 느껴지는 촉감을 평가하는 항목이다. 혀로 커피를 굴렸을 때 질감이 부드러운지 거친지, 점성과 밀도가 어느 정도 느껴지는지, 마지막으로 목 넘김 후에 남아있는 느낌이 어떤지 등을 전반적으로 평가하는 것이다.

커피는 탄수화물 함량이 많을수록 바디가 높아지는데, 사람들이 재배고도가 높은 커피를 선호하는 이유도 낮은 고도에서 재배된 커피보다 탄수화물 함량이 더 많기 때문이다.

좋은 경우

점도와 질감 thick(두꺼운), viscous(점성 있는), dense(밀도 있는), heavy(무거운), oily(오일 같은)
부드러움 buttery(버터 같은), creamy(크림 같은), smooth(부드러운)
저항성 syrupy(시럽 같은), round(둥글한)

좋지 않은 경우

astringent(톡 쏘는 듯하게 떫은), rough(거친), watery(물 같은), light(가벼운), sandy(모래 같은)

❻ 플레이버

앞에서 언급한 바와 같이 플레이버는 가장 기본적이면서도 복합적인 요소이며, 향미 평가의 모든 요소들이 함께 만들어내기 때문에 캐릭터가 다양하고 풍부한 커피일수록 높은 점수를 받는다. 또한 커피가 식은 후에도 좋은 플레이버가 계속 유지된다면 높은 점수를, 좋지 않은 뉘앙스가 느껴진다면 낮은 점수를 준다. 커피는 원래 식은 후에 특징이 더 또렷하게 드러나므로 품질이 좋은 커피는 온도가 떨어진 후에도 긍정적인 뉘앙스가 지속적으로 느껴진다.

좋은 경우

honey(꿀 같은), chocolate(초콜릿 같은),
cacao(카카오 같은), fruity(과일 같은)
orange(오렌지 같은), grapefruit(자몽 같은),
apricot(살구 같은)
black tea(홍차 같은), jasmine tea(재스민차 같은)
blueberry(블루베리 같은), grape(포도 같은)
complex(복합적인), delicate(섬세한), rich(풍부한)
hot to cool(뜨거울 때부터 식을 때까지 일정한)

좋지 않은 경우

gassy(풀 같은), moldy(곰팡이 냄새 같은)
earthy(진흙 같은), oldy(오래된), flat(단조로운)

❼ 애프터테이스트

애프터테이스트는 커피를 마신 후에 느껴지는 여운을 평가하는 항목으로 플레이버와 관련이 있다. 향미가 다양하고 풍부한 커피일수록 입안에 좋은 느낌이 오래 지속되어 높은 점수를 받고, 반대로 품질이 낮은 커피는 마시고 나면 입안에 좋지 않은 향미가 남아서 점수에도 부정적인 영향을 미친다. 예를 들어 커피를 목으로 넘겼을 때 입안에서 고무 같은 향미가 계속 남아있다면 낮은 점수를 줄 수밖에 없는 것이다.(참고로 애프터테이스트는 마우스필의 일종인 애프터필(afterfeel)과 구분되는 개념이다)

좋은 경우

honey(꿀 같은), chocolate(초콜릿 같은),
cacao(카카오 같은)
complex(복합적인), long(오래 남는),
lingering(입안에 맴도는)

좋지 않은 경우

dirty(더러운), dusty(먼지 같은), short(짧은),
fast-fade(빨리 사라지는)

커피향미

❽ 밸런스

밸런스는 액시디티, 바디(또는 마우스필), 플레이버, 애프터테이스트 등의 여러 평가요소들이 어느 한쪽으로 치우치지 않고 서로 상호보완하며 조화를 이룰 때 높은 점수를 준다. 물론 밸런스도 커피향미의 기본 요소인 클린컵과 스위트니스가 받쳐준다는 전제하에서만 좋은 평가를 받을 수 있다. 특히 스위트니스는 커피의 모든 맛과 향을 균형감 있게 잡아주는 가장 중요한 요소다.

좋은 경우

structured(잘 짜여진), well-balanced(균형 잡힌), hot to cool(뜨거울 때부터 식을 때까지 일정한)

좋지 않은 경우

unbalanced(불균형한), strong bitter(쓴맛에 치우친), strong sour(좋지 않은 신맛에 치우친)

❾ 디펙트

디펙트는 향미에서 나타나는 결점을 뜻하며 커피생산의 전 과정에서 발생할 수 있다. 앞서 이야기한 것처럼 디펙트는 크게 테인트와 폴트로 분류되는데, SCAA 방식의 커핑은 이중 강도가 약한 결점인 테인트의 수치를 '2'라고 표현하고 강도가 강한 결점인 폴트의 수치를 '4'라고 표현한다. 최종 점수를 계산할 때는 총점에서 결점이 발견된 컵의 개수에 해당 디펙트의 강도를 곱한 값(디펙트 점수)을 빼면 된다.

sour(시큼한), rubbery(고무 같은), fermented(과발효된), phenolic(페놀 같은)

CoE와 SCAA의 향미 평가기준

1. CoE 기준

❶ 항목의 구성

fragrance/aroma

defect

clean cup

sweetness

acidity

mouthfeel

flavor

aftertaste

balance

overall

CoE 방식은 SCAA 방식과 다르게 프래그런스와 아로마 항목은 강도만 체크하고 최종 점수에 합산하지 않는다.

❷ 항목의 점수
- 각 항목의 최고 점수는 8점, 최저 점수는 0점이다.
- 6~8점 사이는 0.5점 단위로 점수를 줄 수 있다.
- 기본 점수는 36점이며 최고 점수는 100점이다.

❸ 점수의 의미

4점 - 저급의 below standard

5점 - 커머셜 commercial 또는 commodity

6점 - 스페셜티 specialty

7점 - 뛰어난 exceptional

8점 - 최고의 optimum

각 항목은 6점을 스페셜티 커피의 기준으로 삼으며, 최종 점수가 80점 이상 86점 미만인 커피는 스페셜티 커피, 86점 이상인 커피는 CoE 커피, 90점 이상인 커피는 프레지덴셜 어워드 Presidential Award라고 부른다.(2016년부터 CoE 커피의 기준이 '85점 이상'에서 '86점 이상'으로 상향 조정되었다)

---

*필자를 포함한 많은 사람들이 이미 경험한 것처럼 프래그런스와 아로마에 비해 플레이버가 한참 떨어지는 커피가 종종 있다. 하지만 커피는 플레이버를 중심으로 평가해야 하기 때문에 단순히 향만 가지고 품질을 따지는 것은 옳지 않다. 커피는 어디까지나 '마시는 음료'이므로 향보다 향미가 더 중요한 평가요소라는 점을 유념할 필요가 있다.

2. SCAA 기준

❶ 항목의 구성

fragrance/aroma
∨
flavor
∨
aftertaste
∨
acidity
∨
body
∨
Uuniformity
∨
balance
∨
clean cup
∨
sweetness
∨
overall
∨
defect

❷ 항목의 점수

- 각 항목의 최고 점수는 10점, 최저 점수는 0점이다.
- 6~10점 사이는 0.25점 단위로 점수를 줄 수 있다.
- 유니포미티, 클린컵, 스위트니스는 각각 다섯 개의 박스로 구성돼 있으며 한 박스당 2.5점으로 계산한다.
- 기본 점수는 없으며 최고 점수는 100점이다.

❸ 점수의 의미

점수가 0점부터 5점까지 존재하긴 하지만 5점 이하의 점수는 스페셜티 커피에 아무 의미가 없으므로 6점을 기준으로 점수를 매기는 것이 바람직하다.

평가에 주로 사용하는 스케일은 오른쪽 표와 같이 16개의 포인트 스케일point scale로 구성돼 있으며, 최종 점수가 80점 이상인 경우 스페셜티 커피에 해당된다.

Quality Scale			
6.00 (좋은)	7.00 (매우 좋은)	8.00 (훌륭한)	9.00 (매우 훌륭한)
6.25	7.25	8.25	9.25
6.5	7.5	8.5	9.5
6.75	7.75	8.75	9.75

(출처: SCAA cupping Protocol)

Total Score Quality Classification		
90–100	Outstanding	Specialty
85–89.99	Excellent	
80–84.99	Very Good	
〈 80.0	Below Specialty Quailty	Not Specialty

(출처: SCAA cupping Protocol)

CoE에서 사용하는 태블릿 채점방식

CHAPTER 4

실전 커핑

커핑의 기술

⌄

첫째, 좋은 품질의 커피를 자주 마셔라

커피향미를 전문적으로 분석할 수 있으려면 평소 품질이 좋은 커피를 자주 접해야 한다. 좋지 않은 품질의 커피를 마시는 것에 익숙해지면 좋은 커피와 나쁜 커피의 기준이 무엇인지 알 수 없고, 커피취향의 기준이 낮아져 커피의 좋은 특성을 찾아내는 데 한계가 있기 때문이다. 향미의 결점을 파악하는 훈련도 필요하긴 하지만 필수적이지 않다.

둘째, 실력 있는 전문가와 함께하라

좋은 품질의 커피에 대한 기준을 익히기 위해선 전문성을 갖춘 커퍼와 함께 기준점을 맞추는 작업인 칼리브레이션calibration에 힘써야 한다. 향미 평가의 기준이 잘못 잡혀있거나 개인적인 기호에 따라 향미를 평가할 경우 결과의 신뢰도가 떨어질 수 있기 때문이다. 다른 평가와 마찬가지로 커피향미 평가 역시 평가기준을 제대로 정립하고 객관적으로 진행하는 것이 중요하다.

셋째, 이미지 스케일을 잘 활용하라

이미지 스케일image scale이란 커피 향미의 강도와 품질에 대한 생각을 숫자나 표정으로 표현하는 것을 말한다.

강도

품질

커핑 시 주의할 점

❶ 선입견의 오류
샘플의 성장환경에 대한 선입관을 가지고 품질을 판단하는 것.
ex. 단순히 브라질 커피라는 이유만으로 낮은 점수를 주는 경우

❷ 외형의 오류
샘플의 향미와는 상관없는 겉모습만 가지고 품질을 판단하는 것.
ex. 색깔이 진한 원두는 좋은 품질일 거라고 생각하는 경우

❸ 기대의 오류
상황에 비추어 샘플 간의 차이가 확실할 거라고 생각하는 것.
ex. 두 개의 샘플을 평가할 때 둘 중 하나는 품질이 좋지 않을 거라고 생각하는 경우

❹ 상호성의 오류
다른 커퍼들의 의견에 쉽게 동조하는 것.
ex. 옆 사람이 어떤 샘플을 맛본 후 인상을 찌푸리는 것을 보고 낮은 점수를 주는 경우

❺ 선택의 오류
커핑 시 중간 정도의 점수만 주거나 극단적으로 높고 낮은 점수만 주는 것.
ex. 자신의 생각이 남들과 다를지도 모른다는 두려움에 대부분의 샘플에 중간 정도의 점수만 주는 경우

그 밖의 커피품질 평가방법

❶ 트라이앵글레이션 테스트 Triangulation Test
3개의 샘플에 연관성이 없는 숫자를 각각 3개씩 부여한 뒤 향미 평가를 통해 특징이 다른 하나를 찾아내는 테스트다. 커피가 지닌 캐릭터의 차이를 구별함으로써 무엇이 같고 다른지 비교할 수 있으며, 생두를 구매할 때나 제품의 품질을 관리Quality Control할 때 기존 제품과 신제품의 유사성과 차이점을 파악할 수 있는 방법이다. 많은 커핑 대회에서 차용하고 있는 트라이앵글레이션 테스트는 시각적 차이로 인해 생기는 선입견을 배제하기 위해 어두운 장소에서 진행할 것을 권장한다.

❷ 투 아웃 오브 파이브 테스트 2 out of 5 Test
5개의 코딩된 샘플coded sample 중에서 다른 2개(이들은 같은 커피다)를 구분하는 테스트다. 트라이앵글레이션 테스트가 확장된 형태인 투 아웃 오브 파이브 테스트는 우연의 가능성을 최소화해 평가 결과의 객관성과 신뢰성을 확보할 수 있는 방법이지만 난이도가 높은 만큼 어느 정도 숙련도가 필요하다.

❸ 듀오 트리오 테스트 Duo-Trio Test
2개의 코딩된 샘플 중 기준 샘플reference sample과 유사한 것을 찾아내는 테스트로, 형태는 매우 단순하지만 샘플간의 유사성을 집중적으로 파악할 수 있는 방법이다. 다양한 조합의 샘플을 16~28회에 걸쳐 테스트하긴 하지만 둘 중 하나를 택하는 50%의 확률이기 때문에 신뢰도는 트라이앵글레이션 테스트보다 떨어질 수 있다.

PART 2
커피 로스팅
COFFEE ROASTING

참고문헌
1. 『바리스타가 알고 싶은 커피학』, 한국커피전문가협회, 교문사(2011)
2. 『로스트마스터』, (사)한국커피협회, 커피투데이(2013)

COFFEE STUDY PLUS

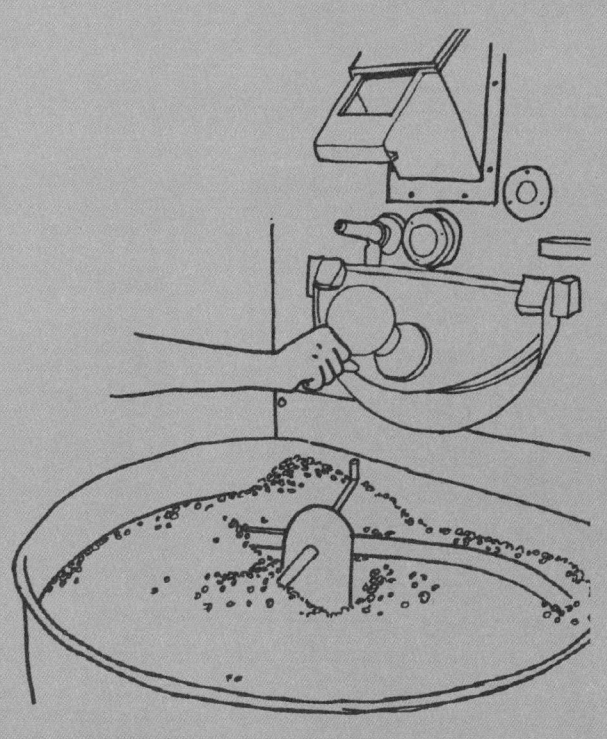

1

생두

생두는 커피향미를 결정하는 첫 번째 요소다.
아무리 훌륭한 로스터라도 아라비카 커피로 로부스타 커피의 향미를 발현시킬 수는 없다. 반대의 경우도 마찬가지다. 때문에 생두 선택은 로스팅에서 가장 중요한 부분이라고 해도 과언이 아니다.
생두는 품종에 따라 모양과 성격이 제각각이며 대표적으로 티피카^{Typica}와 버번^{Bourbon}이 있다. 길이가 길고 두께가 얇은 티피카는 로스팅 시 열이 쉽게 통과하는 반면, 두께가 두껍고 동그랗게 생긴 버번은 열을 생두 속까지 전달하기가 상대적으로 더 어렵다.

CHAPTER 1

생두의 구성성분

커피품질을 좌우하는 요소 중 하나인 생두의 성분은 재배지의 환경적 특성에 많은 영향을 받는다. 구성비도 품종마다 조금씩 다르다. 분석방법에 따라 차이가 있긴 하지만 객관적이고 일관성 있는 로스팅을 위해서는 생두의 구성 성분에 대한 이해가 선행되어야 한다.

생두의 품종이 아라비카Arabica인지 로부스타Robusta인지에 따라 성분비가 다르게 나타나는 가장 큰 이유는 재배환경 때문이다. 고지대에서 생산되는 아라비카는 저지대에서 생산되는 로부스타에 비해 병충해 같은 위험요소가 적어 상대적으로 쓴맛과 떫은맛을 내는 카페인과 클로로겐산 함량이 낮다.

또한 아라비카는 일교차가 큰 고지대의 특성상 커피나무의 발육이 천천히 진행되어 커피체리의 밀도가 단단하며 커피향미를 구성하는 당류와 지질의 비율도 더 높다.

이에 반해 저지대에서 자라는 로부스타는 병충해에 대한 방어기제가 발달해 구성성분에 차이를 보이며, 성장속도도 훨씬 빠르다.

생두 성분표

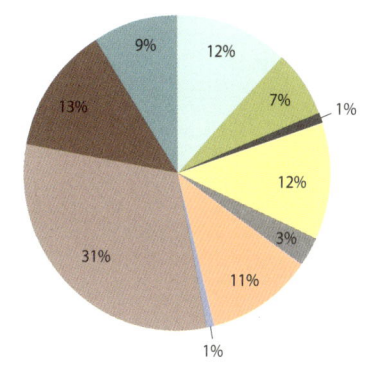

수분	12%	트리고넬린	1%
비휘발성산	7%	셀룰로오스	31%
카페인	1%	녹말 및 펙틴	13%
단백질	12%	수용성 탄수화물	9%
회분	3%	이산화탄소	0%
지질	11%		

원두 성분표

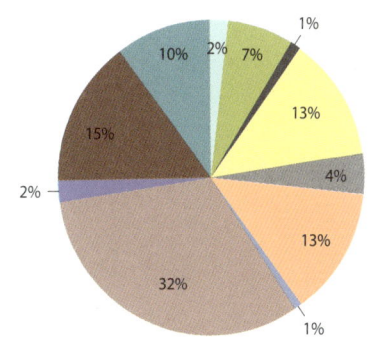

수분	2%	트리고넬린	1%
비휘발성산	7%	셀룰로오스	32%
카페인	1%	녹말 및 펙틴	15%
단백질	13%	수용성 탄수화물	10%
회분	4%	이산화탄소	2%
지질	13%		

(출처: 커피로스팅, Scott Rao 저, 최익창 역, 2016, 커피리브레)

탄수화물

생두의 절반 이상을 차지하는 성분인 탄수화물은 크게 단당류(포도당Glucose, 과당Fructose, 갈락토오스Galactose)와 이당류(자당Sucrose, 맥아당Maltose, 유당Lactose), 다당류(녹말Starch, 글리코겐Glycogen, 덱스트린Dextrin, 셀룰로오스Cellulose)로 나뉜다.

자당이 주를 이루는 유리당(유리상태로 존재하는 당)은 생두에 6~8%가량 포함되어 있으며, 로스팅 시 메일라드 반응Maillard reaction과 캐러멜화Caramelization, 스트레커분해Strecker degradation를 일으켜 갈변현상을 초래하고 향기 화합물을 형성한다.

로스팅 과정에서 단당류는 아미노산과 반응하여 전부 소멸되지만 다당류는 로스팅이 끝난 후에도 일부가 남아 에스프레소 추출 시 크레마의 상태를 안정적으로 유지시키는 역할을 한다.

생두는 유통과 보관과정에서 다양한 변수의 영향을 받는데, 특히 유리당은 보관 장소의 온도가 높을수록 빠르게 감소한다고 알려져 있다.

메일라드 반응에 의한 탄수화물 분해

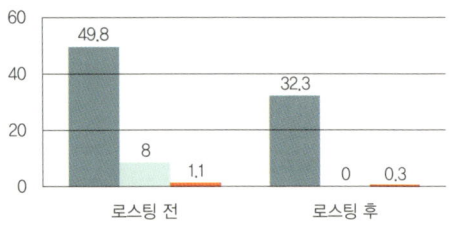

(출처: 커피로스팅, Gerhard A. Janse 저, 송주빈 역, 2007, 주빈)

생두의 탄수화물 함량(단위 %)

종류	아라비카	로부스타
가용성	9.2~13.5	6.2~11.9
난용성	46.0~53.0	34.0~44.0
다당류	3.0~4.0	3.0~4.4
단당류	0.2~0.5	0.2~0.5
올리고당	6.0~9.0	3.0~7.0
셀룰로오스	41.0~43.0	32.0~40.0
헤미셀룰로오스	5.0~10.0	3.0~4.0
탄수화물 총량	55.2~66.5	41.2~55.9

(출처: 바리스타가 알고 싶은 커피학, 한국커피전문가협회, 2011, 교문사)

아미노산과 단백질

생두의 단백질 함량은 품종마다 다르지만 대개 8~12% 선이며 종류도 다양하다. 그중 단백질의 0.3~0.8%를 구성하는 아미노산은 로스팅 시 당과 반응하여 멜라노이딘Melanoidine과 향기 화합물을 만들어낸다.

생두를 로스팅하면 열에 약한 단백질이 열분해되고 로스팅 레벨(또는 로스팅 포인트)에 따라 글루탐산Glutamic acid이 감칠맛을 더하기도 한다.

열에 의한 단백질의 성분 변화는 커피의 개성이 드러나는 중요한 부분이다.

메일라드 반응에 의한 아미노산 분해

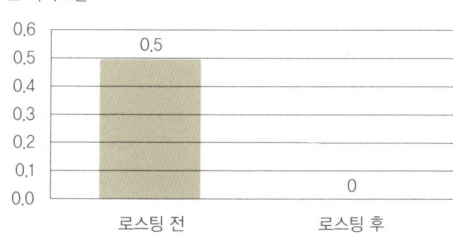

(출처: 커피로스팅, Gerhard A. Janse 저, 송주빈 역, 2007, 주빈)

지질 및 무기질

생두의 지질 함량은 재배지의 토양과 기후, 생두의 품종 등에 따라 다르지만 평균적으로 아라비카는 15.5%, 로부스타는 9.1%가 지질로 구성되어 있다. 생두의 지질은 대부분 배젖albumen 부위에 분포되어 있으며 표면에는 소량만 분포되어 있다. 지질에는 여러 가지 종류가 있는데 그중에서도 카윌Kahweol과 카페스톨Cafestol은 오직 생두에서만 볼 수 있는 지질 종류다.

지질은 생두의 세포벽에 액체 상태로 존재하며 로스팅 시 조직이 팽창하면서 표면으로 흘러나온다. 생두는 높은 열로 빠르게 로스팅할수록 조직의 팽창도가 높아져 지질의 움직임이 활발해지고 커피오일도 원활하게 배출된다. 일반 식품과 달리 생두의 지질은 생리활성 물질이 풍부해 인체에 유해한 활성산소를 억제하고 스트레스를 예방하는 효과가 있으며 항암에도 도움이 된다.

한편 생두의 무기질 함량은 4% 내외로, 대부분 수용성이며 다량의 칼륨과 소량의 마그네슘, 황, 칼슘, 인 등을 포함하고 있다. 특히 항진균작용이 있는 구리 성분은 아라비카보다 로부스타에 더 많이 들어있는데 로부스타의 곰팡이 발생률이 적은 것도 이 때문이다.

카페인

카페인Caffeine은 커피나 차, 카카오 같은 식물의 열매, 잎, 씨앗 등에 함유되어 있는 알칼로이드 성분으로 각성효과와 이뇨작용이 있어 에너지 드링크를 비롯한 여러 음료에 다양하게 활용된다.

커피의 쓴맛을 내는 성분 중 하나인 카페인 함량은 생두의 품종과 재배지, 그리고 추출방법에 따라 다르다. 카페인은 기본적으로 물에 잘 녹는 성질을 지니고 있으며 온도가 높을수록 더 많은 양의 카페인이 물에 용해된다. 특히 저온에서는 카페인과 클로로겐산이 반응하는 백탁현상이 일어나면서 쓴맛이 증가하는데 이를 방지하기 위해서는 추출한 커피를 급속히 냉각시켜야 한다.

생두의 카페인 성분은 유해한 미생물과 세균의 오염을 막는 항균효과와 곰팡이독의 일종인 오크라톡신Ochratoxin의 생성을 억제하는 항박테리아 기능이 있으며, 자외선에 의한 피부암 발생을 예방하고 일시적으로 활력을 높여주는 효과도 있다.

트리고넬린

생두의 트리고넬린Trigonelline은 로스팅 시 클로로겐산보다 더 높은 온도에서 열분해되어 니코틴산을 생성하고, 피리딘Pyridine과 같은 화합물을 형성하여 커피향미를 발현시킨다. 트리고넬린은 일반 식품에도 다양한 형태로 존재하지만 특히 어패류에 많이 들어있다. 생두의 트리고넬린 함량은 평균적으로 아라비카가 1.5%, 로부스타가 0.65%, 리베리카가 0.25%다.

클로로겐산

생두에 함유된 폴리페놀Polyphenol 성분은 주로 신남산Cinnamic acid과 퀸산Qunic acid으로 구성되어 있으며 이를 통칭해 클로로겐산이라고 부른다.

생두는 최소 13종 이상의 클로로겐산이 포함되어 있다고 알려졌지만 정확한 함량은 품종과 재배환경, 분석방법 등에 따라 달라질 수 있다.

클로로겐산과 카페인은 쓰고 떫은맛을 방어기제로 사용해 곰팡이의 번식을 막고 곤충과 동물의 공격으로부터 커피나무를 보호한다.

클로로겐산은 로스팅 레벨이 높을수록 빠르게 손실되며, 휘발성 화합물로 분리되어 신맛을 내기도 한다. 생두를 라이트 로스팅Light roasting하거나 높은 열로 단시간에 로스팅한 경우 클로로겐산의 일부가 남아 금속 맛과 떫은맛의 원인이 되며 촉감과 후미에도 부정적인 영향을 끼친다.

하지만 클로로겐산은 우리 몸에 치명적인 활성산소를 제거하는 데 탁월한 능력을 가지고 있으며 생두의 산성화를 지연시키는 역할도 한다. 로스팅 레벨이 낮은 원두가 숙성기간을 거치면 떫은맛이 사라지는 것도 이러한 이유에서다.

기타 성분(비타민과 유기산)

생두 역시 일반 식품과 마찬가지로 다양한 종류의 비타민이 존재한다. 다만 생두는 비타민의 특성에 따라 로스팅 시 파괴 정도에 차이가 있다. 비타민B1과 비타민C는 로스팅 중에 대부분 파괴되지만 니코틴산과 비타민B12, 엽산은 비교적 열에 강해서 오래 남아있다. 특히 니코틴산은 트리고넬린의 열분해에 의해 생성되기 때문에 생두보다 원두의 함량이 더 높다.

유기산은 카페산Caffeic acid, 구연산Citric acid, 사과산Malic acid, 주석산Tartaric acid, 인산Phosphoric acid 등의 비휘발성 산과 식초산Acetic acid 등의 휘발성 산으로 나뉘며 신맛에 영향을 준다.

커피에서 가장 중요한 산인 퀸산과 사과산, 구연산은 열분해와 중합반응을 통해 다양한 색과 향미를 만들어내지만 로스팅 시간이 길어질수록 함량이 줄어든다.

CHAPTER 2

생두의 품종과 가공방식

품종

로스팅에서 품종이 중요하게 다뤄지는 이유는 품종에 따라 표현할 수 있는 커피향미의 최대치가 다르기 때문이다.

예를 들어 역사가 가장 오래된 품종인 티피카는 좋은 산미와 향을 가지고 있지만 커피녹병 등의 병충해에 약하고 생산고도가 높으며, 그늘재배와 격년 수확을 해야 한다는 어려움이 있다. 그래서 커피 수요가 늘고 커피 수출이 생산국의 주요 산업으로 자리 잡게 되면서부터는 티피카보다 병충해에 강하고 생산성이 높은 새로운 교배종들을 재배하기 시작했다.

실제로 콜롬비아는 1967년까지만 해도 100% 티피카만 재배했지만 현재는 생산성이 높고 햇빛경작이 가능한 카투라Catura와 카스티요Castillo 등의 교배종들이 상당수를 차지하고 있다.

하지만 이러한 품종은 티피카나 버번 같은 재래종에 비해 단맛이 떨어진다는 단점이 있다. 로스팅 시 각 품종이 지닌 특징을 고려해야 하는 것도 이러한 이유에서다.

가공방식

커피체리는 수확 당일 바로 가공처리를 해야 한다. 그렇지 않으면 빠른 속도로 발효가 진행되어 품질 변화를 가져오기 때문이다.

가공방식은 크게 워시드washed와 내추럴natural, 펄프드 내추럴pulped natural로 나뉘며 가공방식에 따라 커피향미의 개성이 달라진다.

워시드는 커피체리의 과육을 제거한 후 적게는 10시간에서 많게는 72시간 동안 수조에 담가 발효시키는 방식이다. 발효작업의 관건은 커피체리의 점액질을 완전히 제거하여 깔끔하고 밝은 산미가 발현되는 시점을 찾는 것인데, 발효시간이 72시간을 넘으면 생두가 과발효되어 향미에 부정적인 영향을 미친다. 농장마다 발효방법이 다른 것도 자신만의 독특한 향미를 표현하기 위해서다.

내추럴은 수확 후 커피체리를 바로 건조시키는 방식인데, 이 과정에서 점액질의 성분이 생두에 스며들어 바디body와 단맛이 증가한다. 내추럴은 여러 번 선별 과정을 거치는 워시드와 달리 생두의 완숙도와 밀도 편차가 커서 로스팅 후에 색이 고르게 나타나지 않을 수 있으므로 통기성이 우수한 테이블에 건조해 일정한 수분함량을 맞춰야 한다.

가공방식과 건조방법이 중요한 이유는 수분함량이 로스팅 시 생두의 성분 변화와 향미 형성에 관여하는 요인이기 때문이다. 수분함량은 생두의 보관기간에 따라서도 차이가 있는데, 구체적인 내용은 다음과 같다.

❶ **뉴 크롭** New Crop

수확한 지 1년 이내의 생두로 수분함량은 12%대다. 색상은 청록색 bluish green이며 시간이 지나면서 녹색으로 변한다. 생두를 만졌을 때 손에 달라붙는 느낌이 들고 냄새를 맡아보면 곡물의 풋내와 과일향이 난다. 수분함량이 높아서 생두를 떨어뜨렸을 때 소리가 무겁고 둔탁하다. 생두의 수분함량이 높기 때문에 전도열의 비중이 큰 로스터를 사용할 경우 로스팅에 세심한 주의를 기울여야 한다.

❷ **패스트 크롭** Past Crop

수확한 지 1~2년된 생두로 수분함량은 10~11%다. 색상은 시간이 지나면서 녹색에서 옅은 녹색으로 변한다. 생두를 만졌을 때 손에 달라붙는 느낌이 뉴크롭보다 덜하고 냄새를 맡아보면 곡물의 풋내와 매콤한 향이 난다. 우리나라에 들어오는 생두는 대부분 패스트 크롭인데, 산지와 거리가 먼 지리적 특성상 운송기간이 오래 걸리기 때문이다.

❸ **올드 크롭** Old Crop

수확한 지 2년 이상된 생두로 수분함량은 9% 이하다. 색상은 옅은 갈색이며 시간이 지나면서 갈색으로 변한다. 생두를 만졌을 때 손에 달라붙는 느낌이 없고 냄새를 맡아보면 매콤한 향이 난다. 수분함량이 낮아서 생두를 떨어뜨렸을 때 소리가 가볍고 경쾌하다.

TIP 에이지드 커피 Aged Coffee

개성 있는 향미를 표현하기 위해 별도의 보관시설에서 여러 해 동안 숙성시킨 커피. 일반적으로 생두는 보관기간이 길어질수록 수분과 구성 성분이 감소하여 향미가 손실된다. 하지만 에이지드 커피는 마치 김장김치를 장독에 묻어두는 것처럼 생두를 일정기간 숙성시키기 때문에 발효에 의해 신맛, 쓴맛, 떫은 맛 등이 줄어들고 비효소적 갈변반응이 일어나 바디가 증가한다.

CHAPTER **3**

생두 평가

스페셜티 커피는 전 세계에서 생산되는 커피의 10% 미만에 불과하지만 양보다 질을 우선시하는 만큼 까다로운 절차를 거친다. 육안으로 모양과 색상을 확인하는 것은 물론이고, 커피품질과 직결되는 수분, 밀도 등의 수치를 측정하거나 커핑으로 향미를 평가하기도 한다.

미국스페셜티커피협회Specialty Coffee Association of America, SCAA는 생두의 수분과 크기, 결점두 수, 밀도, 색상 등을 기준으로 생두를 평가한다.

수분

생두의 표준 수분율은 10~12%이다. 수분함량이 낮은 생두는 보관기간이 경과함에 따라 생두의 성분이 소실되며, 수분함량이 13% 이상인 생두는 곰팡이가 번식하기 쉽다. 이러한 생두의 수분함량은 로스팅 시 화력조절과 로스팅 시간을 결정하는 중요한 요소다. 생두의 수분함량이 높을 경우 전도열의 비중을 줄여 티핑tipping 같은 로스팅 디펙트Roasting defect가 발생할 확률을 최소화할 수 있다. 또한 열풍의 비중을 늘려 건조과정을 자유롭게 조절함으로써 향미를 극대화할 수도 있다.

크기

생두 크기는 커피 등급을 결정하는 중요한 요인이며 보통은 크기가 클수록 높은 가격을 매긴다. 생두를 구매할 때는 체를 이용해 크기를 분류하고 데이터를 축적하는 것이 품질 향상에 도움이 된다. 표준체standard screen를 기준으로 #14 이하는 소small, #15~16은 중medium, #17 이상은 대large로 구분한다.

로스팅 시 생두의 크기를 고려해야 하는 가장 큰 이유는 열에너지를 흡수하는 표면적의 차이 때문이다. 예를 들어 에티오피아에서 생산된 작은 크기의 모카Moka 커피와 크기가 큰 마라고지페Maragogype 커피를 함께 로스팅할 경우, 밀도에 따른 발열 차이가 존재하긴 하지만 상대적으로 생두의 크기가 큰 품종인 마라고지페가 더 많은 에너지원을 필요로 할 것이다.

결점두 수

결점두 수Number of defects는 커피품질과 밀접하게 연관되어 있고 로스팅에 미치는 영향도 크기 때문에 사전에 꼼꼼히 살펴봐야 하는 부분이다. 뉴욕선물거래소는 생두 300g에 포함된 결점두의 종류와 개수를 육안으로 확인하고 각각 다른 결점 계수를 곱해 총 결점 점수를 계산한다. 결점두는 보통 수확이나 가공과정에서 발생하며, 결점두의 유무는 커머셜 등급과 스페셜티 등급을 구분하는 척도가 된다.

밀도
∨

밀도는 생두 평가의 또 다른 척도다. 생두는 재배고도가 높을수록 밀도가 단단하며, 품종에 따라서도 밀도차가 난다. 밀도는 100㎖ 용량의 용기에 생두를 평평하게 담은 후 무게를 재는 방식으로 계산한다.

만약 생두가 부피는 같은데 무게가 다르다면 무게가 무거운 쪽이 밀도가 높기 때문에 로스팅할 때도 더 많은 양의 열을 가해야 한다. 밀도가 높은 생두는 떨어뜨렸을 때 무겁고 둔탁한 소리가 나는 반면 밀도가 낮은 생두는 가볍고 경쾌한 소리가 난다. 밀도는 커피향미와 바디에도 지대한 영향을 미친다.

색상
∨

생두는 품종과 보관상태에 따라 다른 색을 띤다. 일반적으로 고지대에서 재배해 워시드 방식으로 가공한 아라비카 생두는 청록색이며, 저지대에서 재배한 로부스타 생두는 황록색이나 황갈색이다. 생두는 보관기간이 길수록 초록빛이 옅어지며 잘못 보관되어 변질된 경우에는 색상이 균일하지 않거나 백색으로 변할 수 있다. 색상은 표준 샘플과 생두를 비교해 보면 알 수 있다.

SCAA와 CoE의 점수별 등급 구분

SCAA	90~100점	Outstanding
	85~89.99점	Excellent
	80~84.99점	Very good
CoE	90~100점	Presidential Award
	86~89.99점	CoE
	80~85.99점	Specialty

2
로스팅

CHAPTER 1

로스팅의 유래

오래전 커피 음용방법은 커피체리의 과즙을 내서 마시거나 씨앗과 껍질을 물에 끓여 약용으로 마시는 것이 전부였지만 로스팅을 하면서부터 보다 다양하게 즐길 수 있게 되었다.

로스팅의 기원에 대해서는 해외로 생두가 반출되는 것을 막기 위해 로스팅했다든가 산불로 인해 우연히 로스팅된 원두를 맛보고 향이 좋아서 그후로도 계속 마셨다는 등 여러 가지 가설이 있지만 커피에 대한 수요가 늘어나면서 커피를 오랫동안 보관하는 방법과 커피의 풍부한 맛과 향을 잘 살릴 수 있는 방법을 찾아 오늘날의 커피 음용방법을 고안하게 되었다는 데는 이견이 없을 것이다.

이처럼 커피가 음료로서의 매력을 다채롭게 발산하는 데 있어서 로스팅은 절대 빼놓을 수 없는 매우 중요한 과정이다. 하지만 최근 들어 소비자들의 취향이 고급화됨에 따라 로스팅은 점점 더 복잡해지고 있는 추세다. 로스팅을 단순히 생두를 볶는 것으로만 여긴다면 크게 어렵지 않겠지만 수많은 향기 화합물로 이루어진 커피에서 원하는 향미만 선별적으로 발현시키고 일관된 결과물을 내기란 생각보다 까다로운 일이다.

물론 매번 달라지는 생두의 상태와 다양한 로스팅 변수를 완벽하게 통제할 수는 없지만 꾸준한 연습과 노력을 통해 편차를 최소한으로 줄이는 것만이 가장 현실적인 대안이다.

CHAPTER 2

로스터의 구조와 발전양상

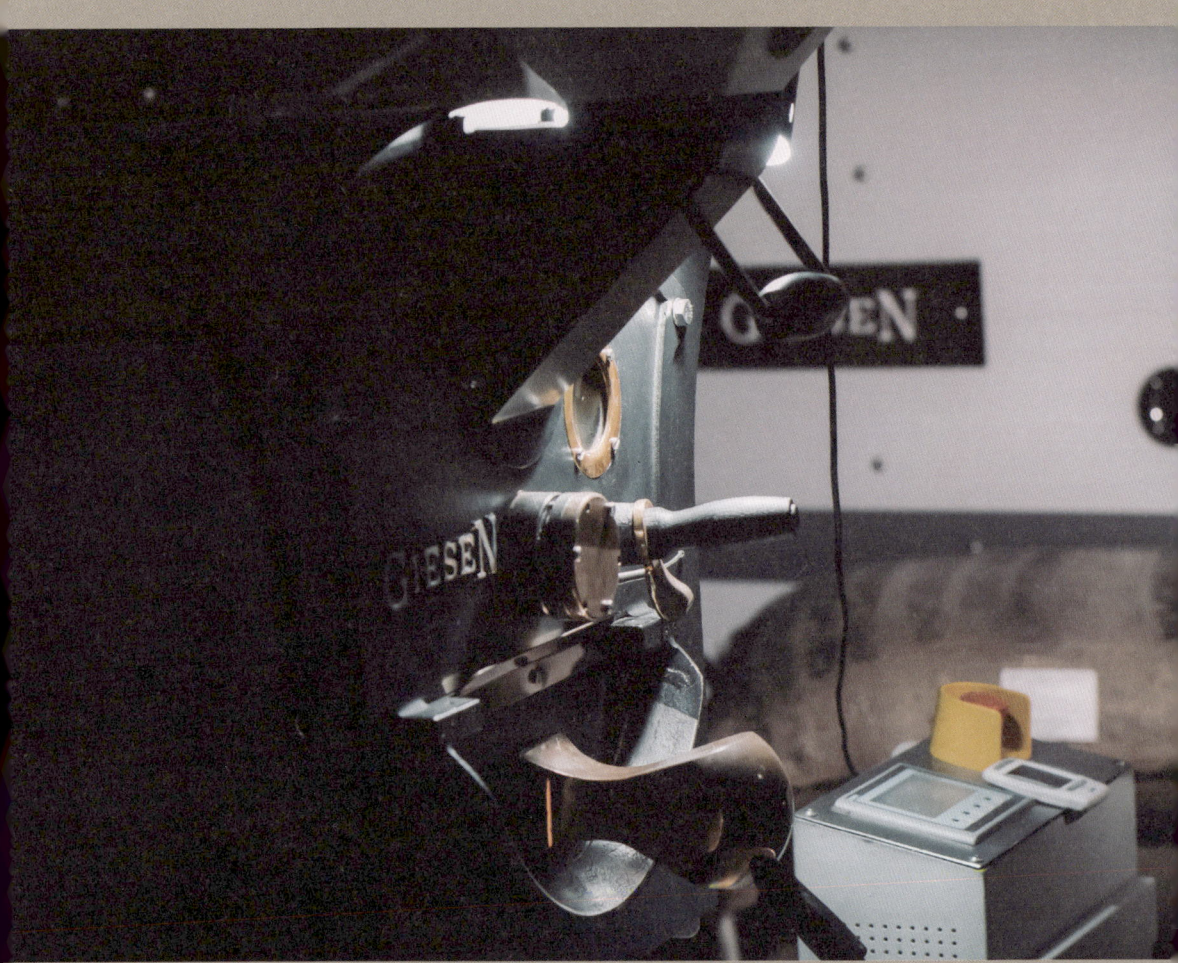

로스터의 구조

로스터의 구조는 크게 가스나 전기로 에너지를 생성하는 발열부와 에너지를 생두에 전달하는 전달부, 에너지를 제어하는 제어부, 그리고 에너지가 밖으로 배출되는 배기부 등으로 나뉜다. 이러한 구조는 거의 모든 로스터에 적용되며 기본적인 목적은 균일한 로스팅에 있다.

드럼의 구조

드럼은 생두에 열을 직접적으로 전달하는 부분이며 종류는 단일구조와 이중구조로 세분화된다.

주철 드럼은 열전도율과 열보존율이 뛰어나 오래전부터 사용해왔지만 예열속도가 느리고 연속해서 로스팅할 경우 전도열이 과도하게 전달되어 티핑 현상이 일어날 수 있다. 스테인리스 스틸 재질의 드럼은 열전도율이 높아 드럼을 빠른 시간에 예열할 수 있지만 금방 식는다는 단점이 있다.

이를 보완하기 위해 개발된 이중구조는 드럼 사이에 형성된 공기층이 단열층 역할을 해 보다 안정적인 로스팅이 가능하다.

드럼 안에 장착된 교반날개는 드럼에 들어 있는 생두를 회전시켜 열풍을 골고루 전달한다. 생두는 교반날개의 개수와 각도에 따라 각각 다른 형태로 회전하며, 교반날개는 균일한 로스팅을 위한 필수요소다.

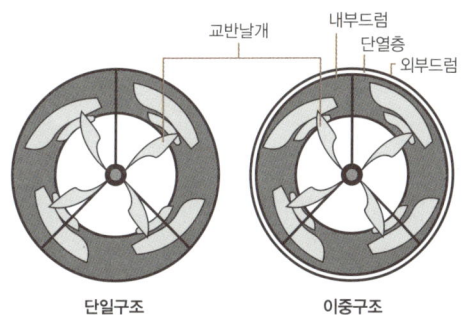

로스터의 발전양상

사실 로스터의 역사는 커피의 역사에 비하면 그리 길지 않다.

문헌에 따르면 커피를 처음 로스팅하기 시작한 것은 12~13세기 무렵의 일로, 아랍 지역에서 진흙이나 돌로 만든 불판에 생두를 볶은 후 절구에 빻아 물에 끓여 마셨다고 한다.

1650년대에 이르러 철제로 된 원통형 로스터가 등장했는데 당시에는 주로 양철이나 동으로 만든 화로에 생두를 로스팅했다.

상업용 로스터가 본격적으로 개발되기 시작한 것은 1842년 영국에서 최초로 상업용 로스터가 특허를 취득하면서부터다. 이후 로스터는 미국과 영국을 중심으로 발전했으며 19세기에 들어 오늘날의 드럼형 로스터가 출현하게 되었다. 처음에는 나무와 석탄을 열원으로 사용했으나 점차 전기나 가스로 확대되었다.

드럼형 로스터가 가장 일반적이긴 하지만 제조사에 따라 수직형, 수평형, 유동층* 등으로 다양하게 나뉜다. 작업 방식에 따라 일괄처리방식과 연속작업방식으로 구분할 수도 있지만 열전달 방식에 따라 열풍식, 반열풍식, 직화식으로 구분하는 것이 보편적이다.

*__유동층__ : 열풍으로 생두를 공기 중에 띄워 회전시키며 로스팅하는 방식.

커피로스팅

로스터의 변천사

1800년대에 제작된 로스터

1850년대에 제작된 로스터

태엽식 로스터

초기 가스식 로스터

CHAPTER **3**

로스터의 열원과
열전달 방식

열원

로스팅 시 생두는 건조단계와 열분해를 거쳐 복합적인 향미를 지닌 커피로 재탄생하는데, 이를 위해서는 반드시 열에너지가 필요하다. 열에너지의 공급원을 흔히 열원이라고 하며, 생두가 흡수하는 열에너지의 양은 열의 종류(가스, 전기, 숯 등)에 따라 차이가 발생한다. 로스팅은 열원에 대한 이해를 토대로 자신만의 개성 있는 향미를 표현하는 작업이므로 열전달 방식을 자세히 살펴볼 필요가 있다.

열전달 방식

로스터의 열전달은 전도conduction, 대류convection, 복사radiation를 통해 이루어진다. 로스터의 구조도 이 세 가지 열전달 방식에 따라 결정된다고 볼 수 있다. 전도, 대류, 복사가 지닌 각각의 특성을 알면 보다 일관된 품질의 커피를 만들 수 있다.

❶ 전도

열은 온도가 높은 물체에서 낮은 물체로 이동하는 과정에서 열평형을 이룬다. 전도는 한 물체에서 다른 물체로 열이 전달되는 것을 말하는데, 드럼형 로스터의 경우 드럼 표면에 열이 직접 닿는 것을 전도라고 한다. 전도열은 드럼의 재질, 크기, 두께에 비례하며, 기체보다 액체의 전도율이 더 높기 때문에 수분함량이 높은 생두를 로스팅할 경우 전도열의 비중이 큰 로스터를 사용한다면 화력조절에 더욱 유의해야 한다.

❷ 대류

물체를 통해 열이 전달되는 전도와 달리 대류는 기체를 통해 열이 전달되는 것을 말한다. 로스팅에서는 열원에 의해 뜨겁게 달궈진 드럼 안의 공기가 생두에 열을 전달하는 것을 대류라고 한다. 대류열은 전도열보다 생두에 더 쉽게 침투하기 때문에 열전달이 균일하게 이루어지며, 대류열의 열전달 속도는 풍속에 따라 결정된다.

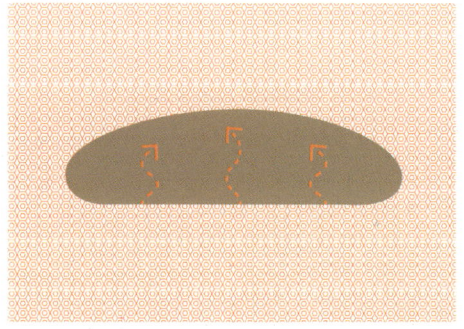

❸ 복사

고체나 기체 상태의 매개체를 통해 열을 전달하는 대류, 전도와 달리 복사는 파장의 형태로 열을 바로 전달한다. 많은 사람이 모여 있는 곳이 난로가 놓여 있는 곳보다 더 따뜻한 이유도 체온이 복사열을 방출하기 때문이다. 이처럼 복사열은 열이 생두 내부로 직접 전달되기 때문에 열효율이 높다. 요즘 복사열을 이용한 로스터가 많이 나오긴 하지만 일반적인 반열풍식 로스터는 전도열이나 대류열에 비해 복사의 비중이 작은 편이다.

TIP 원두의 겉과 속이 다르게 익는 이유

생두는 로스팅의 건조단계에서 수분이 증발해 무게가 감소하며 탄수화물, 단백질, 지질 등의 성분이 열과 만나 메일라드 반응과 중합반응 같은 화학변화를 일으킨다. 이때 생두 내부에서는 질량 보존의 법칙에 따라 손실된 에너지를 다시 채우려는 움직임이 나타나고 이 과정에서 열이 발생한다.

이로 인해 생두는 내부 온도가 높아져 수분이 기화하고 세포조직이 팽창하며 이산화탄소가 증가하면서 1차팝핑이 일어난다. 여기서 주의할 점은 1차팝핑 때 화력을 갑자기 확 줄이면 풍속은 그대로인데 열량이 부족해져서 생두 표면과 내부의 온도차가 심해진다는 것이다.

예를 들어 생두의 내부 온도는 230℃인데, 생두 외부에서 열에너지를 공급하는 열풍의 온도가 내부보다 낮은 200℃인 상태로 높은 열을 가해 빠르게 로스팅하면 생두 내부와 표면의 색상이 현저하게 차이 나는 결과를 가져올 수 있다.

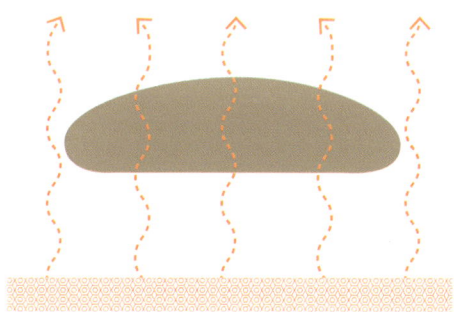

CHAPTER 4

로스터의
유형별 특성

TIP

숯불 로스터 Charcoal Roaster

1970년대 일본에서 개발된 로스터로, 숯의 강한 화력과 복사열인 원적외선이 생두에 빠르게 침투해 겉과 속을 고르게 익힌다. 숯에서 발생한 연기가 생두에 배어들어 독특한 향을 즐길 수 있는 방식이지만 열조절이 어렵고 높은 복사열이 생두의 세포조직을 파괴해 향미가 쉽게 손실된다는 단점이 있다.

디지털 로스터 Digital Roaster

전기로 만든 열풍과 복사열을 이용해 생두를 로스팅하는 방식이다. 일렉트로닉 로스터 electronic roaster가 여기에 속하며, 디지털 기술로 열원을 제어하기 때문에 로스팅의 재현성과 편리성이 높다. 다만 인코로이 히터나 세라믹 원적외선 히터를 사용할 경우 대량 생산을 하거나 열원을 제어하기가 까다롭다는 것이 단점이다.

직화식

⌄

구멍이 뚫려 있는 원통형 드럼이 가로로 누워있는 형태다. 외장이 드럼과 버너를 감싸고 있으며, 강제 배기 시스템도 갖춰져 있다.

직화식 로스터는 생두에 불이 직접 닿는 것처럼 보이지만 열풍이 회전하는 드럼을 둘러싸고 있는 것일뿐 직접 닿는 것은 아니다.

일본에서 주로 사용하는 방식으로 전도열을 이용해 다양하고 개성 있는 맛을 표현할 수 있다.

하지만 직화식은 생두의 수분이 열풍식에 비해 열을 빠르게 전도시키는 매개체 역할을 하기 때문에 부분적으로 타기 쉽다. 그래서 생두의 팽창도가 다소 낮더라도 로스팅 시간을 늘리는 경우가 대부분이다.

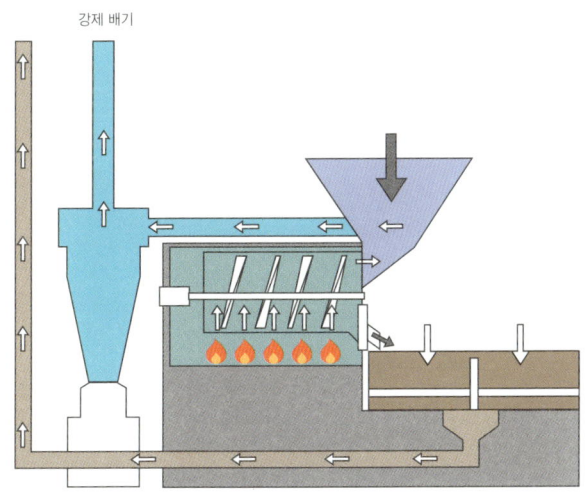

〈 직화식 로스터 〉

반열풍식

가장 보편적인 형태의 로스터로, 드럼의 후면부에 구멍을 뚫어 열풍이 드럼 안을 지나가도록 설계했다. 팬fan이나 모터로 공기를 빨아내 열풍이 기압차에 의해 드럼 안으로 이동하게 만든 것이다. 반열풍식 로스터 중에는 고온의 연소가스를 재순환시켜 열효율을 높인 제품도 있다.
생두가 드럼 표면에 발생하는 전도열, 후면부로 들어온 열풍, 생두가 내뿜는 복사열 등에 의해 로스팅되는 방식이다.

반열풍식은 직화식에 비해 로스팅 시간이 짧고 로스터의 열 보존 상태가 좋기 때문에 수분함량이 높은 뉴크롭도 안정적으로 로스팅할 수 있다. 만약 드럼의 회전속도 drum speed와 배기속도를 조절하는 기능이 있다면 전도열은 회전속도로, 대류열은 배기속도로 열량을 조절하여 원하는 맛을 낼 수 있다.

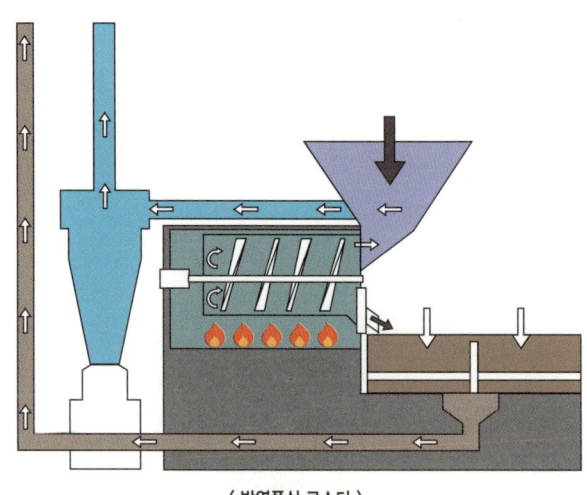

〈 반열풍식 로스터 〉

열풍식

⌄

애프터 버너after burner로 가열한 아주 뜨거운 공기를 드럼 안으로 강제로 이동시켜 로스팅하는 방식이다. 열효율이 높고 균일한 로스팅이 가능해 주로 대형 사업장에서 사용한다. 열풍식 로스터를 사용해 높은 열로 단시간에 로스팅한 원두는 세포조직이 활발하게 팽창해 직화식으로 로스팅한 원두와 비교했을 때 로스팅 레벨이 같아도 가용성분의 함량은 더 높게 나타난다. 하지만 열풍식은 대류열의 비중이 크고 생두의 팽창이 활발히 이루어지는 만큼 향미가 빠르게 손실되고 산패가 쉽게 일어난다는 단점이 있다.

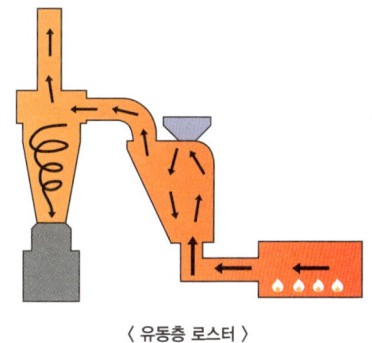

〈 유동층 로스터 〉

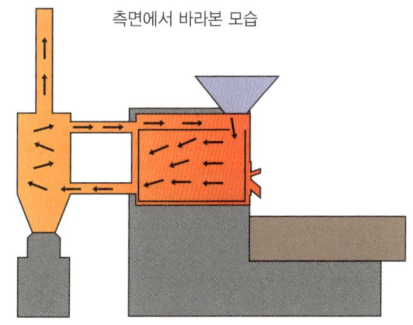

측면에서 바라본 모습

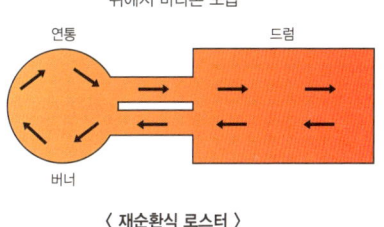

위에서 바라본 모습

연통   드럼

버너

〈 재순환식 로스터 〉

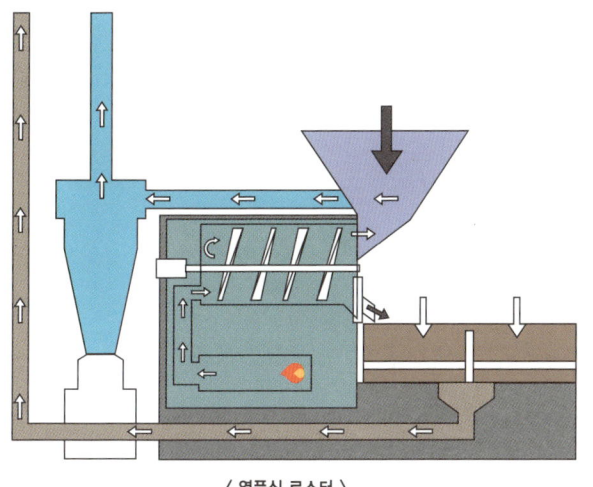

〈 열풍식 로스터 〉

CHAPTER **5**

생두의
물리적 변화

생두를 로스팅할 때 나타나는 변화는 로스팅이 진행되는 동안 오감으로 전해지는 형태, 소리, 냄새 등의 신호를 통해 감지할 수 있다. 따라서 로스팅의 기본은 오감을 통해 생두가 변해가는 과정을 구체적으로 이해하는 데 있다고 볼 수 있다.

물론 생두의 품종이나 재배환경에 따라 양상이 다르긴 하지만 일정한 패턴을 지닌 물리적 변화는 시간이나 정도의 차이만 있을 뿐 큰 틀을 벗어나진 않는다.

다만 한 가지 유의할 점은 매번 정해진 프로파일대로만 로스팅을 진행할 경우 동일한 프로파일을 적용해도 오전에 로스팅한 결과와 저녁에 로스팅한 결과가 다를 수 있다는 것이다. 원인은 다양한 변수가 존재하는 로스팅의 특성 때문이다.

로스터는 화력 게이지와 온도 센서의 위치에 따라 온도차가 발생하며 댐퍼의 위치에 따라서도 풍속에 차이가 난다. 이밖에도 날씨나 배기 같은 외부 환경의 영향을 많이 받기 때문에 때로는 생두의 변화를 수치만으로 판단하는 것보다 감각적으로 파악하는 것이 오히려 더 정확할 때가 있다.

로스터에 똑같은 값을 입력하는 것만으로도 항상 균일한 로스팅이 가능하다면 로스팅은 복잡한 원리를 굳이 이해할 필요가 없는 단순작업이 될 것이다.

로스팅에서 가장 중요한 것은 생두의 변화를 수시로 확인하며 변수를 적절히 조절하는 것임을 잊지 말아야 한다.

수분 증발

▽

로스팅의 첫 번째 단계인 수분 증발은 생두에 열을 가해 수분을 기화시키는 과정이다.

일반적인 생두의 수분함량은 9~13%이며, 로스팅이 끝난 후에 0.5~2%로 줄어든다.(구체적인 수치는 생두의 종류와 로스팅 시간, 로스팅 레벨 등에 따라 다르다) 이러한 생두의 수율 변화, 즉 무게와 성분의 감소는 열량과 밀접한 관계가 있다. 보통 수분함량이 높은 생두는 그렇지 않은 생두보다 수분이 기화하는 데 더 많은 열량을 필요로 한다.

생두는 로스터에 투입되는 순간부터 수분이 기화하기 시작하는데, 100℃까지는 주로 생두 표면에서 내부로 침투하는 열에 의해 이루어지다가 100℃를 넘어가면 생두 내부에서도 기화가 일어난다.

생두 내부에서 기화가 일어나면 한 번에 많은 양의 수증기가 발생하고, 이로 인해 생두 내부의 압력이 상승하게 된다. 이때 공급되는 열량은 대부분 수분 증발을 위해 소모되며, 열량을 지속적으로 공급하면 내부압력이 높아짐에 따라 물의 끓는점이 상승하고 압력과 온도가 균형을 이루면서 수분이 천천히 기화된다.

생두에 따라 조금씩 차이는 있겠지만 대부분 온도가 160℃로 오르면 내부 압력이 증가하면서 세포조직이 팽창하고, 무게도 빠르게 감소한다.

이 시기에 생두는 조직이 팽창하면서 무게가 가벼워지기 때문에 드럼의 교반날개에 부딪히는 소리가 부드러워진다. 소리가 부드러워지는 순간 로스터의 샘플봉을 꺼내 보면 생두 표면의 실버스킨이 하얗게 떨어지는 것을 알 수 있다. 이는 생두의 팽창과 수축이 반복되어 나타나는 현상으로 내추럴 커피나 미성숙두를 로스팅할 때는 실버스킨이 잘 벗겨지도록 화력을 강하게 조절해 팽창도를 높여주기도 한다.

색상

생두의 색을 관찰하는 것은 로스팅 과정에서 일어나는 다양한 변화를 포착할 수 있는 방법이지만 생두의 품종과 밀도, 가공 방법, 보관상태 등에 따라 다른 양상을 보인다.

고지대에서 자란 커피는 로스팅이 진행됨에 따라 부드러운 녹색에서 밝은 노란색으로, 노란 갈색에서 밝은 갈색으로, 어두운 갈색에서 검은 갈색으로 변화하는 반면, 저지대에서 자란 커피는 밝은 노란색이 되기 전에 투명한 백색으로 변화한다. 저지대에서 자란 커피는 상대적으로 밀도가 낮아서 수분이 이동하는 형태가 다르기 때문이다.

수분이 기화한 후에는 생두 전체가 노란빛을 띠면서 갈변반응이 시작된다. 생두는 팽창과 수축을 반복하는 과정에서 표면을 감싸고 있던 실버스킨이 벗겨지고, 본격적으로 열분해가 시작되면서 달콤하고 구수한 향이 나는데, 이를 너티nutty라고 한다. 생두는 로스팅 시간이 길어질수록 색이 점점 짙어지며, 표면에 얼룩이 지기도 한다. 이처럼 생두의 색상은 로스팅 단계를 파악하는 데 중요한 지표가 된다.

부피

로스팅 시 생두는 수분 증발과 함께 가스가 발생하면서 내부에 높은 압력이 형성되고 부피도 팽창한다. 물론 팽창도는 생두의 종류와 로스팅 시간, 로스팅 레벨 등에 따라 다르다. 생두는 높은 열로 빠르게 로스팅했을 때 팽창도가 가장 높으며, 낮은 열로 느리게 로스팅한 원두는 팽창과 수축을 반복하는 횟수가 늘어나 표면이 더욱 단단하다.

생두의 팽창도는 세포조직의 공극률뿐만 아니라 추출수율에도 지대한 영향을 미친다. 짧은 시간에 고온으로 로스팅한 원두는 팽창도가 높아 향미가 밝고 가벼우며 추출도 잘 이루어지지만, 반대의 경우에는 생두의 팽창도가 낮아 전반적으로 무거운 향미가 느껴지고 추출도 원활하지 않다. 하지만 원두의 산패 속도는 상대적으로 느리다.

밀도

생두는 로스팅 과정에서 무게 감소와 부피 팽창으로 인해 밀도가 낮아진다. 생두는 수분이 기화하면 내부에 가스가 발생하면서 압력이 높아지고, 조밀하게 모여 있던 세포조직이 팽창하면서 큰 소리를 낸다. 로스팅은 밀도가 단단하고 재배고도가 높은 생두일수록 많은 열량을 필요로 하며, 1차팝핑 때 나는 소리도 더 크다.

밀도가 높은 생두의 투입온도와 온도상승곡선

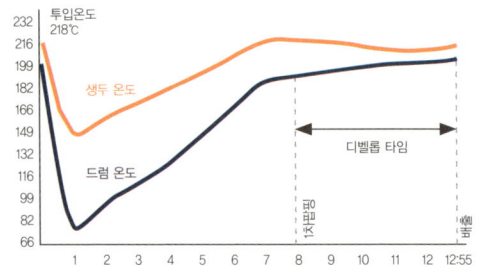

밀도가 낮은 생두의 투입온도와 온도상승곡선

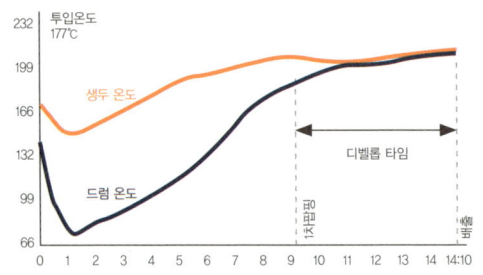

TIP 밀도차에 따른 로스팅 방식

밀도가 높은 생두는 열분해가 잘 이루어지지 않는다. 특히 내추럴 커피나 뉴크롭처럼 당 함량이 높은 생두는 열을 가하면 표면에 남아있는 당 성분과 실버스킨이 쉽게 타버릴 수 있어 로스팅 시 세심한 주의가 필요하다. 생두가 1평짜리 방 100개가 서로 포개져 있는 형태라고 가정하면 각각의 방을 둘러싸고 있는 단열층이 처음에는 열을 차단하는 역할을 하지만 열을 지속적으로 흡수하고 부피가 팽창하면서 나중에는 내부까지 열을 전달하는 통로 역할까지 하게 된다.

그런데 이때 생두의 밀도가 너무 높으면, 다시 말해 열전달 통로가 지나치게 좁으면 생두의 성분 변화가 느리게 진행되기 때문에 더 많은 열량이 필요하다. 생두의 투입온도와 투입량, 열전달 방식 등을 결정할 때 밀도를 고려해야 하는 이유도 이 때문이다.

무게

로스팅에 따른 무게 감소는 생두의 성분 감소와도 연관되어 있다. 로스팅 후 생두는 12~32%의 무게가 감소하는데 단계별로 변화의 폭이 다르다. 생두의 질량을 이루는 물질 중에서는 수분의 감소폭이 가장 크며, 건조성분 중에서는 이산화탄소의 감소폭이 가장 크다. 하지만 이 역시도 생두의 종류와 로스팅 레벨, 로스딩 시간에 따라 다르며 특히 보관상태에 따라 큰 차이가 나타난다는 점을 유의해야 한다.

1차팝핑

▽

생두에 열을 가하면 내부 온도가 상승하면서 세포조직이 약해지고, 기화한 수분이 세포벽 쪽에 압력을 형성하며 밖으로 빠져나갈 길을 찾는다. 이 과정에서 벌집 형태로 확장된 세포조직 사이로 가스가 배출되는데, 생두 외부로 배출된 가스양이 내부에 발생한 가스양보다 많아지면 생두가 압력을 견디지 못하고 센터컷center cut 안쪽 밀도가 가장 낮은 부분이 깨지면서 팝핑popping이 시작된다.

센터컷 부분이 파열된 생두는 가스가 배출되면서 순간적으로 바람이 빠지는 것처럼 수축이 일어난다. 이때 생두에서는 미약하게나마 수증기가 발생하고, 거친 가스냄새와 약초 향, 약한 신향과 단향이 복합적으로 느껴진다.

1차팝핑과 함께 수축되었던 생두는 다시 팽창해 로스팅이 4~8℃ 정도 더 진행되면 파열음이 서서히 잦아들고 추출이 원활하게 이루어질 수 있는 상태가 된다. 생두 표면에 남아있던 실버스킨도 거의 다 제거되며 달콤한 향과 부드러운 신향이 강해진다. 1차팝핑 이후의 디벨롭 타임develop time은 로스팅에 있어서 가장 극적인 순간으로 단 몇 초 차이로 커피향미가 결정되기 때문에 시간 조절이 관건이라고 할 수 있다.

1차팝핑 종료 후 로스팅을 4~8℃ 정도 더 진행하면 생두의 온도 상승 속도가 느려졌다가 갑자기 빨라지는 순간이 오는데, 이유는 바로 중합반응 때문이다. 생두는 내부 압력과 온도가 높아지면 분자들이 결합하면서 고분자 화합물을 만들어내는 중합반응이 일어나는데, 이로 인해 커피는 상대적으로 무겁고 쓴 맛이 나게 된다. 중합반응이 일어나면 생두가 안정적인 상태를 유지하게 되어 불필요한 열량이 떨어져 나오면서 발열이 일어나기 시작한다.

이 시점에 도달하면 생두 표면에 광택이 생기고 초콜릿 향과 함께 다소 거친 듯한 구수함이 느껴지는데, 이러한 현상은 대부분 생두의 내부 압력과 밀접한 관련이 있다. 하지만 압력은 로스팅 진행 속도에 따라 달라지며 외관에도 차이가 있다는 점을 감안해야 한다.

1차팝핑 때 배출되는 연기는 푸르스름한 청색 빛을 띤다.

TIP 로스팅 디벨롭

로스팅 디벨롭이란 생두의 특성이 가장 잘 발현되는 구간인 1차팝핑과 배출시점 사이에 성분이 변화하는 현상을 뜻한다. 커피향미는 1차팝핑이 시작되기 전까지는 생두의 팽창도가 낮아 충분히 형성되지 않지만 1차팝핑 이후의 열량 변화에 따라 본격적으로 형성되기 시작한다. 따라서 원두는 디벨롭 타임이 긴지 짧은지, 언제 배출하는지에 따라 산미를 강조할 수도, 무거운 향미를 연출할 수도 있다.

일반적인 S-CURVE 로스팅 곡선

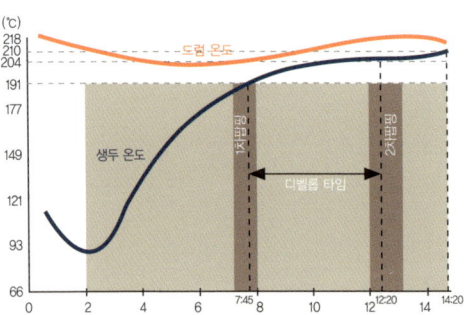

2차팝핑

생두는 로스팅이 진행되면서 열분해에 의해 가스가 발생하고 조직이 경화된다. 그러다가 더 이상 연성을 가지고 팽창할 수 없는 순간이 되면 두 번째 파열음이 들리는데, 발열이 시작되고 3℃ 정도 더 로스팅이 진행된 시점이다.

이 시기에 배출되는 연기는 완전한 파란색을 띠며 생두 표면이 진한 갈색으로 변하고 광택도 선명해진다. 쓴 향과 함께 고소한 향이 서서히 나기 시작한다.

여기서 조금 더 로스팅을 진행하면 풀시티 로스트Full city roast 또는 프렌치 로스트French roast가 된다. 이때 생두의 온도는 215℃ 이상으로 추정되며, 표면의 색이 매우 진하고 듬성듬성 뭉쳐 있는 커피오일도 보인다. 초기에 발생하는 저분자 화합물의 달콤한 향은 확연히 줄어들지만 대신 로스팅이 진행될수록 화합물 간의 결합에 의해 무겁고 진한 향이 느껴진다. 이중에는 강하고 자극적인 향도 살짝 섞여 있다.

풀시티에서 로스팅을 4~8℃ 정도 더 진행하면 파열음이 극대화되면서 이탈리안 로스트Italian roast가 된다. 이 시기를 전후로 생두 표면이 동그랗게 떨어져 나가는 로스팅 디펙트가 발생하는데, 이는 생두 표면과 내부의 층간 분리로 인해 나타나는 현상이다. 열을 직접 가하는 표면은 딱딱하게 경화된 상태지만 내부는 비교적 연성이 좋기 때문이다. 이때부터 본격적으로 탄 향과 쓴 향이 강해지고 커피오일이 많이 발생하면서 고소한 향도 강해진다.

냉각

냉각은 로스팅 시 원하는 향미가 발현되는 순간을 포착하는 중요한 과정이다. 로스터의 냉각 기능이 떨어져 생두의 온도를 원하는 순간에 낮추지 못하면 내부에 남아 있는 잠열에 의해 로스팅이 계속 진행되기 때문이다. 처음에 의도했던 로스팅 레벨보다 훨씬 더 높은 레벨까지 로스팅이 진행될 수 있는 것이다. 커피향미를 정확히 표현하기 위해서는 로스터의 냉각 기능을 향상시키는 것이 좋은 방법이다.

CHAPTER 6

생두의 화학적 변화

생두와 원두의 성분을 비교해보면 생두는 로스팅 후 아미노산의 상당수가 손실되고 자당, 클로로겐산, 트리고넬린이 크게 감소하는 것을 알 수 있다. 이처럼 로스팅은 생두의 성분이 여러 가지 화학반응을 통해 특유의 색상과 향미를 구현한다. 앞으로 설명될 다양한 화학반응을 토대로 생두의 맛과 향, 그리고 색의 변화요인을 이해하면 로스팅 결과를 보다 쉽게 유추할 수 있을 것이다.

메일라드 반응

포도당Glucose과 글리신Glycine을 가열했을 때 갈색 색소인 멜라노이딘Melanoidine이 생성되는 화학반응으로, 프랑스 화학자 메일라드가 처음 발견했다고 해서 메일라드 반응이라는 이름이 붙여졌다.

메일라드 반응은 효소의 작용 없이 환원당과 아미노산이 반응해 일어나는 갈변현상으로, 로스팅에서는 생두에 포함된 소량의 아미노기Amino group와 환원당인 카르보닐기Carbonyl group가 반응해 최종산물로 갈색의 중합체인 멜라노이딘Melanoidine을 만들어낸다.

메일라드 반응은 후반으로 갈수록 다량의 탄산가스를 발생시키며 스트레커분해를 통해 이산화탄소, 알데히드, 케톤 등의 휘발성 화합물을 생성함으로써 향미 형성에 관여한다.

하지만 메일라드 반응은 130~200℃에서만 나타나는 현상이기 때문에 온도가 100℃ 이상으로 상승하지 않는 액체 상태의 물질은 메일라드 반응이 일어나지 않는다.

쉬운 예로 불에 굽는 삼겹살과 달리 물에 삶는 수육은 갈변현상이 일어나지 않아 색과 향미의 변화가 적은 것을 들 수 있다.

또한 메일라드 반응은 온도가 높을수록 고분자 중합체의 질량이 증가하여 특유의 색상 변화와 쓴맛이 두드러진다.

멜라노이딘은 인체에 유해한 활성산소를 제거하는 항산화 능력과 항암 효과가 있다고 보고된 바 있다.

열분해

열분해란 가열을 통해 분자를 활성화시킴으로써 분자들 간의 결합을 끊고 새로운 물질을 만들어내는 것이다. 로스팅에서는 생두가 열을 흡수하는 흡열반응에 의해 열분해가 일어나며 이 과정에서 클로로겐산이 휘발성 페놀류로 분해되고 트리고넬린은 피리딘Pyridine과 피롤린Pyrroline으로 분해되며 지질은 휘발성 테르펜terpene의 생성에 관여하여 커피향미를 형성한다.

가수분해

가수분해란 물분자의 작용으로 화합물을 분해시키는 것이며 인체의 소화기관이 음식물을 소화하는 과정에서도 일어난다. 로스팅 시 생두는 클로로겐산의 일부가 가수분해를 통해 퀸산과 카페산으로 분해된다. 가수분해의 반대 개념인 탈수합성Dehydration synthesis은 물분자가 빠져나가면서 다른 물질을 결합시키는 것이다. 탈수합성은 작은 물질을 모아 큰 물질을 만드는 중합반응에서 나타나는 중요한 현상이다.

캐러멜화

캐러멜화는 주로 포도당, 과당, 자당, 맥아당, 유당을 가열했을 때 나타나며 최종산물로 갈색 물질을 생성한다.(자연적으로 발생하진 않는다.)
하지만 캐러멜화가 너무 높은 온도에서 오랫동안 이루어지면 수분과 이산화탄소에 의해 생두가 탄화될 가능성이 있다. 온도가 계속 상승하면 표면이 검은색으로 변하고 쓴맛이 나기도 한다. 생두 상태일 때 색이 진했던 부분이 로스팅 후에 더욱 진하게 보이는 것은 조직이 조밀할수록 당이 많이 함유되어 있어 캐러멜화가 활발하게 이루어지기 때문이다.

탄수화물

흔히 당류라고 하는 탄수화물은 광합성을 통해 만들어진 녹말과 셀룰로오스를 포함한 여러 종류의 당으로 구성되며, 생두에서는 다당류와 셀룰로오스, 헤미셀룰로오스를 제외한 거의 모든 탄수화물이 새로운 물질 형성에 기여한다. 탄수화물은 로스팅의 갈변 반응과 메일라드 반응, 열분해, 가수분해, 중합반응 등에 있어서도 중요한 역할을 하는 성분이다.

아미노산과 단백질
∨

생두의 아미노산은 로스팅 시 당과 반응하는 메일라드 반응을 통해 멜라노이딘과 향기 물질로 바뀐다. 열에 약해 금방 사라지는 아미노산과 달리 열에 강한 단백질은 로스팅 후에도 비교적 오래 유지된다. 로스팅 레벨에 따라 감칠맛을 내는 글루탐산이 증가하기도 한다. 포도당이나 과당 같은 단당류는 대부분 아미노산과 반응하며 단백질은 일부만 아미노산과 반응한다.

카페인과 트리고넬린
∨

카페인은 열에 안정적이어서 130℃ 이상에서도 일부 승화되는 것을 제외하고는 대부분 남아있다. 반면 열에 불안정한 트리고넬린은 열을 가하면 분해 속도가 어느 순간 급격히 빨라지면서 비휘발성 물질인 니코틴산과 휘발성 향기 물질인 피리딘을 비롯해 비타민의 일종인 니아신Niacin을 생성하게 된다.

탄닌
∨

탄닌산을 일컫는 말인 탄닌은 식물의 뿌리와 줄기, 열매, 잎 등에 널리 분포되어 있는 폴리페놀 중합체로 잘 익은 커피체리일수록 탄닌 함량이 낮다. 탄닌은 기본적으로 떫은맛을 가지고 있으며 물질을 노란색이나 갈색으로 변화시키는 성분도 들어있다.

로스팅 과정에서는 탄닌이 물 또는 이산화탄소에 용해되어 아세트알데히드를 생성하며 갈변현상에 기여하여 색과 향미의 변화를 가져오기도 한다.

3

실전 로스팅

앞서 설명한 생두의 특성과 로스팅의 기본원리를 충분히 이해하지 못하면 로스팅 결과가 매번 달라지는 원인과 해결방법을 찾을 수 없다. 다음의 내용을 통해 실제 로스팅이 이루어지는 과정을 살펴보고 실전 로스팅에 도움이 될 만 한 포인트를 짚어보자.

CHAPTER **1**

로스팅 플랜

로스팅에 앞서 가장 먼저 해야 할 일은 어떤 향미를 어떻게 표현할지 계획을 세우는 것이다.

로스터는 우선 자신이 선택한 생두(재료)와 추출방법(사용용도)에 맞는 로스팅 레벨을 정한 후 로스팅에 영향을 미치는 변수가 무엇인지 생각해보고 하나씩 풀어나가야 한다.

로스터가 정상 작동하는지 확인하는 것은 기본이고 그날의 날씨와 습도, 로스터의 배기상태, 예열속도 등을 일정한 양식에 맞춰 기록하는 습관을 들여야 한다. 로스팅 일지를 꾸준히 작성하다 보면 전체적인 흐름이 하나둘 눈에 들어오고, 로스팅을 하다가 돌발 상황이 생겨도 유연하게 대처할 수 있게 된다. 이러한 데이터를 지속적으로 관리하면 다양한 로스팅 변수를 조절하는 데 근거자료로 활용할 수 있고, 로스팅 시 나타나는 결점의 원인도 쉽게 찾을 수 있다.

로스팅 레벨과 로스팅 방식 결정

로스팅 레벨과 로스팅 방식을 결정하기 전에는 우선적으로 원두의 사용용도를 고려해야 한다. 로스팅은 어디까지나 커피를 추출하기 위한 선행 작업이기 때문에 커피를 어떤 방식으로 추출할 것인지 미리 생각하고 그에 따라 로스팅 계획을 구상하면 원하는 맛을 보다 효과적으로 구현할 수 있다.

로스팅 레벨에 따른 원두 특성

배출시점	외관 및 향미	구분
1차팝핑 시작부터 정점까지	팽창, 표면에 주름 생김	라이트 (Light)
1차팝핑 정점부터 종료까지	팽창, 표면 주름 살짝 펴짐	시나몬 (Cinnamon)
1차팝핑 종료 후 수축	강한 신맛, 단맛이 나기 시작함	미디엄 (Medium)
1차팝핑 종료 후 팽창	조화로운 단맛, 밝은 신맛	하이 (High)
2차팝핑 직전부터 시작까지	조화로운 신맛, 높은 바디	시티 (City)
2차팝핑 시작부터 정점까지	오일 배출, 약한 신맛, 거칠고 무거운 바디	풀시티 (Full City)
2차팝핑 정점부터 종료까지	표면에 광택 있음, 달고 씁쓸한 맛과 탄 맛, 신맛과 맛의 다양성 낮음	프렌치 (French)
2차팝핑 종료 후	표면이 검게 변함, 낮은 바디, 맛의 다양성 낮음	이탈리안 (Italian)
오일 배출 후	표면이 검게 반짝임, 숯 같은 탄 맛	터키쉬 (Turkish)

용도 결정
⌄

원두를 싱글 오리진으로 하나만 사용할 것인지 아니면 여러 가지를 섞어 블렌드로 사용할 것인지 결정한다. 싱글 오리진의 경우 생두의 품종과 밀도, 수분함량 등을 고려해 생두가 지닌 특성을 최대한 살리는 방향으로 로스팅해야 한다. 블렌드의 경우 각 생두의 맛이 조화를 이룰 수 있게 배합비율과 로스팅 레벨을 조절하고, 로스팅 과정에서 발생할 수 있는 손실량을 감안해 작업량을 결정한다.

로스터 예열
⌄

로스터는 드럼의 구조와 재질에 따라 예열 시간을 각각 다르게 설정한다. 로스터가 충분히 예열되지 않으면 생두를 처음 투입했을 때 열손실이 커서 디벨롭이 원활하게 이루어지지 않는다.

화력은 약한 불에서 시작해 5분 후 중간 불, 10분 후 강한 불로 서서히 올려야 금속 재질로 된 로스터가 전체적으로 고르게 가열된다.

처음부터 강한 불로 가열하면 드럼 온도만 빠르게 상승해 로스팅을 안정적으로 진행하기가 어려워진다. 또한 댐퍼로 공기의 흐름을 조절할 수 있는 로스터라면 열이 너무 많이 빠져나가지 않도록 댐퍼가 살짝 열린 상태에서 로스팅을 진행해야 한다.

예열시간은 드럼의 재질과 구조에 따라 30분에서 1시간 이상 소요되며 드럼 내부의 온도가 안정적인 상태가 됐을 때 생두를 정해진 양만 호퍼에 넣고 호퍼 게이트를 열어 로스터에 투입한다.

건조

상온의 생두를 로스터에 투입하면 생두가 드럼 내부의 열을 흡수해 드럼 온도가 계속 떨어지다가 생두 온도와 드럼 온도가 같아지면 생두 온도가 오르기 시작하는데 이를 터닝 포인트turning point라고 한다.

생두 온도가 100℃를 넘어서면 수분이 기화하면서 수증기가 급격히 증가하고 내부 압력도 높아진다. 생두는 보통 160℃가 되면 내부압력에 의해 세포조직이 팽창하여 가스가 급속히 빠져나가고, 수분 증발로 인해 표면이 수축되면서 부피가 줄어든다. 로스팅은 뉴크롭처럼 수분함량이 높은 생두일수록 많은 열량을 필요로 하는데, 이때는 열을 한 번에 많이 가하는 것보다 건조과정을 길게 끌어 시간을 충분히 두고 천천히 가열하는 것이 좋다.

특히 직화식 로스터는 건조단계에서 세심한 주의를 기울여야 한다.

생두의 투입온도는 로스팅 시간에도 많은 영향을 끼친다. 생두를 너무 높은 온도에 투입하면 한 번에 많은 양의 열이 가해져 생두 표면이 검게 타는 스코칭scorching이 발생할 확률이 높다. 반대로 생두를 너무 낮은 온도에 투입하면 로스팅 시간이 지나치게 길어지면서 생두의 가용성분이 줄어든다.

로스팅 시 생두의 투입량과 투입온도는 로스터의 용량을 고려해 결정해야 한다. 로스터의 용량에 비해 생두를 너무 많이 혹은 너무 적게 투입하면 스코칭이나 베이크드 같은 로스팅 디펙트가 생길 수 있기 때문이다.

열분해

생두는 건조단계를 지나면 열분해가 시작되면서 외형적으로는 갈변반응이 일어나고 메일라드 반응에 의해 향기 화합물이 생성된다. 생두의 표면온도가 160~170℃가 되면 육안으로 확인할 수 있을 정도로 색상 변화가 눈에 띤다. 하지만 갈변반응은 건조과정이 끝나기 전에도 나타날 수 있는 현상이며, 밀도가 높은 생두일수록 표면이 고르지 않고 색상도 균일하지 않다.

로스팅이 진행되면 생두의 온도가 급격하게 상승하면서 첫 번째 파열음이 들리고, 여기서 5℃ 정도 더 로스팅을 진행하면 파열음이 커지기 시작한다. 이때 생두는 내부의 가스가 빠져나가면서 순간적으로 수축이 일어나고, 색상 변화가 빠르게 진행되면서 다양한 색을 띠게 된다.

첫 번째 파열음이 발생한 시점에서 5℃ 정도 더 로스팅을 진행하면 파열음이 점점 사그라진다. 생두의 온도가 210~220℃에 도달하면 생두 내부의 압력이 높아지면서 분자들이 서로 결합하는 중합반응이 일어나는데, 이때 순간적으로 불필요한 열량이 밖으로 배출되면서 발열이 나타난다. 그 결과 커피는 전반적으로 묵직한 향과 쓴맛을 갖게 된다.

냉각

로스팅 레벨이 원하는 지점에 도달한 순간 원두를 배출해 식히는 것을 냉각이라고 한다. 냉각은 무엇보다 배출시점을 정확히 인지하는 것이 중요한데, 그래야만 용도에 맞는 로스팅을 진행할 수 있기 때문이다. 물론 앞에서 다룬 생두의 변화 흐름을 숙지하고 있다는 전제하에 말이다.

냉각 단계에서는 원두를 적절한 시점에 배출해 온도를 신속히 낮춰주어야 한다. 열을 빨리 식히지 않으면 생두 내부에 존재하는 잠열로 인해 원두를 배출한 후에도 로스팅이 계속 진행될 수 있기 때문이다. 냉각 방법에는 물을 분사하여 온도를 낮추는 퀀칭quenching과 공기를 순환시켜 온도를 낮추는 공랭식이 있다. 퀀칭은 주로 원두를 대량으로 로스팅하는 대규모 공장에서 사용하는 방식이다. 신속한 냉각은 커피의 품질 향상에 필수적인 요소다.

CHAPTER 2

로스팅 변수

앞서 기술한 바와 같이 로스팅을 진행할 때는 기계적인 수치를 맹신하기보다 생두의 물리적, 화학적 특성에 대한 전반적인 이해를 토대로 변화를 예측하고 다양한 변수에 유연하게 대처하는 것이 바람직하다. 훌륭한 로스터는 아무리 경험이 많아도 로스팅 프로파일 작성을 게을리 하지 않는다. 로스팅 결과를 좌우하는 화력이나 배기상태 등의 변화가 항상 일정한 것은 아니기 때문이다.

로스팅 중 커피향미의 변화

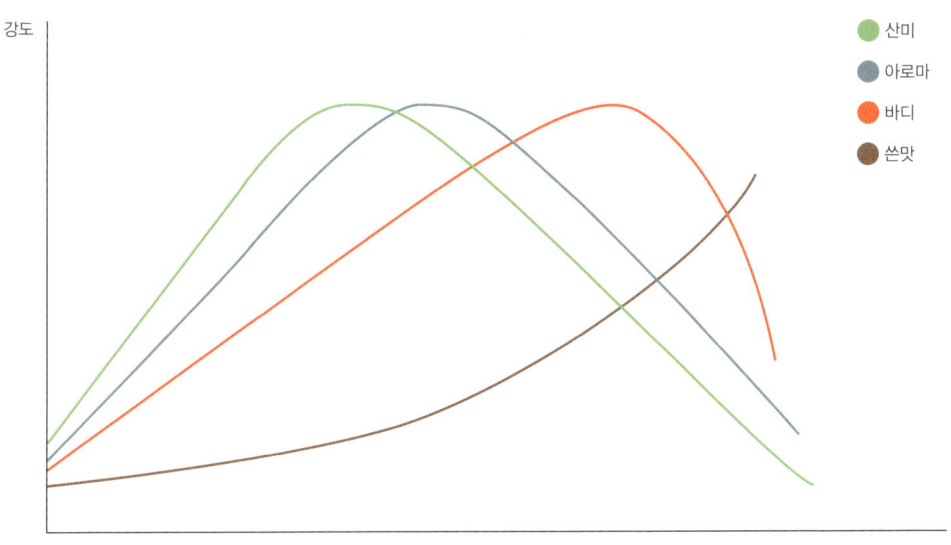

로스팅 시간

▽

로스팅 시간은 열량에 따라 결정된다. 로스팅이 기본적으로 열에너지를 이용해 생두의 물리적, 화학적 변화를 이끌어내는 작업이라는 점에서 열량 조절은 로스팅의 근본적인 요소라고 볼 수 있다.

로스팅 시간은 생두의 물리적, 화학적 변화와 밀접한 관계가 있다.

우선 물리적 측면에서 생두는 로스팅 시간이 길어질수록 세포조직이 활발하게 팽창해 커피를 원활하게 추출할 수 있는 상태가 된다. 이에 반해 화학적 변화는 아무리 시간이 흘러도 일정온도에 도달하지 않으면 일어나지 않는다. 예를 들어 생두의 화학변화를 일으키는 성분인 탄수화물 함량이 총 10%이고 180℃부터 열에 반응한다고 가정하면, 로스팅 시간이 짧을 경우 5%도 채 변화시키지 못하고 다음 단계로 넘어갈 수 있다는 뜻이다. 이때 나머지 5%는 생두 내부에 존재하면서 로스팅이 끝날 때까지 계속 변화한다.

또 다른 예로 밀도가 높고 크기가 큰 생두를 높은 온도에 투입해 고온으로 빠르게 로스팅한 후 1차팝핑이 종료시점에 맞춰 배출하면 물리적으로 봤을 때는 팽창도가 높은 만큼 추출도 용이하지만 화학적으로는 클로로겐산이나 트리고넬린 등의 성분 변화가 충분히 진행되지 않아 거친 산미와 떫은맛이 도드라진다. 반면 좀 더 시간을 두고 천천히 로스팅을 진행한 경우에는 동일한 시점에서 원두를 배출해도 거친 산미와 떫은맛이 확연히 줄어든다.

이처럼 생두는 로스팅 시간을 어떻게 조절하느냐에 따라 장점이 잘 살아날 수도, 단점이 부각될 수도 있다.

커피향미는 로스팅에서 메일라드 반응과 갈변반응이 차지하는 비중을 어떻게 조절하느냐에 따라서도 달라진다. 커피향미를 구성하는 대부분의 물질은 시간이 흐르면서 가벼운 물질에서 무거운 물질로 성질이 변한다.

로스팅 시간은 생두가 지닌 장점을 최대한 끌어내는 것을 목표로 하기 때문에 추출방법에 대해서도 생각해볼 필요가 있다.

지금까지 설명한 내용을 정리해보면 로스팅 시 커피향미를 결정하는 것은 온도지만 이를 유지시키는 것은 시간이라고 할 수 있다. 생두에 열을 가했을 때 나타나는 변화는 생두의 크기, 밀도, 두께, 열전달 방식 등에 따라 적지 않은 차이를 보인다. 기본적으로 생두의 표면과 내부는 외부의 열에 반응하는 속도가 다르다. 그래서 추출수율을 높이겠다는 생각으로 로스팅을 너무 빨리 끝내버리면 가용성분은 많이 남아있을지 몰라도 생두의 겉과 속의 로스팅 진행 속도가 달라 맛의 밸런스라는 관점에서는 그리 좋지 않다.

배기

배기는 열풍의 속도와 밀접한 관계가 있다. 열량이 일정한 상태에서 드럼은 열풍의 속도가 빠를수록 내부 온도가 빨리 떨어진다.

열량이 충분하다면 풍속을 빠르게 조절해 로스팅 시간을 단축시킬 수 있지만 열량이 부족한 경우 풍속이 너무 빠르면 생두 표면과 내부의 온도차가 커져 커피향미에 부정적인 영향을 줄 수 있다.

또한 풍속이 빨라지면 드럼 내부의 압력이 낮아지면서 생두 주변의 공기 흐름이 빨라지고 생두 내부에 높은 압력이 형성되어 가스나 향기 물질이 쉽게 빠져나가기 좋은 상태가 된다. 반대로 풍속이 느려져 드럼 내부에 높은 압력이 형성되면 연기나 열풍이 쉽게 빠져나가지 못해 안 좋은 결과를 낳을 수 있다.

로스팅 시 배기와 열량의 흐름을 파악하는 것이 중요한 이유도 이 때문이다.

커피로스팅

투입량

⌄

로스팅 시 생두 투입량은 로스터의 용량과 열원 종류, 드럼의 열보존율 등을 고려해 결정한다.

로스팅을 최대 열량으로 진행했는데도 로스팅 시간이 길어져 열량이 부족해진 경우 이미 화력은 최대치이기 때문에 투입량 말고는 열량을 조절할 방법이 없다. 배기의 흐름을 막거나 투입온도를 높이는 방법이 있긴 하지만 티핑이 발생하기 쉽고 커피향미가 탁해질 가능성이 높다.

그래서 투입량을 줄여 화력 조절이 가능한 범위를 넓히고, 이를 통해 향미를 다양하게 표현할 수 있는 여지를 남겨둔다.

예열과 로스팅 횟수

⌄

앞서 언급했듯이 로스팅의 예열과정은 로스터의 열효율과 관계가 깊다. 로스터들이 이중구조의 스테인리스 스틸이나 주철 드럼을 선호하는 이유도 열효율과 열보존율이 높기 때문이다. 투입온도는 같은데 예열과정이 다른 경우 터닝 포인트에 확연한 차이가 난다.

로스터가 충분히 예열되지 않은 상태에서는 로스팅을 안정적으로 진행할 수 없으며, 로스팅 횟수에 따라서도 결과가 달라진다. 로스터는 로스팅 횟수를 뜻하는 말인 배치 batch가 늘어날수록 드럼 안에 열이 축적되어 로스팅이 더 빠르게 진행된다. 연속적으로 로스팅하기 위해서는 중간에 드럼을 한 번 식혔다가 다시 온도를 상승시켜야 한다.

투입량에 따른 로스팅 변수(5kg 기준)

로스팅 변수 \ 투입량	5kg	3kg	1kg	주요사항
투입온도	220℃	190℃	160℃	예열상태
터닝 포인트	90℃	110℃	130℃	온도상승구간
온도상승시간	2~3분	1~2분	1분 미만	화력 조절
화력조절	80~100%	60~80%	20~60%	열원
총 로스팅 시간	길어진다	조절 가능	짧아진다	팽창도의 차이

열원과 압력

일반적으로 상업용 반열풍 로스터는 가스를 열원으로 사용한다. 가스는 LNG와 LPG로 나뉘는데 불꽃의 순도와 안정성에 차이가 있다. 이는 로스팅 시간과 열량에 영향을 주는 중요한 부분이다. 날씨가 춥거나 로스팅실 내에 산소가 부족할 경우 열량이 줄어들어 의도치 않게 로스팅 시간에 편차가 발생하고 결과적으로 로스팅 레벨과 커피향미도 달라진다.

이러한 문제를 방지하기 위해서는 가스관에 레귤레이터regulator를 달아 일정한 압력으로 가스를 공급해야 하며 가스관이 너무 길면 일정한 불꽃을 유지하기 어렵기 때문에 위치를 잘 선정해야 한다.

온도 센서

로스터에 장착하는 온도 센서는 대부분 접촉식이다. 생두의 실질적인 온도를 측정하기 때문인데 접촉식 센서는 재질과 위치에 따라 온도에 편차가 나타난다는 것이 단점이다.

같은 생두를 로스팅해도 로스터의 종류에 따라 1차팝핑이 195℃에 일어나기도, 187℃에 일어나기도 한다. 또한 로스팅 횟수가 증가할수록 커피오일이나 분진 등으로 인해 오차가 커지며, 센서를 너무 깊이 삽입하거나 얕게 삽입해도 오차가 발생한다. 따라서 온도 센서는 표면을 부드러운 천이나 물로 깨끗이 닦아 올바른 위치에 장착해야 정확한 값을 측정할 수 있다.

외부 환경

고기압의 영향으로 맑고 따뜻한 날씨를 보이는 날 로스팅하는 것과 저기압으로 인해 비가 오고 흐린 날 로스팅하는 것에는 큰 차이가 있다.

이러한 차이는 주로 온도상승구간에서 볼 수 있는데, 같은 양의 동일한 생두를 똑같은 조건에서 로스팅해도 뜨거운 여름의 ROR$^{Rise\ of\ rate}$(분당 온도 상승률)과 추운 겨울의 ROR이 다르게 나타나는 것도 이러한 이유에서다.

CHAPTER 3

로스팅 노하우

용도별 로스팅 방법
⌄

❶ 커핑

커핑용 로스팅은 주로 생두의 품질을 평가하기 위해 사용하는 방법이므로 생두가 가진 캐릭터를 기교 없이 단순하게 표현하는 것이 좋다. 로스팅을 후반까지 길게 끌고 가면 생두가 지니고 있는 좋은 향미나 결점을 찾아내기가 힘들어지기 때문이다. 커핑용 로스팅은 1차팝핑의 정점과 종료 사이 또는 종료 후 1~2분 내에 디벨롭 타임을 넘지 않는 선에서 진행할 것을 권장한다.

샘플 로스터

❷ 브루잉

브루잉을 목표로 하는 로스팅은 대부분 무게가 가벼운 향기 물질을 추출하는 데 중점을 둔다. 고가의 싱글 오리진을 지나치게 높은 레벨로 로스팅하면 이미 좋은 산미와 단맛을 가지고 있는 생두에게 과도한 스트레스를 줄 수 있다. 브루잉용 로스팅은 밸런스가 좋은 로스팅 포인트를 찾아 생두가 지닌 잠재력을 충분히 끌어내는 것이 중요하다. 로스팅 시간을 추출도구에 따라 알맞게 설정하는 것도 좋은 방법이다.

❸ 에스프레소

에스프레소용 원두는 맛의 밸런스와 일관성을 유지하기 위해 블렌딩하는 것이 일반적이다. 물론 싱글 오리진을 에스프레소로 추출해 판매하는 경우도 있지만 상업적인 로스팅은 블렌드가 주를 이룬다.

커피전문점의 경우 소비자들의 세분화된 취향을 만족시키기 위해 아메리카노용과 베리에이션variation*용으로 블렌드의 용도를 구분하기도 하는데, 보통은 아메리카노과 베리에이션을 둘 다 충족시키는 선에서 타협점을 찾는다. 로스팅 레벨도 맛의 스펙트럼이 다양한 시티에서 풀시티 사이가 가장 많다.

---

*베리에이션 : 우유나 시럽, 소스 등의 부재료가 들어가는 커피로, 라떼, 카푸치노, 카페모카, 캐러멜 마끼아또 등이 대표적이다. 베리에이션 커피는 베리에이션 음료, 에스프레소 베리에이션 등으로 불리기도 한다.

품질 관리

❶ 생두 구매

최근 들어 국내에 생두를 전문적으로 취급하는 업체들이 많이 생기면서 구입할 수 있는 생두의 품종도 훨씬 다양해졌다. 특정 국가의 생두를 직접 수입하며 전문성을 강화한 업체들도 점차 늘어나고 있다.

불과 7~8년 전만 해도 국내에 유통되는 생두는 미국이나 일본, 독일 등의 생두 유통회사를 통해 들어오는 것이 대부분이어서 산지에서 직수입한 생두보다 품질이 떨어지는 경우가 많았다.

게다가 생두에 대해 잘 몰랐기 때문에 수분함량이 높은 뉴크롭을 두고 품질이 나쁘다며 불만을 제기하는 웃지 못 할 해프닝이 일어나기도 했다. 기존에 사용하던 생두와 똑같은 프로파일을 적용해 로스팅했는데 전과 달리 거칠고 떫은맛이 난다며 반품을 요구한 것이다. 지금이라면 생두의 차이에서 오는 문제라고 쉽게 짐작할 수 있었을 텐데 당시에는 그렇지 못했다.

이처럼 로스팅은 생두에 대한 이해가 선행되지 않으면 로스터가 추구하는 품질을 구현하기 힘들다.

TIP

최근에는 양질의 생두를 구매할 수 있는 경로가 더욱 다양해졌다.

생두를 소량으로 구매할 때는 여러 유통사에서 다양한 종류를 두루 갖추는 것이 좋으며, 6개월이나 1년 동안 사용할 생두를 구매할 때는 협동조합이나 구매대행업체를 통해 산지에서 컨테이너 단위로 직수입하는 방법이 있다.

생두 구매는 용도가 싱글 오리진인지 블렌드인지에 따라 평가기준이 각각 다르므로 세심한 주의가 필요하다. 생두의 외관과 색상, 수분함량, 보관상태 같은 외형적 특성을 비교하거나 샘플 로스팅 후 커핑과 추출 후 테이스팅을 통해 관능 평가를 진행하기도 한다.

❷ 로스터 유지보수

로스터들이 고가의 로스터를 구매하는 가장 큰 이유는 성능이 좋아 로스팅의 일관성을 높일 수 있기 때문이다. 로스터는 로스팅이 진행되는 동안 주변 환경이 열에 의해 쉽게 변하기 때문에 에너지를 일정하게 제어하기가 매우 어렵다. 로스팅 중에 생두의 실버스킨이 제거되고 커피오일과 분진이 발생하면서 각종 센서와 배기부에 문제가 생기기도 한다.

하지만 많은 로스터들이 로스터의 기계적 특성에 대해서는 등한시하는 경향이 있다. 로스팅은 가스의 압력이나 불꽃의 열로 열에너지를 공급하는 버너와 드럼 내부의 열풍 온도를 측정하는 센서, 연통의 각도와 길이에 따른 배기 시스템 등 로스터에 대한 기본적인 이해가 동반되면 자신만의 개성 있는 커피를 만드는 지름길이 될 수 있다.

실제로 훌륭한 바리스타들은 양질의 에스프레소를 추출하기 위해 에스프레소 머신의 구조와 원리에 관심을 갖고 이해하려 노력한다.

로스터 관리능력을 기르는 것은 로스터로서 갖춰야 할 기본 소양인 셈이다.

❸ 생산공정

내가 만든 커피를 사람들에게 일정한 대가를 받고 판매한다는 건 그에 합당한 책임을 져야 한다는 뜻이다. 그런 의미에서 생산공정 관리는 로스팅 업체에게 매우 중요한 일이다. 생두를 구매, 보관하고 로스팅해 패키징하는 과정에서 이물질이 혼입되거나 다른 문제가 생기면 아무리 훌륭한 로스터라도 일정한 품질의 제품을 생산할 수 없다. 산지에서 직수입한 좋은 품질의 뉴크롭도 창고의 온도와 습도가 적절하지 않거나 선입선출을 제대로 관리하지 않으면 수일 혹은 수개월 내에 수분함량이 낮아지고 냄새가 날 수 있다.

이물질 관리가 잘 안 돼서 돌이나 철 같은 이물질이 혼입되면 기계에 손상이 갈 뿐만 아니라 고객 신뢰도도 떨어질 수 있다. 로스터라면 생산시설과 공정관리에 만전을 기해야 한다.

4

블렌딩

세상에는 수많은 종류의 커피가 있으며 전 세계 사람들이 커피를 즐기는 방법도 저마다 다르다.
블렌딩은 이러한 소비자들의 다양한 취향을 만족시키는 방법 중 하나다.

CHAPTER 1

블렌딩의 목적

생두의 특성 극대화

앞서 살펴본 대로 생두의 특성은 대륙별, 나라별, 지역별로 뚜렷하게 구분된다.

좋은 산미가 강점인 생두가 있는가 하면 고소한 단맛이 매력적인 생두도 있다. 여러 가지 생두를 하나로 합쳐 놓은 것처럼 중간 정도의 성향을 띠는 생두도 있다. 커피가 공장에서 찍어내는 제품처럼 대량 생산을 해도 항상 동일한 맛과 품질을 유지할 수 있다면 지금처럼 수많은 하우스 블렌드가 탄생하지 못했을 것이다.

기본적으로 블렌딩을 하는 이유는 한 가지 생두만으로 채울 수 없는 2% 부족한 맛을 보완하고, 수급상태가 제각각인 생두를 다양하게 취급함으로써 안정적인 생산과 일정한 품질을 보장하기 위해서다. 자신만의 노하우로 서로 다른 종류의 생두를 배합하여 새로운 맛을 창조하는 것도 블렌딩을 하는 또 다른 이유다.

고객의 니즈 충족

❶ 누구를 위한 블렌딩인가

수많은 시행착오 끝에 자신이 생각하는 최고의 블렌드를 만들었다고 가정하자. 물론 자기 자신만을 위한 블렌드라면 상관없지만 판매를 목적으로 하는 블렌드라면 어디에 팔 것인지를 구체적으로 계획해야 한다.

아침 조식과 함께 커피를 곁들이는 호텔, 개성 있는 맛으로 차별화를 꾀하는 커피전문점, 직원 복지 차원에서 커피를 구비해놓는 회사, 손님들에게 무료 커피를 주는 미용실, 식사 후 디저트로 커피를 제공하는 레스토랑, 집에서 커피를 즐기는 홈카페 등 다양한 목적을 가진 고객들이 있다. 그러므로 블렌드를 개발할 때는 고객이 원하는 바를 명확히 파악하고 가격과 맛, 소비량, 소비기한 등도 고려해야 한다.

❷ 용도에 따른 블렌딩

고객 맞춤형 블렌드를 개발할 계획이라면 고객이 어떤 추출도구를 사용하는지부터 파악해야 한다. 에스프레소 머신, 전자동 머신, 커피메이커, 핸드드립 등 추출 방식에 따라 알맞은 로스팅 시간과 추출속도가 다르기 때문이다. 로스팅 레벨도 추출도구의 특성과 사용자 환경에 맞게 조절하는 것이 좋다.

싱글 오리진의 단점 보완

싱글 오리진으로 사용하는 생두는 대부분 아라비카다. 아라비카는 로부스타에 비해 향미가 더 풍부하고 지역적인 특색이 잘 드러나 다채로운 향미 표현이 가능하기 때문이다.

필자는 로부스타를 싱글 오리진으로 제공하는 카페를 아직 보지 못했는데, 그 이유가 맛의 밸런스에 있다고 생각한다. 물론 로부스타도 커피에 구수한 맛과 적절한 쓴맛을 더한다는 장점이 있지만 상대적으로

낮은 지대에서 재배되어 맛의 다양성 측면에서는 좋은 평가를 받지 못한다.

또한 같은 싱글 오리진이어도 스페셜티 커피나 마이크로 랏micoro lot처럼 품질을 최우선으로 재배하는 커피가 아닌 이상 농부들의 수익을 보장하는 커머셜 커피를 대량 생산하는 것이 일반적이다. 하지만 커머셜 커피는 생산과정에서 미성숙두를 분류하기가 쉽지 않기 때문에 커피의 밸런스가 무너질 가능성이 크다. 그래서 이와 같은 싱글 오리진은 블렌딩을 통해 단맛, 신맛, 짠맛, 쓴맛, 감칠맛 중 부족한 맛을 찾아 보완한다.

최근 들어 스페셜티 커피가 트렌드로 자리잡고 산지의 재배환경이 많이 개선되면서 밸런스가 뛰어난 우수한 품질의 싱글 오리진이 많이 생산되고 있다.

가격 경쟁력 확보

커피의 밸런스가 좋다는 말은 재배에서 수확, 가공에 이르기까지 많은 농부들의 노고와 땀이 깃들어 있다는 것을 의미한다. 커피재배에 적합한 기후와 토양, 그리고 농부들의 세심한 관리가 뒷받침되지 않으면 생산과정에서 결점이 생기기 때문이다. 이렇게 많은 시간과 노력을 들여 만든 커피는 풍부한 단맛과 복합적인 산미, 그리고 부드러운 촉감이 좋은 평가를 받는다. 하지만 생산비용이 높은 만큼 비싸게 판매되기 때문에 여러 종류의 생두를 블렌딩함으로써 비용적인 부담을 낮추고 맛의 밸런스를 높인다.

CHAPTER 2

블렌딩을 위한 생두 선택

맛에 따른 분류

⌄

블렌딩용 생두는 생산량과 맛을 기준으로 크게 세 가지로 나눌 수 있다. 깔끔한 산미와 단맛을 지닌 마일드 커피와 달리 로부스타는 상대적으로 쓰고 구수한 맛이 강하며, 세계 최대 커피 생산국인 브라질 커피는 중성적인 성향을 띤다. 이러한 방식의 생두 구분은 블렌드의 기본적인 향미를 결정할 때 유용하게 쓰인다.

❶ 마일드

아라비카는 대부분 마일드 커피에 해당된다. 풍부한 향과 산미, 단맛이 특징이며 블렌드의 개성을 잘 살린다. 대표적으로 티피카와 버번이 있다.

❷ 로부스타

로부스타는 블렌딩에서 주로 바디를 높이는 역할을 한다. 우수한 품질의 로부스타는 우리나라 사람들이 선호하는 구수하고 달콤한 맛이 풍부하여 블렌드에 소량의 로부스타를 섞으면 소비자들에게 좋은 반응을 얻을 수 있다.

❸ 브라질

브라질은 전 세계에서 커피 생산량이 가장 많은 나라다. 고도가 너무 높지도 낮지도 않은 분지에서 커피를 재배하기 때문에 맛도 중간적인 성향을 띤다. 신맛과 단맛, 쓴맛이 적절한 조화를 이루며 아라비카 품종임에도 바디가 높다는 장점이 있다.

브라질은 로부스타에 비해 바디가 깨끗하고 맑아서 주로 블렌드의 밑바탕이 되는 베이스로 사용한다. 진한 커피를 즐기는 유럽(특히 이탈리아)이나 일본 등지에서 많이 수입한다.

가공방식에 따른 분류

⌄

❶ 워시드

워시드 커피를 블렌딩하면 산미와 단맛이 도드라지고 연한 커피를 즐기는 사람들이 선호하는 맛이 된다. 미국이나 북유럽 등지에서 많이 사용하는 방식으로 클린컵clean cup을 중시하는 스페셜티 커피에 적합하다. 품질의 일관성이 높다는 것이 장점이지만 바디는 다소 떨어진다는 단점이 있다.

❷ 내추럴

내추럴 커피 특유의 과일향을 살릴 수 있는 방식으로 블렌드의 개성을 더하기 위해 소량만 넣는 것이 일반적이다. 베이스로 사용하기에는 다른 커피와의 조화가 아쉬운 부분이다. 하지만 단맛이 좋고 긴 여운이 있어 최근 들어 스페셜티 커피와 함께 많은 호응을 얻고 있다.

CHAPTER **3**

맛의 포인트

미각은 혀의 미뢰를 통해 느낄 수 있다. 미뢰가 화학적 자극을 뇌에 전달하여 맛을 판별하게 되는 것이다. 미각은 후각과 더불어 우리가 맛을 기억하고 다시 찾게 하는 역할을 한다.

❶ 단맛
커피뿐만 아니라 일반적인 음식에서도 단맛은 가장 중요한 맛의 요소다.
만약 고추장에 물엿이나 설탕이 들어가지 않는다면 입안에 고춧가루의 날카로운 짠맛만 남아 다시는 먹고 싶지 않은 마음이 들 것이다. 이처럼 단맛은 다른 맛에 볼륨감을 주거나 중화시키는 역할을 한다. 커피도 마찬가지다. 커피의 신맛에 단맛이 더해지면 감귤류의 부드러운 산미가 촉감과 후미를 향상시키고 향미도 풍부해진다.

❷ 신맛
입안에서 신맛을 감지하는 물질인 수소이온과 나트륨이온은 이온통로를 통해 미뢰에 맛을 전달하는데, 이때 이온이 많으면 자극적이고 날카로운 느낌과 함께 떫은 맛이 나기도 한다.
적당한 신맛은 혀의 미뢰를 자극해 밝고 화사한 맛을 내며 커피 본연의 맛을 극대화시키는 역할을 한다. 커피에 있어서 좋은 산미란 새콤달콤하게 잘 익은 과일처럼 단맛이 동반된 상태를 말한다.

❸ 짠맛
짠맛도 신맛과 마찬가지로 이온통로를 통해 미뢰로 전달되기 때문에 이온이 너무 많으면 자극적인 느낌이 들 수 있다. 짧은 시간에 고온으로 로스팅한 원두나 로스팅한 지 얼마 안 된 원두를 에스프레소로 추출했을 때 느낄 수 있는 맛이다.

❹ 쓴맛
다른 맛은 미각을 통해 음식에 대한 정보를 주지만 쓴맛은 24가지 이상의 수용체가 먹어서는 안 되는 것이라고 경고한다. 이는 동물이 일종의 방어기제로 자연계에 존재하는 독극물로부터 자신을 보호하기 위해 발달시킨 것이다. 하지만 커피에서 쓴맛은 초콜릿이나 맥주처럼 향미를 증진시키는 역할을 한다.

❺ 감칠맛
일명 우마미umami라고도 하며 다시마의 감칠맛을 내는 성분인 글루탐산나트륨을 추출하면서 발견되었다. 다시마 외에 게, 새우, 조개, 버섯, 소고기, 돼지고기 등에서도 감칠맛을 내는 성분이 발견되었다. 잘 익은 커피 체리일수록 많이 나타나는 맛이며 지방과 아미노산이 물에 용해되면서 미뢰로 전달된다.

CHAPTER 4

블렌딩 방법

선블렌딩
⌄

생두를 미리 정한 비율로 혼합한 다음 한 번에 로스팅하는 방법이다. 과정이 비교적 단순하고 손실량이 적어 효율적인 생산이 가능하지만 자칫하면 향미가 단조로워지고 생두 간의 밀도차로 인해 로스팅 레벨이 불균일해질 수도 있다. 선블렌딩에는 생두의 밀도와 크기, 수분함량 등을 고려해 비슷한 성격의 생두를 섞는 방법과 로스팅 시간을 늘려 편차를 줄이는 방법 등이 있다.

후블렌딩
⌄

각각의 생두를 최적의 포인트로 로스팅한 후 사전에 설정해 둔 비율에 맞춰 혼합하는 방법이다. 생두의 다양성을 표현하기엔 적합하지만 팽창도나 로스팅 레벨이 확연히 차이가 나면 추출 시 일관성이 떨어질 수 있다. 또한 배합 비율에 따라 로스팅 횟수가 늘어나거나 블렌딩 후 발생하는 손실량이 증가할 수도 있다.

블렌딩 스타일

블렌딩을 할 때 고려해야 할 첫 번째 사항은 맛의 중심을 잡아줄 생두를 선택하는 것이다. 일반적으로 베이스는 가용성분의 함량이 높고 무거운 향미를 표현할 수 있는 생두를 사용하거나 중성적인 느낌의 생두를 사용하여 생두 간의 충돌을 완화시킨다.

블랙퍼스트 블렌드 Breakfast blend
바디에 중점을 두고 과테말라를 베이스로 수마트라를 더한 블렌드. 우유와 섞여도 균형감이 무너지지 않는다.

하우스 블렌드 House blend
브라질을 베이스로 에티오피아를 더해 감칠맛을 살린 블렌드. 아메리카노와 라떼를 만들기에 적당한 밸런스를 지녔다.

에스프레소 블렌드 Espresso blend
파나마 티피카를 베이스로 마시기 편한 느낌을 내는 데 중점을 둔 블렌드.

썸머 블렌드 Summer blend
케냐와 니카라과를 같은 비율로 섞어 밝고 화사한 느낌을 살리는 동시에 파나마 티피카로 균형감을 더한 블렌드.

프렌치 로스트 블렌드 French roast blend
로스팅을 2차팝핑까지 진행해 오일리한 느낌을 살린 강렬한 블렌드.

엑조틱 블렌드 Exotic blend
에티오피아를 베이스로 과일의 산미와 화사한 느낌을 살린 블렌드.

블렌딩 스타일	브라질	수마트라	파나마	과테말라	케냐	에티오피아	니카라과	콜롬비아
블랙퍼스트 블렌드 (Breakfast blend)		25%		50%				25%
하우스 블렌드 (House blend)	40%					30%		30%
에스프레소 블렌드 (Espresso blend)	25%		35%	20%		20%		
썸머 블렌드 (Summer blend)			30%		35%		35%	
프렌치 로스트 블렌드 (French roast blend)		50%						50%
엑조틱 블렌드 (Exotic blend)			25%		25%	50%		

PART 3

커피추출
COFFEE EXTRACTION

참고문헌
1. 『Essence of Coffee Brewing』, 배동근, 커피분석센터(2015)
2. baristahustle, "grinding temperature", https://baristahustle.com/grinder-paper-explained/
3. 『The Coffee Brewing Handbook』, Ted R. Lingle, SCAA(1996)
4. 『The World Atlas of Coffee』, James Hoffmann, Mitchell Beazley(2014)

COFFEE STUDY PLUS

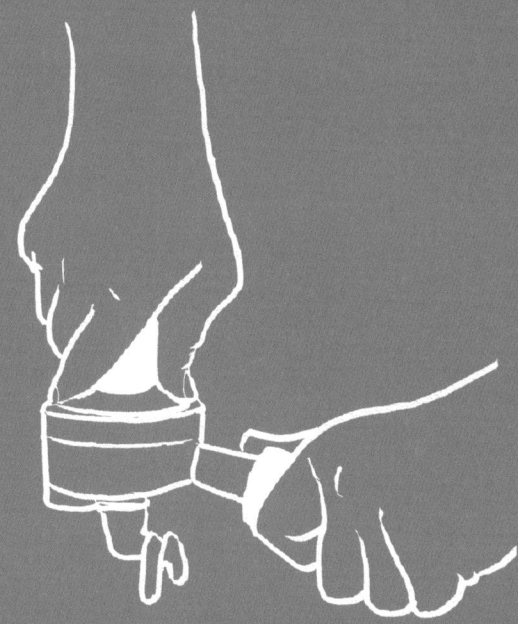

1

그라인딩

흔히 그라인딩grinding이라고 하는 원두 분쇄는 커피의 가용성분을 추출하기 위한 첫 번째 단계로, 추출에 중요한 영향을 미친다. 물리적인 힘을 가해 원두를 분쇄하는 작업인 그라인딩은 원두와 물의 접촉면적을 늘려 가용성분의 원활한 추출을 돕고, 분쇄원두를 통과하는 물의 움직임에 적절한 저항을 주어 추출속도와 시간을 제어한다. 커피의 추출속도와 시간은 물의 유속과 유량에 의해 결정되기 때문에 이를 좌우하는 분쇄원두의 입자(이하 분쇄입자) 크기와 형태가 중요시된다. 원두 분쇄는 커피를 만드는 과정에서 가장 즐거운 일이기도 하다. 원두를 분쇄하는 동안 커피의 휘발성 향물질이 방출되면서 다채로운 향fragrance을 발산하기 때문이다.

CHAPTER 1

그라인딩의 기능

분쇄 시 일어나는 원두의 변화

표면적 증가

그라인딩은 원두를 작게 쪼개 내부까지 물이 골고루 닿을 수 있게 하는 작업이다. 물과 접촉하는 원두의 표면적을 늘려 커피의 가용성분이 쉽게 추출될 수 있는 환경을 만들어주는 것이다.

커피는 약 100만 개의 세포로 이루어져 있으며 그 안에는 커피의 맛과 향을 내는 수용성 고형물이 포함되어 있다. 수용성 고형물을 물에 용해시키고 휘발성 향 물질과 불용성 고형물 등의 가용성분을 커피로부터 분리시키는 작업을 커피 추출이라고 한다. 원두를 어떤 크기로 분쇄하느냐에 따라 물에 용해되는 수용성 고형물과 가용성분의 양이 달라진다. 그라인딩은 물과 원두의 노출 면적을 결정하는 과정인 셈이다. 원두는 분쇄도가 가늘수록 가용성분이 많이 추출되고, 굵을수록 적게 추출된다.

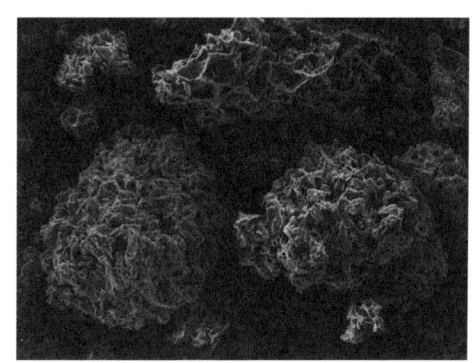

아로마 화합물의 방출

그라인딩은 커피가 지니고 있는 아로마 화합물을 방출하는 역할도 한다. 커피세포는 1,000여 개의 아로마 화합물로 구성되어 있는데, 원두를 분쇄하면 이러한 화합물이 세포 안에 약 3bar의 압력을 형성하고 있다가 공기 중에 노출되면서 향을 발산한다.

하지만 휘발성분이기 때문에 향이 오래 지속되진 않는다. 분쇄 후 15분 내에 아로마를 최대 60%까지 확산시키지만 산소와 접촉하는 시간이 길어질수록 감소한다. 때문에 원두를 분쇄한 후에는 최대한 빨리 커피를 추출하는 것이 아로마를 극대화할 수 있는 방법이다.(커피는 분쇄 후 최대 4분 내로 추출하는 것이 바람직하다)

> **TIP** 분쇄 후 시간 경과에 따른 커피 맛의 변화

원두에 들어있는 이산화탄소(CO_2)는 분쇄 후 아로마 화합물과 함께 방출되어 향을 극대화하고, 세포벽을 구성하는 지용성 성분도 밖으로 노출된다. 하지만 시간이 지나면 이산화탄소 함량이 점차 줄어들면서 분쇄원두의 향도 약해진다. 이산화탄소가 있던 자리에 산소가 침투하고 황 화합물과 결합하면서 불쾌한 향을 내기도 하는데, 이를 '산화에 의한 산패'라고 한다. 결과적으로 그라인딩은 분쇄원두의 표면적을 늘려 아로마를 극대화하는 동시에 산패를 촉진시키는 요인이 되는 것이다. 원두는 분쇄 후 매우 빠른 속도로 아로마의 변질을 야기하기 때문에 아로마를 오랫동안 보존하고 싶다면 원두를 분쇄하는 즉시 커피를 추출할 것을 권장한다.

분쇄도의 중요성

분쇄입자의 크기와 형태, 그리고 균일성은 커피 추출에 큰 영향을 끼친다. 그중에서도 분쇄입자의 크기, 즉 분쇄도는 추출도구의 특성에 맞게 적절히 조절해야 한다. 분쇄도를 여과식 추출은 800~900㎛*, 에스프레소 추출은 200~300㎛로 맞추는 것이 일반적이다.

일반적인 분쇄원두의 입자 크기

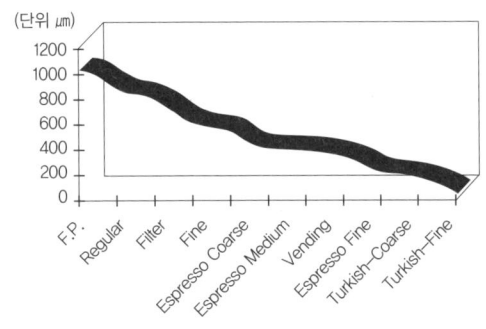

* ㎛ : 미크론(micron) 또는 마이크로미터(micrometer). 1미크론(마이크로미터)은 1미터의 100만분의 1이다.

Air-jet으로 미분을 제거한 분쇄원두 샘플

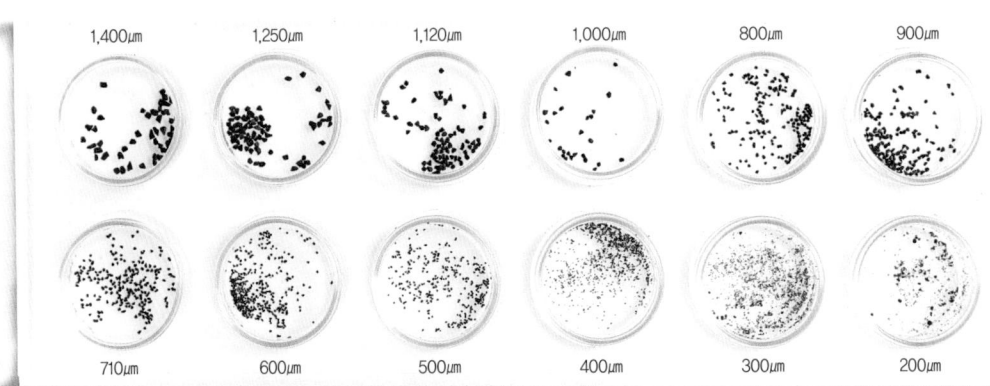

(출처: 커피분석센터(Coffee Analysis Center))

❶ 분쇄도와 추출의 상관관계

분쇄도는 추출속도를 조절하여 커피의 향미와 농도, 질감texture을 결정하는 매우 중요한 요소다.

이론상으로는 분쇄입자가 작을수록 표면적이 넓어서 빠른 시간 안에 더 많은 고형물을 추출할 수 있지만 분쇄도가 너무 가늘면 커피성분이 과도하게 추출되는 문제가 발생할 수 있다.

침출식 추출이 아닌 이상 물이 분쇄원두를 투과하는 방식으로 커피를 추출하기 때문에 분쇄입자가 지나치게 고우면 원두와 물의 접촉시간이 필요 이상으로 길어져 가용성분이 과다 추출되고, 심한 경우 물이 아예 빠져나오지 못해 정상적인 추출이 이뤄지지 않는다.

반대로 분쇄도가 너무 굵으면 추출수의 유속이 빨라지고 원두와 물의 접촉시간이 짧아지면서 가용성분이 충분히 용해되지 못하는 경우가 발생한다.

따라서 분쇄도를 정할 때는 물의 운동성을 고려해 입자를 추출방식에 맞게 조절해야 한다.

❷ 분쇄입자의 크기와 형태

분쇄입자의 크기와 형태는 물에 닿는 분쇄원두의 표면적을 결정하며, 결과적으로 물에 용해되는 커피성분의 양에 영향을 주게 된다.

또한 물과 분쇄원두의 접촉면적이 일정해야 커피성분이 고르게 추출되어 안정적인 맛을 내므로 분쇄입자의 균일성을 향상시키기 위해 노력해야 한다.

하지만 일반적인 방법으로는 원두를 100% 균일하게 분쇄하지 못한다. 원두 중 일부는 날이 회전하는 동안 갈리는grinding 게 아니라 충격에 의해 깨지기crushing 때문이다. 이 과정에서 분쇄입자보다 더 작고 미세한 원두 파편이 생기는데, 이를 보통 미분이라고 부른다.

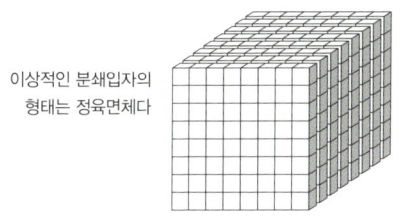

이상적인 분쇄입자의 형태는 정육면체다

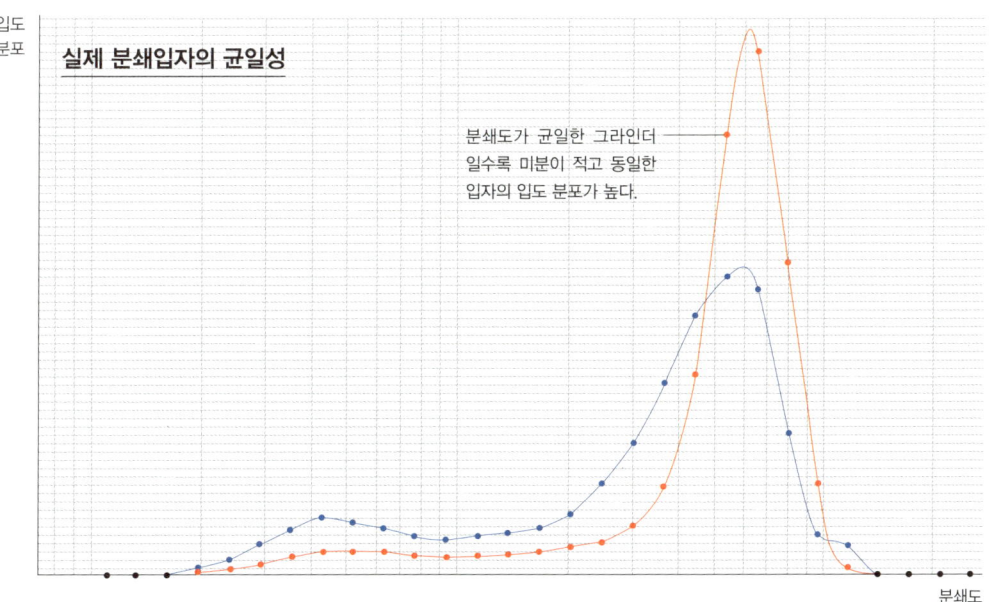

실제 분쇄입자의 균일성

분쇄도가 균일한 그라인더일수록 미분이 적고 동일한 입자의 입도 분포가 높다.

❸ 미분

미분은 분쇄 시 발생하는 아주 작은 크기의 입자를 뜻하며 분쇄 파편이라고도 한다. 생두는 원래 단단하지만 로스팅을 하면 쉽게 부서질 정도로 밀도가 낮아지는데, 이러한 원두를 그라인더로 분쇄하면 강한 충격이 가해져 미세한 파편이 떨어져 나온다.

미분의 양은 모터의 분당 회전수RPM, Revolution Per Minute와 날의 밀도에 따라 다르다. 모터는 RPM이 높을수록 강한 힘을 발휘하는데, 필요 이상으로 힘이 강해질 경우 분쇄 파편이 많이 만들어질 수 있다. 또한 원두는 날의 밀도가 높고 단단할수록 절삭이 용이해진다.

현존하는 그라인딩 기술은 미분 발생이 불가피하지만 몇몇 그라인더는 정전기를 이용해 토출부에서 나오는 미분을 줄였다.

❹ 입자 크기 분석

그라인딩의 궁극적인 목표는 원두를 원하는 크기로 균일하게 분쇄하는 것이지만 사실 분쇄원두는 다양한 크기의 입자가 존재하는 분립체*다. 분쇄원두의 균일성을 알아보려면 분쇄입자를 크기별로 나눈 후 각 크기에 해당하는 분쇄입자의 양을 계량해 분석해야 한다. 이를 한눈에 보기 쉽게 정리한 것이 입도 분포다. 입도 분포를 통해 분쇄입자의 실제 크기와 균일성을 파악할 수 있으며, 미리 설정한 분쇄도 외에 다른 크기로 분쇄한 입자와 미분 함량도 가늠해볼 수 있다. 그라인더는 입도 분포가 고를수록 성능이 좋은 제품이다.

***분립체** : 가루와 입자를 통틀어 부르는 말.

커피를 마시고 남은 미분

미분이 추출에 미치는 영향

많은 사람들이 미분을 커피향미와 질감에 부정적인 영향을 주는 요소라고 생각한다. 미분 함량이 높은 분쇄원두로 커피를 추출하면 미분이 물의 흐름을 방해하여 추출시간이 길어지고, 커피성분이 과다 추출되기 때문이다. 이러한 커피는 대체로 쓴맛이 강하고 클린컵clean cup*이 떨어지며, 입안에서 느껴지는 질감도 거칠다.

하지만 미분이 꼭 나쁜 것만은 아니다. 분쇄입자 사이에 섞여 있는 소량의 미분은 추출속도가 너무 빨라지지 않도록 물의 흐름을 알맞게 조정해주기 때문이다.

또한 미분은 커피를 마실 때 혀의 점막에 붙은 고형물이 지속적으로 맛과 향을 발산하기 때문에 미분이 전혀 없는 상태로 커피를 추출하면 향미의 강도intensity가 약하고 여운aftertaste도 오래 남지 않는다.

미분을 확대한 모습

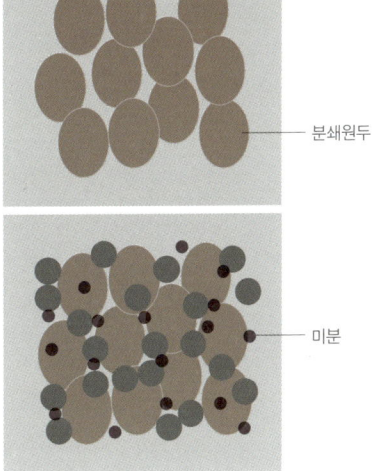

분쇄원두

미분

***클린컵** : 향미 결점을 평가하는 항목. 향미 결점이 많을수록 낮은 점수를 받는다.

입자 크기 분석방법

1 체를 이용한 분석방법

금속이나 섬유로 된 체sieve를 이용해 입자 크기를 분석하는 방식이다. 주로 산업용으로 사용하며 체의 굵기와 간격(40㎛~1cm(10~400mesh*))은 엄격한 기준에 따라 규격화되어 있다. 체를 이용한 분석방법은 크게 체분리와 체가름으로 나뉜다.

체분리 sieve separate

물질을 굵기와 간격이 균일한 체에 걸러 입자 크기별로 분류하는 방식. 체에 걸러 통과한 물질은 적산체하량under size, 통과하지 못한 물질은 적산체상량over size이라고 한다.

체가름 sieve analysis

어떤 물질을 일정 시간 동안 체에 넣고 흔들어 적산체하량과 적산체상량으로 분류하는 방식. 종류로는 체를 상하로 움직이는 선동gyrating과 좌우로 움직이는 요동shaking이 있으며, 전체적으로 움직임을 가하는 진동vibrating도 있다. 체는 손으로 직접 흔들거나 Ro-tap 같은 전자기기를 이용해 일정하게 흔든다. 비교적 저렴한 가격으로 입자 크기를 분석할 수 있는 방법이지만 시간이 오래 걸리고 한번 사용한 샘플은 다시 사용할 수 없다는 단점이 있다.

2 Ro-tap을 이용한 분석방법

기계로 체에 진동을 가해 물질을 입자 크기별로 분류하는 방식. 맨 위에 100g의 샘플을 올린 후 5분 동안 진동을 가해 체를 좌우로 흔든다. 구멍 크기가 제각각인 여러 개의 체가 겹겹이 포개져 있으며 아래로 갈수록 구멍이 더 작고 조밀하다.

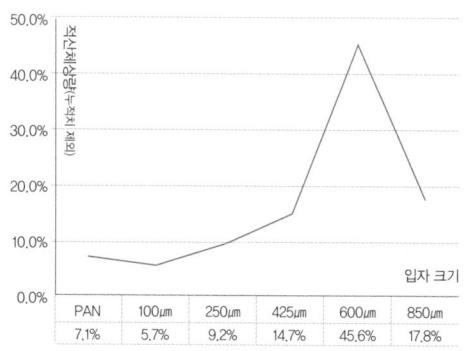

	PAN	100㎛	250㎛	425㎛	600㎛	850㎛
	7.1%	5.7%	9.2%	14.7%	45.6%	17.8%

Ro-tap(출처: Google)

---

*메쉬 : 체의 구멍 크기를 나타내는 단위로, '망의 눈'이라는 의미도 있다. 1mesh는 1inch이며 2.54cm에 해당된다.

3 레이저를 이용한 분석방법

빛이 물질에 부딪혀 여러 방향으로 흩어지는 현상을 산란이라 하며, 물질에 부딪힌 빛이 굴절되어 뒤로 돌아 들어가는 현상을 회절이라 한다. 레이저를 이용한 분석방법은 반사되는 빛의 강도와 형태를 통해 입도 분포를 분석하는 방식이다. 빛의 회절과 산란을 이용하기 때문에 레이저 회절 산란법laser diffraction scattering method이라고 한다. 레이저는 단색으로 이루어진 빛이며, 산란 정도를 명확하게 볼 수 있다. 전방 산란광을 볼록렌즈로 모으면 초점이 맞춰진 곳에 회절상이 일어나고, 크기와 밝기의 패턴을 분석하면 분쇄입자의 분포도를 알 수 있다. 회절광의 강도는 입자 크기에 비례한다.

이 방법은 sub micron부터 mm까지 다양한 측정 단위를 사용할 수 있고 샘플을 단시간에 원상태 그대로 분석할 수 있지만, 장비가 워낙 고가라 주로 연구실에서 사용한다.

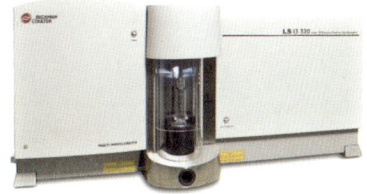

레이저 입도 분석기(출처: Google)

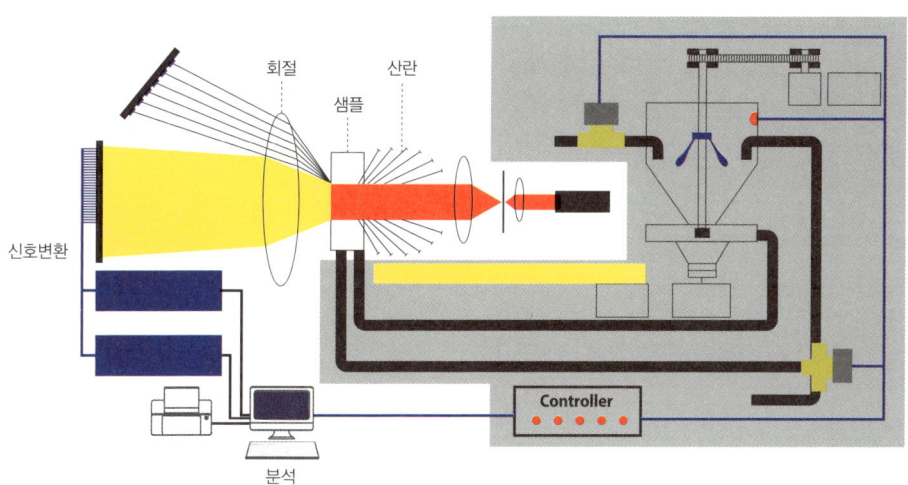

***회절상** : 레이저가 입자 표면에 닿았을 때 일어나는 현상이며, 회절 각도는 입자 크기가 클수록 작다. 회절광의 강도는 샘플의 부피와 비례한다. (참고: Fraunhofer 이론, Mie 산란 이론)

CHAPTER **2**

그라인더의 종류

원두를 분쇄하는 기계인 그라인더는 생각보다 종류가 다양하고 기능에도 차이가 있기 때문에 단순히 편의성만 고려해서는 안 된다. 그라인더는 어떤 제품을 선택하는지가 커피맛의 특성과 품질을 좌우한다. 아마 그라인더의 선택에 따라 달라지는 맛을 경험한다면 놀라움을 금치 못할 것이다. 사용 목적에 맞게 잘 분쇄된 원두는 훌륭한 커피를 추출하기 위한 기본요소이므로 원하는 결과를 얻기 위해서는 먼저 그에 어울리는 그라인더를 선택해야 한다.

그라인더에 따른 분쇄입자 차이

그라인더의 핵심인 날과 모터는 커피향미를 결정하는 매우 중요한 요소다.

날의 형태와 재질은 원두의 분쇄면적과 파쇄와 절삭의 비율에 영향을 주고, 모터의 회전력은 분쇄입자의 균일성과 미분의 양에 영향을 준다.

분쇄 시 원두와 날이 만나는 지점에서 발생하는 마찰열과 모터에서 발생하는 열은 커피향미에 부정적인 요소로 작용한다. 분쇄원두가 배출될 때 일어나는 정전기의 크기는 토출부의 모양과 소재에 따라 다르며 미분의 양과 분쇄원두의 손실률에 차이를 가져온다.

분쇄온도

∨

분쇄 시 날은 원두와의 마찰에 의해 필연적으로 열이 발생하는데, 분쇄가 반복되면 온도가 점점 높아지면서 원두에 열이 전달된다. 분쇄원두는 고열에 노출되면 약 20㎛(2mm의 1/100)의 크기로 존재하던 세포방*이 팽창하면서(육안으로 구분될 정도는 아니다) 추출에도 영향을 미친다. 특히 에스프레소처럼 아주 작은 크기로 원두를 분쇄할 경우 분쇄온도에 의한 물리적 변화는 더욱 커진다.

분쇄입자가 높은 열에 노출되면 부피가 팽창하면서 추출속도가 빨라지고, 열을 흡수하여 입자의 크기가 불균일해진다. 분쇄입자가 균일하지 않으면 추출 시 저항을 고르게 주지 못해 추출수가 한쪽으로만 흐르는 편류현상channeling(채널링)이 발생할 수 있다.

분쇄온도는 아로마와도 관계가 있다. 원두는 세포 안에 일정한 압력을 지닌 휘발성 향 물질이 가득 차 있는데, 분쇄를 하면 향성분이 표면으로 드러나면서 아로마를 발산한다. 아로마의 확산은 분쇄원두가 고온에 노출될수록 더욱 활성화된다. 분쇄온도가 높을수록 아로마의 휘발속도가 더 빨라져 커피를 마실 때 느낄 수 있는 향이 줄어든다는 얘기다.

이처럼 원두를 분쇄할 때 발생하는 열은 커피 추출에 부정적인 요소로 작용하기 때문에 많은 그라인더 제조사들이 스테인리스 스틸보다 열의 영향을 덜 받는 금속 소재로 날을 제작하거나 냉각핀air-cooling fin을 설치하여 열전달을 최소화한다.

---

*세포방 : 커피세포의 크기가 20㎛라면 2mm 크기의 분쇄입자 안에는 100여 개의 세포방이 존재한다고 볼 수 있다.

분쇄방식의 종류

❶ 간극식 분쇄

플랫 버 flat burr

위아래로 놓인 납작한 모양의 디스크disc 두 개가 각각 다른 방향으로 회전하면서 원두를 분쇄하는 원리다. 디스크는 바깥쪽으로 갈수록 날의 간격이 좁아지는 형태라 원두를 처음 투입할 때는 깨지고 부서지는 식으로 분쇄되다가 원심력에 의해 바깥으로 밀려나면서 잘리거나 깎이는 식으로 분쇄된다.

플랫 버는 위아래 디스크의 간격으로 분쇄도를 조절하며 파쇄 면에 비해 절삭 면이 많아 비교적 입자가 균일하고 미분도 적은 편이다.

상부 디스크는 두 디스크 사이의 간격을 조정하는 역할을 하며 모터에 의해 회전하는 하부 디스크는 원두를 분쇄하는 역할을 한다.

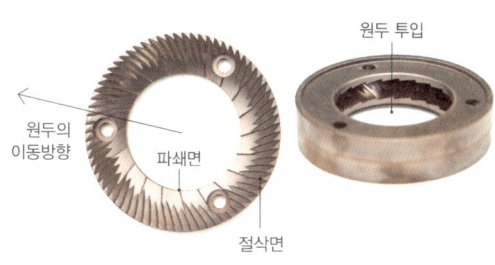

장점 분쇄도가 균일한 편이며 미분이 적게 발생한다.
단점 열이 많이 발생하여 커피향미에 부정적인 영향을 끼칠 수 있다. 마찰률이 높은 만큼 날의 마모속도가 빠르다.
사용방법 플랫 버는 과열되면 작동이 멈추므로 사용 후에 상온에서 충분히 식혀주는 것이 좋다. 일반적인 날의 교체 시기는 분쇄양이 400~600kg가 됐을 때쯤이다.

코니컬 버 conical burr

톱니 모양과 원뿔 모양의 날이 위아래로 마주보고 있는 형태이며, 원뿔형 날의 상부는 넓은 간격으로 홈이 새겨져 있는 반면 하부는 좁은 간격으로 홈이 새겨져 있다.

원뿔형 날의 가운데 빈 공간으로 들어간 원두는 위쪽에서 파쇄되다가 아래쪽으로 이동하면서 절삭되고, 분쇄된 원두는 중력에 의해 밖으로 배출된다.

코니컬 버는 구조상 파쇄 면적이 넓고 절삭 면적이 좁아 분쇄 시 잘리는 원두보다 부서지는 원두의 비율이 더 높으며 미분도 많이 발생한다. 상부의 원뿔형 날이 분쇄도를 조절하는 역할을 하며, 하부의 톱니형 날은 모터를 회전시켜 원두를 분쇄하는 역할을 한다.

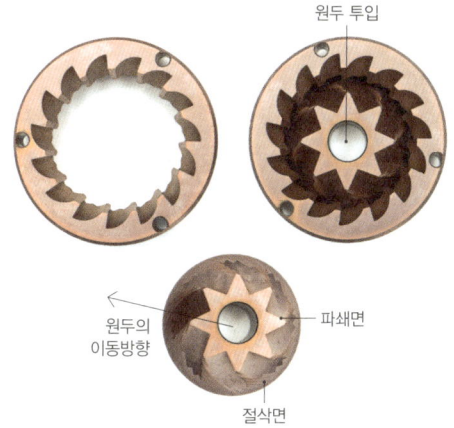

장점 분쇄원두가 빠른 속도로 배출되며 열 발생이 적다.
단점 분쇄도의 균일성이 떨어지며 미분이 많이 발생한다.

롤러 밀 roller mill

쐐기형 막대에 빗살 모양의 날이 달려 있는 롤러 두 개가 맞물려 돌아가면서 원두를 분쇄하는 원리다. 롤러 안에 물을 이용한 냉각 장치를 설치할 수 있으며 상대적으로 열 발생이 적고 용도에 따라 롤러 사이의 간격을 조정하는 방식으로 분쇄도를 조절한다.
날은 동일한 간격으로 홈이 새겨져 있으며 롤러 사이의 간격도 동일하다.
원두는 대부분 절삭 방식으로 분쇄되지만 일부는 필연적으로 파쇄된다.

장점 분쇄속도가 매우 빠르며 내구성이 강하다. 롤러 안에 냉각 장치를 설치하면 마찰에 의한 열 발생을 최소화할 수 있다.
단점 가격이 비싸며 구조상 유지 보수가 어렵다.

❷ 충격식 분쇄

블레이드 그라인더 blade grinder

블레이드 그라인더는 흔히 믹서기라 불리는 블렌더 blender와 비슷한 원리다. 그라인더에 원두를 담고 전원을 켜면 바닥에 달린 날이 회전하면서 원두에 충격을 가하는 방식이다.
원두는 분쇄되는 과정에서 중력에 의해 아래로 떨어지는데, 분쇄시간이 길어지면 이러한 동작이 여러 번 반복되어 원두가 날에 부딪히는 횟수가 증가하고 분쇄입자의 크기는 점점 작아진다.

장점 다른 방식에 비해 구조가 단순하며 가격도 저렴하다. 부피가 작은 제품에 쉽게 접목할 수 있는 방식이다. 가정용 그라인더에 많이 사용된다.
단점 대부분 파쇄 방식으로 원두를 분쇄하기 때문에 미분이 많이 발생하며 분쇄입자의 균일성도 떨어진다. 정밀한 그라인딩이 필요한 추출에는 적합하지 않을 수 있다.

용도별 그라인더의 종류

❶ 상업용 그라인더

짧은 시간 동안 반복적으로 사용해도 될 만큼 내구성이 높아 바쁜 매장에서 효율적으로 활용할 수 있다. 대부분 플랫 버나 코니컬 버를 장착하며, 분쇄도의 폭이 넓다는 장점이 있다. 특히 에스프레소 추출처럼 정밀한 그라인딩이 필요한 경우 분쇄입자의 크기를 ㎛ 단위까지 미세하게 조절할 수 있다.

상업용 에스프레소 그라인더는 분쇄원두를 계량하는 방식에 따라 도저doser 그라인더와 도저리스doserless 그라인더로 나뉜다.

도저 그라인더

스위치를 이용해 사용자가 직접 분쇄시간을 설정하는 방식으로, 원두가 분쇄되어 도저 챔버doser chamber에 쌓이면 레버를 당겨 원하는 만큼 포터필터에 담는다. 포터필터에 담는 분쇄원두의 양을 수동으로 조절하기 때문에 수동 그라인더라고 한다.

도저리스 그라인더

분쇄원두의 양을 시간(s)이나 무게(g) 단위로 설정하여 매번 비슷한 양의 원두를 분쇄할 수 있다. 분쇄된 원두는 도저 챔버를 거치지 않고 바로 포터필터에 담긴다. 레버를 일일이 당길 필요가 없어 좀 더 편리하게 사용할 수 있으며 흔히 자동 그라인더라고 부른다.

❷ 가정용 그라인더

사용방법은 단순하지만 상업용 그라인더에 비해서는 상대적으로 내구성이 떨어져 짧은 시간 동안 반복적으로 사용할 경우 무리가 갈 수 있다. 다양한 종류의 날이 있지만 일반적으로 블레이드가 주를 이룬다. 가정용 그라인더에는 모터로 작동하는 소형 에스프레소 그라인더와 브루잉 그라인더 외에도 손으로 직접 원두를 분쇄하는 핸드 밀이 있다.

핸드 밀

핸드 밀은 주로 코니컬 버를 사용하며, 손잡이를 일정한 힘으로 돌려야 일정한 분쇄도를 유지할수 있다. 모터가 없어 열 발생이 적은 것이 특징이다.

다양한 종류의 핸드 밀

그라인더의 구조

❶ 호퍼 리드 hopper lid
호퍼 안에 담긴 원두를 외부 공기와 차단하는 뚜껑

❷ 호퍼 hopper
원두를 담아두는 깔때기 모양의 용기

❸ 호퍼 게이트 hopper gate
호퍼 안에 담긴 원두를 아래로 내보내는 통로. 호퍼는 호퍼 게이트를 안쪽으로 밀면 닫히고 바깥쪽으로 당기면 열린다.

❹ 분쇄도 조절나사
나사를 돌려 날 사이의 간격을 조정하고 분쇄도를 조절한다.

❺ 도저 챔버
분쇄된 원두를 담아두는 보관통

❻ 도저 레버 doser lever
도저 레버를 당기면 도저 챔버의 분할판이 움직이면서 안에 담긴 분쇄원두를 밖으로 배출한다.

❼ 스위치
그라인더의 전원(또는 작동) 버튼

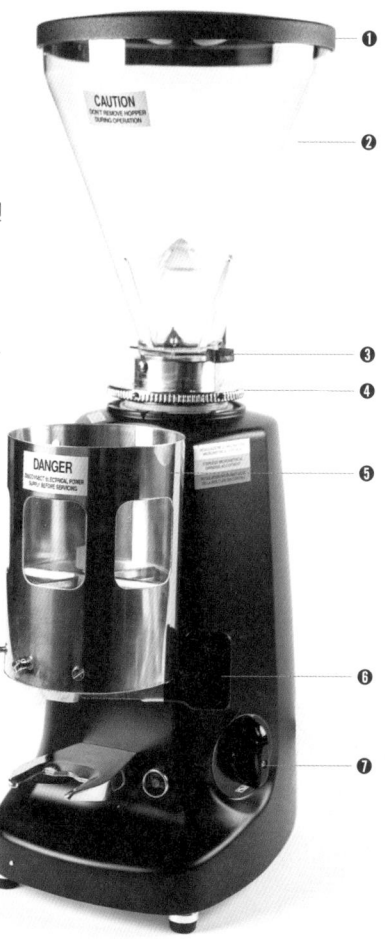

분쇄 시 잔여물을 하나로 모으는 그라인더 트레이

자동 그라인더의 토출부와 키패드

분쇄도 조절방법

∨

분쇄입자의 크기와 균일성은 그라인더를 통해 조절할 수 있다. 이는 추출 시 물과 맞닿는 원두의 표면적과 추출속도를 결정하며 커피의 수용성 고형물 비율을 변화시킨다. 입자가 고울수록 표면적이 넓고 추출시간이 길어 수용성 고형물의 비율이 높아지며, 맛이 깔끔하고 강도도 높다. 하지만 분쇄입자가 너무 작으면 저항이 높아져 물이 쉽게 빠져나오지 못하고 추출속도가 느려져 커피성분이 과도하게 추출될 수 있다.

반대로 분쇄입자가 너무 굵으면 원두와 물의 접촉시간이 짧아져 커피의 가용성분을 효과적으로 추출하지 못할 수 있다. 적절한 분쇄도 조절은 안정적인 커피추출을 위한 핵심요소다.

간극식 분쇄

간극식 분쇄에 해당하는 플랫 버와 코니컬 버, 롤러 밀은 입자 조절판을 움직여 분쇄도를 조절한다. 그라인더마다 입자 조절판에 분쇄도와 방향이 표시되어 있으며 보통은 숫자나 그림이 작아지는 방향으로 갈수록 분쇄도가 가늘어진다. 하지만 같은 모델에 같은 분쇄도라도 실제 크기는 동일하지 않을 수 있으므로 참고용으로만 활용하길 바란다.

충격식 분쇄

블레이드 버와 같은 충격식 분쇄는 분쇄시간에 따라 분쇄도가 다르다. 분쇄시간이 길어질수록 원두가 날에 부딪히는 횟수가 증가하며 분쇄도도 가늘어진다.

2

추출

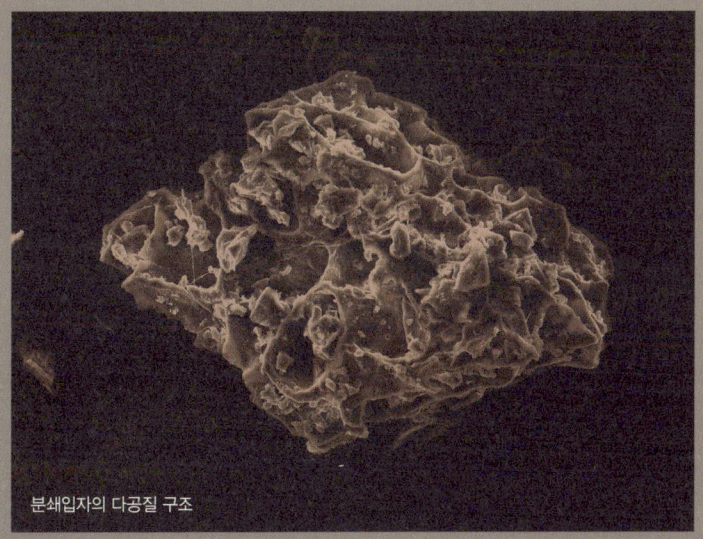
분쇄입자의 다공질 구조

로스팅은 섬유조직으로 이루어진 생두에 열을 가해 커피 추출에 적합한 환경을 만들어주는 작업이다. 생두를 로스팅하면 물리적, 화학적 반응에 의해 다공성(물질 내부와 표면에 여러 개의 작은 구멍이 생기는 성질) 조직이 팽창하면서 가용성분이 늘어나고 아로마 화합물도 방출하기 시작한다. 생두를 로스팅하면 밀도가 낮아져 분쇄하기 쉬운 상태가 된다.

원두는 지방질로 된 세포벽이 아로마 화합물과 가용성분으로 가득 차 있어 분쇄 후 물을 부으면 입자의 표면을 감싸는 형태로 수용성 고형물을 용해시킨다. 물의 움직임에 의해 분쇄원두에서 커피성분이 분리되는 과정을 추출이라고 하며, 불용성 고형물*도 이때 같이 빠져나온다.

---

*불용성 고형물 : 용액에 용해되지 않고 고체 상태로 남아있는 물질. 미분이 여기에 속한다.

CHAPTER 1

커피의 추출수율과 농도

커피 추출 후 맛을 평가하는 방법은 매우 다양하지만 대부분이 후각과 미각에 의존하는 관능 평가로 진행된다.

물론 관능 평가라고 해서 부정확하다고 단정 지을 순 없지만 개인의 취향과 기호를 반영하는 방식인 만큼 명확한 판단근거가 마련돼 있지 않으면 일률적으로 평가하기가 어렵다. 관능 평가를 주관적인 평가라고 여기는 이유도 커피를 마시고 느낀 바를 수치화해 객관적인 기준으로 삼을 수 있는 부분이 그다지 많지 않기 때문이다.

하지만 우리가 커피를 마시는 근본적인 이유가 맛과 향을 즐기는 것이라면 관능적인 요소를 아예 배제할 수 없는 것 또한 사실이다. 때문에 커피업계에서는 추출수율과 농도라는 개념을 도입해 평가에 객관성을 더하고 있다.

추출수율과 농도는 관능 평가 결과를 수치로 나타내는 가장 기본적인 방법이자 커피의 특징을 효과적으로 보여주는 척도이므로 이에 대한 이해가 선행되면 각자 선호하는 맛의 기준을 잡는 데 과학적이고 객관적인 근거를 마련할 수 있을 것이다.

커피의 농도

농도strength는 용액에 들어있는 용매와 용질의 비율을 뜻하는 말로, 액체는 용매, 고체는 용질로 구분하며, 커피에서는 물이 용매, 가용성분이 용질이다.

물의 양이 같다면 원두에서 추출된 가용성분의 양이 많을수록 농도가 진하고, 물에 용해된 커피 고형물*과 물의 비율에 따라 농도를 가늠할 수 있다.

농도는 보통 총 용존 고형물TDS, Total Dissolved Solid 수치로 표현하는데, 이는 추출변수를 바꾸거나 물을 희석하는 방법으로 조절할 수 있다.

농도(%)=물/총 용존 고형물(g)x100

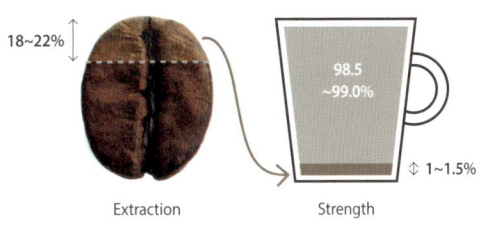

***커피 고형물** : 성분 중에서 고체의 성질을 띠는 물질로 물에 녹는 수용성과 물에 녹지 않는 불용성으로 나뉜다.

커피 한 잔에 용해되어 있는 고형물과 물의 비율에 0.2~0.3%의 편차가 발생하면 관능 평가에서도 명백한 차이를 느낄 수 있다. 그만큼 고형물은 강력한 물질이며 추출방식에 따른 변수의 미세한 차이가 농도에 큰 변화를 가져올 수 있다.

일상에서 흔히 접할 수 있는 브루잉 커피나 롱블랙Long Black*에 들어있는 고형물과 물의 비율, 즉 농도는 평균 1~1.5%다.

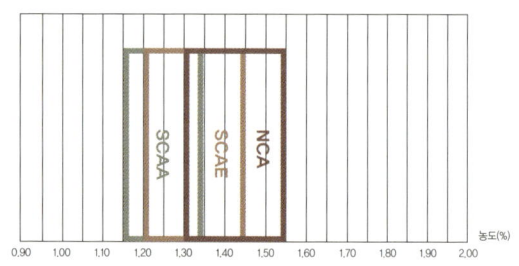

SCAA(미국), SCAE(유럽), NCA(노르웨이) 기호도 조사 결과

개인의 기호에 따라 달라지는 선호 농도

커피의 농도는 개인적인 편차가 큰 부분이기 때문에 농도가 0.5~0.6%인 아주 연한 커피도 잘 마시지 못하는 사람이 있는 반면, 에스프레소처럼 농도가 7~12%인 아주 진한 커피도 잘 마시는 사람이 있다.

하지만 지역별로 소비자들이 선호하는 농도가 어느 정도 정해져 있다. 특별한 경우가 아니고서는 일반적인 범주를 크게 벗어나지 않으므로 농도는 커피를 만들 때 소비자의 성향을 파악하는 중요한 기준이 될 수 있다.

해외에서는 이미 기호도 조사를 통해 지역별로 선호하는 농도의 표준을 제시한 바 있지만 한국을 비롯한 아시아 국가에서는 아직까지 제대로 된 조사가 이루어진 적이 없다.

추출 경과에 따른 농도 변화

커피는 추출 경과에 따라 고형물의 비율이 달라지면 추출액의 농도도 변한다. 추출 초반에는 수용성 고형물이 주를 이루는 만큼 상대적으로 고형물의 비율이 높고 추출액의 농도도 진하지만 후반으로 갈수록 불용성 고형물과 물의 비율이 높아지면서 자연스럽게 추출액의 농도도 연해진다. 추출 후반에는 거친 질감과 함께 부정적인 향미가 느껴질 수 있으므로 커피 고형물과 물의 이상적인 비율을 찾아 추출시간을 알맞게 조절하는 것이 중요하다.

추출 경과에 따른 농도의 변화

---

*롱블랙 : 뜨거운 물에 에스프레소 투 샷을 넣어 만든 호주식 아메리카노.

TDS

∨

앞서 설명한 대로 TDS는 용액에 들어있는 고형물의 총량을 가리키지만 엄밀히 따지면 총 용존 고형물과 총 부유 고형물TSS, Total Suspended Solids*로 나뉜다.

필터*에 용액을 걸렀을 때 여과지를 통과한 고형물은 용존 고형물, 통과하지 못한 고형물은 부유 고형물로 구분한다. 용존 고형물과 부유 고형물은 밀도 차로 인해 질량을 산출하는 방법이 다르기 때문이다.

고형물에는 용존 고형물과 부유 고형물 외에도 물에 녹는 고분자 전해질Polyelectrolyte*과 콜로이드Colloid*, 이온Ion* 등이 있으며, 커피를 추출하고 남은 커피가루SCG, Spent Coffee Ground는 TDS에 포함하지 않는다.

TDS 측정방법

커피의 TDS는 추출액에서 물을 제외하고 남은 고형물의 총량을 가리킨다.

고형물의 질량은 무게를 재서 측정하는 것이 가장 정확하지만 이러한 방법은 현실적으로 효율성이 많이 떨어지기 때문에 대부분 용액 상태에서 간접적으로 측정하는 방식을 택한다.

이중에는 전기 전도도electrical conductivity를 이용하는 방법과 빛의 굴절률refractive index을 이용하는 방법이 있는데, 사실 전기 전도도와 빛의 굴절률을 질량으로 환산한다는 점에서 100% 확실하다고 보긴 어렵다. 하지만 상대적인 관점으로 접근한다면 추출의 완성도를 평가하는 데 도움이 된다.

---

*총 부유 고형물 : 용액에 포함된 유기 물질과 무기 물질. 크기가 5㎛ 미만인 부유 물질은 분산 상태로, 5㎛ 이상인 부유 물질은 침전 상태로 존재한다.

*필터 : 커피 추출에 사용하는 필터와는 전혀 다른 필터로, 유리섬유로 만들었으며 공극 크기(pore size)는 약 0.45㎛이다. 일반적인 종이필터는 공극 크기가 크고 패턴도 일정하지 않아서 용존 고형물과 부유 고형물을 정확히 분리하기가 쉽지 않다.

*고분자 전해질 : 전류가 흐르는 고분자 화합물. 단백질이 여기에 속한다.

*콜로이드 : 미립자가 액체 또는 기체에 분산된 상태를 뜻하는 말로, 교질(膠質)이라고도 한다. 미립자는 물에 잘 녹지 않으며 크기는 1nm~1,000nm로 일반적인 분자나 이온보다 크다. 젤라틴과 비슷한 형태라고 볼 수 있다.

*이온 : 전하를 띠는 원자 또는 원자단. 중성인 분자가 전기를 잃거나 얻었을 때 이온화된다고 표현한다.

직접적인 TDS 측정방식

〈탈수식 측정〉

표본(여과지에 커피 추출액을 떨어뜨려 만든다)에 열을 가해 물을 증발시킨 후 남아있는 수용성과 불용성 고형물의 무게를 재는 방식이다. 열은 물이 모두 증발하여 표본의 무게 변화가 멈출 때까지 가한다. 가열 방식이 따로 정해져 있지 않으며 사용자가 원하는 온도와 시간을 설정할 수 있다.

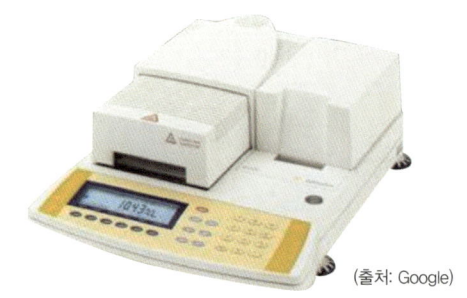

(출처: Google)

개념적으로는 탈수식 측정기가 TDS를 가장 정확하게 측정할 수 있는 방법이지만 가격이 매우 비싸고 가열 방식에 따라 고형물의 무게가 민감하게 변화하기 때문에 다루기 어렵다는 것이 단점이다.

간접적인 TDS 측정방식

〈전기 전도도 측정〉

전기 전도도를 이용해 용액에 포함된 수용성 고형물의 무게를 재는 방식이다. 물의 미네랄 함량을 측정할 때 많이 사용되며 전기 전도성이 없는 불용성 고형물은 측정할 수 없다. 전기 전도도는 전기가 통하는 정도를 나타내는 값으로 국제단위인 S^{Siemens}를 사용하며, 커피 추출액의 전기 전도도는 이보다 더 작은 단위인 ms$^{milli\ siemens}$와 μs$^{micro\ siemens}$를 사용한다.

커피처럼 고분자 전해질이 들어있는 용액은 이온의 농도와 전하량, 온도* 외에도 전극 사이의 거리와 단면적이 전기 전도도 측정에 영향을 미친다. 전기 전도도 측정이 정확하게 이루어지려면 용액에 포함된 물질이 동일한 전기적 성질을 지니고 있어야 하는데 커피는 그렇지 못하다.

가장 저렴한 비용으로 TDS를 측정할 수 있는 방법이며 커피의 전기적 성질만 잘 이해하면 오차범위를 낮출 수 있다.(출처: Coffee Brewing(2015, 배동근))

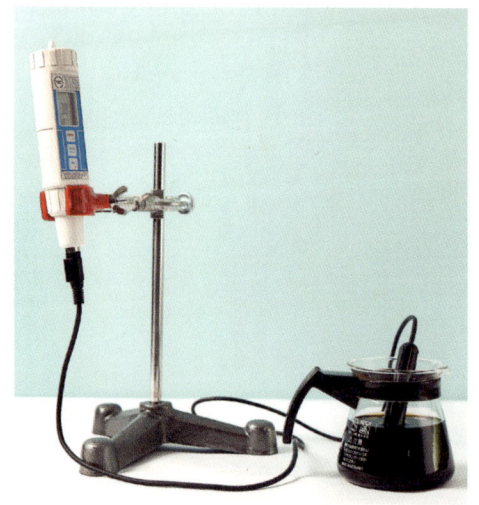

*온도 : 전기 전도도는 온도에 의해 오차가 생길 수 있으므로 굴절식 측정과 마찬가지로 샘플을 상온에서 25℃ 정도로 식힌 후 사용하는 것이 바람직하다.

〈굴절식 측정〉

굴절식 측정은 굴절계*로 빛의 굴절률*을 측정해 고형물의 부피와 밀도*를 구한 뒤 질량을 산출하는 방식으로, 직접적인 TDS 측정방법은 아니다.

빛은 밀도가 낮은 매질에서 밀도가 높은 매질을 통과할 때 투과속도가 느려진다. 음료에 꽂혀 있는 빨대의 경계선이 꺾여 보이는 것도 이러한 현상 때문이며, 빛의 굴절도는 액체에 들어있는 물질의 밀도가 높을수록 커진다.

다만 수용성 고형물과 불용성 고형물의 밀도차로 인해 정확한 부피와 질량을 측정하기에는 다소 무리가 있으므로 측정대상에 맞게 제작된 전용 측정기를 이용하는 것이 좋다.

최근에는 VST 사가 만든 측정기처럼 커피의 평균 밀도를 기준으로 비교적 적은 오차범위 내에서 TDS를 계산하는 기구가 출시돼 큰 호응을 얻고 있다.

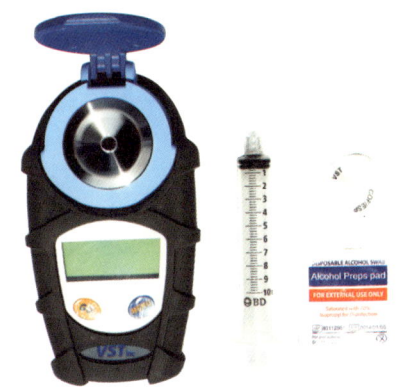

VST 사의 TDS 측정기

*굴절계 : 빛이 고체나 액체를 통과할 때 고형물의 질량에 따라 굴절되는 정도가 다르다는 점에 착안해 개발된 밀도 측정기.

*굴절률 : 굴절률=기준 매질을 투과하는 빛의 속도/측정대상을 투과하는 빛의 속도

*밀도 : 밀도=부피/질량

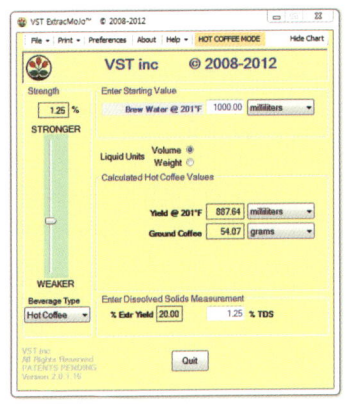

VST 사의 TDS 그래프

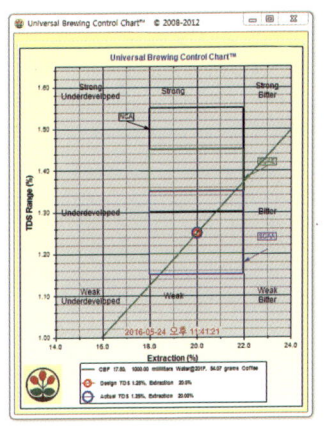

커피의 추출수율

추출수율의 정의

추출수율brewing yield rate은 추출에 사용된 재료와 재료에서 추출한 성분의 비율이다. 예를 들어 오렌지 100g에서 오렌지 과즙 10g을 냈다면 추출수율은 10%다.

$$\text{커피의 추출수율 (\%)} = \frac{\text{총 용존 고형물(g)}}{\text{원두량(g)}} \times 100$$

하지만 커피는 물을 용매로 해서 가용성분을 추출하기 때문에 추출수율을 계산하기 전에 먼저 추출액에 들어 있는 총 용존 고형물의 양을 구해야 한다.
총 용존 고형물의 질량을 계산하는 공식은 다음과 같다.

$$\text{총 용존 고형물(g)} = x$$

$$\frac{x}{\text{추출량(g)}} \times 100 = \text{농도(\%)}$$

$$100x = \text{추출량(g)} \times \text{농도(\%)}$$

$$x = \frac{\text{추출량(g)} \times \text{농도(\%)}}{100}$$

예를 들어 10g의 원두로 150g의 커피를 추출하는데 그 안에 2g의 커피 고형물이 포함되어 있다면 추출수율은 20%라는 계산이 나온다. 마찬가지로 10g의 원두로 100g의 커피를 추출하는데 그 안에 2g의 커피 고형물이 포함되어 있다면 추출수율은 20%다.

다시 말해 커피의 추출수율은 추출에 사용한 물의 양에 관계없이 원두량과 총 용존 고형물의 비율만 따지면 된다. 커피 추출액에 물을 희석하는 방법으로 농도를 낮춰도 추출수율은 변하지 않는 것이다. 추출수율과 농도는 언뜻 비슷해 보이지만 전혀 다른 개념이다.

특히 추출수율은 커피의 가용성분을 얼마나 추출해야 좋은 향미가 나는지를 확인할 수 있는 척도다.

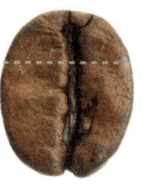

물로 추출한다는 전제하에 커피의 최대 추출수율은 30%다.

30% max

고형물이 맛에 미치는 영향

커피는 다양한 향미 성분을 지닌 수많은 화합물로 이루어져 있다. 커피를 마시고 난 뒤 복합적인complexity 느낌이 드는 것도 이 때문이다.

커피향미는 원두로부터 어떤 성분을 얼마나 추출했는지에 따라 균형감balance이 달라진다. 커피 고형물은 물리적 특성에 의해 수용성과 불용성으로 분류하는데, 각각의 고형물이 차지하는 비율에 따라 전혀 다른 향미가 느껴진다.

고밀도, 비휘발성 물질인 수용성 고형물은 커피향미를 결정하는 가장 큰 요소다. 수용성 고형물은 복합적인 맛을 지녔으며 커피를 마실 때 감각을 자극하여 향미를 느끼게 한다. 수용성 고형물의 농도는 커피의 균형감에도 영향을 미친다. 수용성 고형물은 농도가 높을수록 산미와 향미가 강하며 깔끔한 촉감clean mouthfeel을 느낄 수 있다.

물에 녹지 않고 고체 상태를 유지하는 불용성 고형물은 커피를 마실 때 입안 점막에 남아 향미를 발산한다. 불용성 고형물은 커피에 무게감body과 여운aftertaste을 더하지만 함량이 지나치게 높으면 쓴맛이 강해지고 촉감이 거칠어질rough mouthfeel 수 있다.

추출수율 컨트롤

커피는 추출 초반까지만 해도 추출액 대부분이 수용성 고형물로 이루어져 있지만 추출시간이 길어질수록 불용성 고형물의 비율이 높아진다. 추출수율이 높으면 그만큼 불용성 고형물의 함량이 높다는 뜻이다.

추출수율을 컨트롤한다는 것은 추출액에 들어있는 고형물의 비율을 조절하여 커피의 관능적 요소를 일정 부분 제어한다는 것이다. 하지만 추출수율에 답이 정해져 있는 건 아니므로(커피는 어디까지나 기호식품이다) 각자 목적에 맞게 추출수율과 농도를 조절하는 것이 최선이다.

또한 추출수율은 원두량과 추출량 등 여러 가지 변수의 영향을 받기 때문에 이에 대한 이해가 선행되어야 한다.

추출수율과 농도의 활용

커피의 추출수율과 농도는 커피 추출의 경제성에 대한 고민에서 비롯되었다. 어느 정도의 원두와 물로 얼마만큼의 커피를 추출했을 때 가장 이상적인 맛이 나는지, 소비자들이 선호하는 농도는 얼마인지 등을 바탕으로 최적의 결과를 만들어내는 것이 커피 추출에 추출수율과 농도를 활용하는 주된 목적이다.

이는 특히 커피를 대량 생산하는 대형 업체에서 중요한 문제로 다루고 있으며, 최근 들어 소규모 카페에서도 균일한 맛을 내기 위해 커피 추출과 품질관리Quality Control, QC에 추출수율과 농도를 다양하게 접목하고 있다.

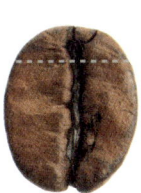

커피의 적정 추출수율은 18~22%로 알려져 있지만 정답은 아니므로 참고만 하길 바란다.

18~22% optimum

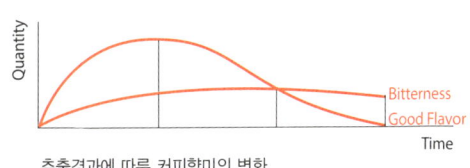

추출경과에 따른 커피향미의 변화

CHAPTER 2

추출수율과 농도의 변수

분쇄도

분쇄도는 추출수율과 농도, 고형물 내 수용성 성분과 불용성 성분의 비율을 효과적으로 조절할 수 있는 대표적인 변수 중 하나다.

같은 양의 물을 사용한다면 분쇄도가 가늘수록 원두와 물의 접촉면적이 늘어나 추출수율이 높아지고, 유속이 느려지면서 원두와 물의 접촉시간도 길어져 물에 용해되는 수용성 고형물의 양이 늘어난다.

추출비율

물과 고형물의 비율을 뜻하는 농도와 달리 커피의 추출비율brewing ratio은 용매와 용질의 비율, 즉 추출에 사용한 물과 원두의 질량 비율을 뜻한다.

커피는 추출비율을 이용해 추출수율과 농도를 다양하게 조절할 수 있다. 물론 추출수율과 농도를 추출비율로만 조절하기에는 다소 무리가 있지만 사용 목적에 맞는 커피를 추출하기 위한 보조적인 수단으로 활용한다면 원하는 맛을 내기가 훨씬 수월해질 것이다.

원두량 감소, 물의 양 증가 >	저농도 고수율
원두량 증가, 물의 양 감소 >	고농도 저수율
원두량 증가, 물의 양 증가 >	저농도 고수율
원두량 감소, 물의 양 감소 >	고농도 저수율

＊여기서 농도는 추출에 사용한 원두량이 많고 물의 양이 적을수록 높으며, 추출에 사용한 원두량과 추출된 가용성분의 비율을 뜻하는 추출수율은 원두량이 많고 물의 양이 적을수록 낮다.

브루잉 컨트롤 차트

브루잉 컨트롤 차트Brewing Control Chart는 1950년대 MIT의 락하트Lockhart 교수가 처음 개발한 것으로 이상적인 커피 추출을 위한 추출수율과 농도를 제시하고 있다. 이 도표는 미국스페셜티커피협회Specialty Coffee Association of America, SCAA의 검증을 거쳐 널리 쓰이게 됐지만 대량 추출을 기준으로 하기 때문에 소량 추출에 적용하기에는 한계가 있다. 또한 추출수율은 여러 변수에 의해 편차가 생길 수 있고, 차트가 처음 개발된 1950년대와 비교해 요즘 생산되는 생두는 특성이 많이 다르므로 참고용으로 활용하는 것이 좋다.

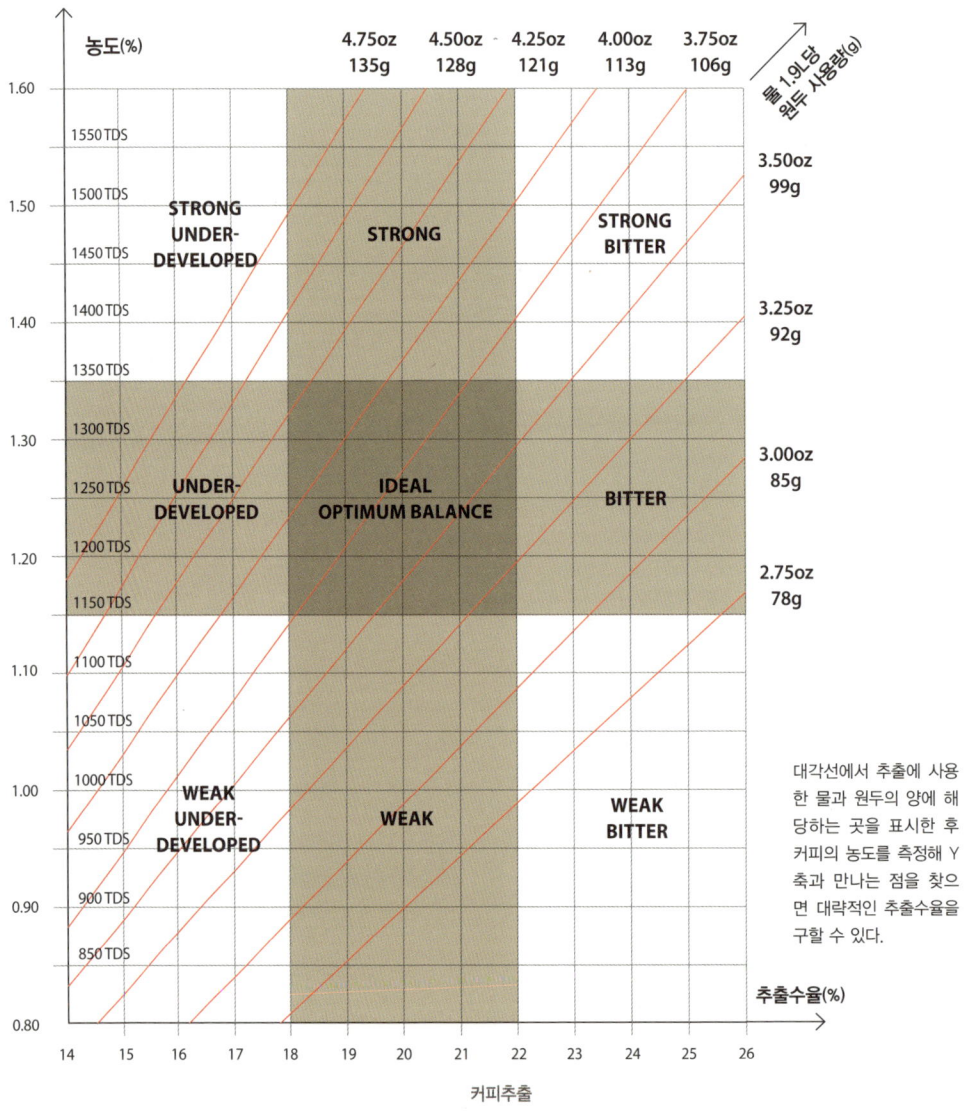

대각선에서 추출에 사용한 물과 원두의 양에 해당하는 곳을 표시한 후 커피의 농도를 측정해 Y축과 만나는 점을 찾으면 대략적인 추출수율을 구할 수 있다.

온도

평소 물분자는 분자 사이의 빈 공간을 채우기 위해 끊임없이 움직이고 서로 충돌하는 과정에서 에너지를 발산하며 진동 상태를 유지하는데, 이러한 물분자의 운동은 높은 온도에서 더욱 활발해진다. 이를 커피 추출에 적용하면 추출온도가 높을수록 더 많은 커피성분이 추출되고 추출속도도 빨라진다.

커피는 복합적인 성분의 녹는점이 각각 다르기 때문에 온도를 어떻게 설정하느냐에 따라 추출 후 시간 경과에 따른 성분비가 달라지고 결과적으로는 향미까지 좌우하게 된다. 또한 미각과 후각은 온도에 매우 민감하게 반응하므로 커피음료의 온도는 맛을 온전히 즐기는 데 중요한 부분이다.

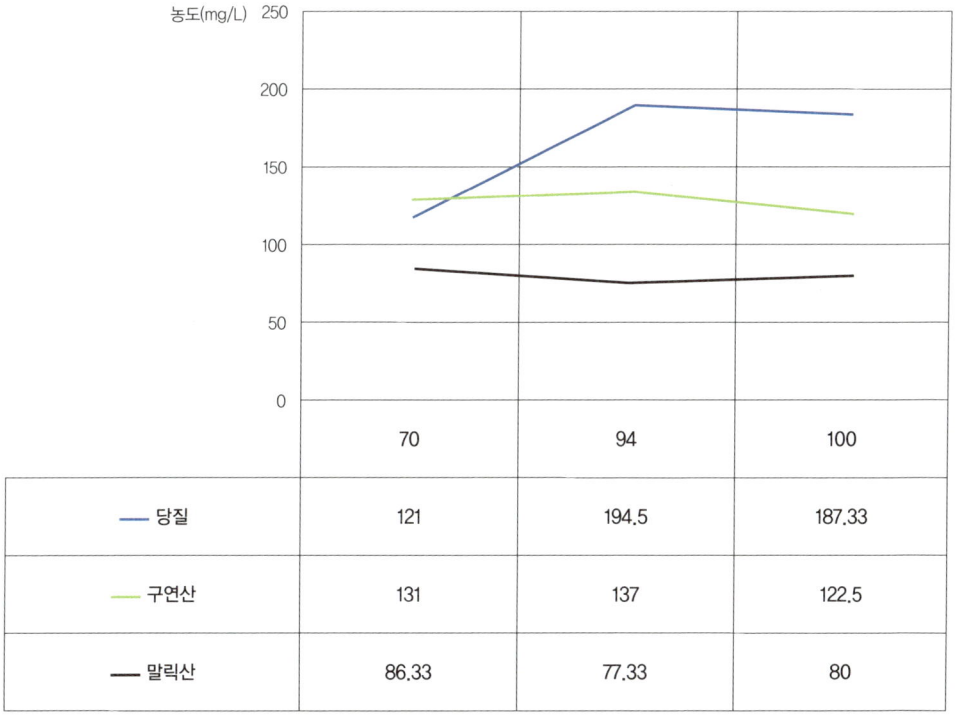

	70	94	100
─── 당질	121	194.5	187.33
─── 구연산	131	137	122.5
─── 말릭산	86.33	77.33	80

(출처: The Coffee Brewing Hand Book(1996, Ted R. Lingle))

추출온도

커피의 성분 가운데 유기산은 물의 온도가 90℃ 전후일 때 균형감 있게 추출되며, 당은 추출온도가 높을수록 추출비율이 높아진다. 쓴맛을 내는 성분인 카페인은 높은 온도의 물을 사용하면 단시간에 많은 양을 추출할 수 있다.* 지방산Fatty Acid도 마찬가지다.

온도는 특정 물질의 성질을 변화시키기도 하는데, 열에 취약한 콜로이드는 고온에 노출되면 좋지 않은 쓴맛이 날 수 있다.

* 저온 추출이라고 해서 카페인과 같은 용해성 물질이 전혀 추출되지 않는 것은 아니다. 동일한 조건일 때 상대적으로 수치가 낮긴 하지만 콜드브루(cold brew)처럼 오랜 시간에 걸쳐 추출할 경우 누적치가 결코 적지 않다.

커피음료의 온도

아로마는 수증기에 흡착되어 후각으로 전달되는 휘발성 향물질이다. 커피는 온도가 높을수록 물분자가 활성화되어 수증기가 더 많이 발생하고 커피에서 느낄 수 있는 향도 강해진다.

미각 또한 온도에 따라 다르게 전달되는데, 온도가 높으면 감각이 둔해져 농도가 연한 커피를 깔끔하고 청량한 커피로 인식하기도 한다. 하지만 이때도 후각은 인후 점막에 닿은 향 성분을 인지해 풍부한 향미를 느낄 수 있다.

반대로 온도가 낮으면 아로마의 확산이 줄어들어 후각으로 느껴지는 향의 강도는 약해지지만 불용성 물질이 발산하는 향미와 수용성 고형물의 자극을 미뢰taste bud가 뚜렷하게 감지한다.

커피음료는 다양한 종류만큼이나 적정온도도 제각각이다. 일반적인 커피를 기준으로 온도가 약 70~75℃일 때 향미를 가장 잘 느낄 수 있다.

온도에 따른 유기산의 추출 정도

종류	70℃	94℃	100℃
젖산	121.00	194.50	187.33
초산	151.33	225.67	187.00
구연산	388.33	461.00	332.00
사과산	131.00	137.00	122.00
퀸산	348.33	495.00	383.33
클로로젠산	872.67	1,064.67	1,067.67
팔미트산	3.26	5.90	6.53

(출처: 과학으로 풀어본 커피향의 비밀(2014, 최낙언))

물의 움직임

⌄

터뷸런스

터뷸런스turbulence는 물의 물리적 운동이 만들어내는 에너지로 커피세포에 물을 효과적으로 침투시킨다. 분쇄원두에 물을 부었을 때 표면에 떠오르는 크러스트crust를 보면 육안으로는 아무런 움직임이 없는 것 같지만 실상은 그렇지 않다. 물분자는 불규칙적으로 끊임없이 움직이며 분쇄입자나 다른 물분자와 충돌한다. 분쇄원두에 물을 붓고 가만히 기다리기만 해도 커피 성분이 추출되는 것은 이러한 유체fluid*의 운동 때문이다. 터뷸런스의 종류에는 난류와 와류가 있다.

〈난류〉

분쇄입자와 물분자가 만나 자연적으로 형성되는 물의 격렬한 흐름을 난류라고 한다. 난류는 커피세포에 물이 침투하여 가용성분이 추출될 수 있도록 돕는 운동에너지다. 이때 물의 온도는 물분자의 움직임을 통해 난류의 강도와 추출에 영향을 준다. 난류는 커피가 추출되는 과정에서 지속적으로 일어난다.

〈와류〉

소용돌이 형태의 물의 흐름을 와류라고 한다. 커피 추출 시 와류는 분쇄원두와 물이 잘 혼합되어 추출수율을 높일 수 있게 해준다. 일반적으로 와류는 서로 다른 방향으로 움직이는 유체 사이에 자연적으로 생성되지만, 물의 낙차를 키우거나 유량을 늘리는 방법, 물줄기를 여러 번 돌리거나 분쇄원두와 물을 교반하는 방법을 통해 인위적으로 생성하기도 한다. 하리오 V60처럼 리브가 나선형으로 된 원추형 드리퍼를 이용해 간접적으로 와류를 유도할 수도 있다.

추출시간

∨

분쇄원두와 물의 접촉시간은 추출수율에도 영향을 미친다. 추출시간을 변화시키는 요소에는 원두의 이산화탄소 함량과 분쇄도, 물의 유량, 유속, 온도 등이 있다.

---

*유체 : 액체나 기체처럼 특정한 형태를 띠지 않고 흐르듯 움직이는 성질을 지닌 물질. 유체의 움직임은 일정한 방향으로 흐르는 층류와 불규칙적으로 흐르는 난류로 나뉜다.

CHAPTER 3

물

물(H_2O)은 커피의 98% 이상을 구성하는 물질로 가용성분보다 더 큰 비중을 차지하는 핵심 재료이기 때문에 수질이 커피 추출과 향미에 미치는 영향을 무시할 수 없다. 물은 1개의 산소 원자와 2개의 수소 원자로 구성된 물질로, 액체화와 기체화를 반복하며 순환한다.

물분자는 광물질이나 무기물질과 수소결합하며 미네랄을 흡수하는데 물에 포함된 미네랄의 함량에 따라 용해물질의 수용력에 차이가 난다.

물은 순환성을 지니고 있기 때문에 지질학적 특성의 영향을 받는다. 지역별로 수질 차이가 존재하는 것도, 지하수가 일반 수돗물보다 미네랄 함량이 더 높은 것도 이러한 이유에서다.

TDS가 추출에 미치는 영향

TDS는 물에 포함된 물질 중 순수한 물 이외의 모든 물질의 총량을 뜻한다.

일반적으로 물은 미네랄이라 불리는 광물질과 무기물질의 함량에 따라 커피의 가용성분이 용해되는 정도가 다르고 맛에도 편차가 발생한다.

물은 TDS 수치가 높을수록 분자 사이의 빈 공간에 미네랄이 많이 들어있어 커피 추출 시 커피성분이 물 분자 사이에 들어갈 수 있는 양은 줄어들고 물에 용해되는 속도도 느려진다.

한편 TDS 수치가 0인 증류수는 많은 양의 커피성분을 매우 빠르게 용해하여 과다 추출이 일어나며 맛의 밸런스가 깨져 자극적인 신맛이 느껴질 수 있다. 적정량의 미네랄은 이상적인 커피 추출에 꼭 필요한 요소인 셈이다.

또한 TDS 수치는 보일러 등 다양한 금속부품이 장착된 에스프레소 머신의 내구성에도 영향을 주어 자칫 잘못하면 머신의 수명이 단축될 수 있다. 미네랄 함량이 높은 물은 고온에 노출되면 물분자가 기화하고 광물질만 남아 스케일이 형성되기 때문이다. 머신 내부에 불순물이 쌓이면 열전달을 방해하여 효율이 떨어지고 각종 센서의 오작동을 일으켜 과열을 초래할 수도 있다.

그렇다고 미네랄이 전혀 없는 증류수로 에스프레소를 추출하면 보일러의 철 성분으로 인해 커피에서 금속 냄새가 날 수 있다.

추출에 적합한 TDS

보통 150mg/L 정도의 TDS가 커피 추출에 적합하다고 알려져 있으며 미국스페셜티커피협회에서는 75~250mg/L를 기준으로 삼는다. 커피 추출에 사용하는 물의 TDS는 물맛 자체는 물론이고 커피의 가용성분과 추출속도를 제어하는 역할도 한다.

추출에 적합한 TDS를 맞추기 위해서는 정수 시스템을 활용해 미네랄 함량을 낮추고, 미네랄이 너무 적은 경우에는 리미네랄라이저remineralizer로 함량을 높여야 한다.

미네랄 함량에 따른 맛의 변화

미네랄을 적당히 함유한 물은 순수한 물보다 맛이 더 좋다. 순수한 물은 무미에 가깝지만 일정량의 미네랄이 포함된 물은 이온이 미뢰를 자극하여 여러 가지 맛을 전달하기 때문이다.

미네랄은 물에 소량만 용해되어 있어도 확실한 맛의 차이를 보인다.

다양한 종류의 미네랄 가운데 칼슘, 칼륨, 규소는 단맛을, 칼륨은 짠맛을, 마그네슘과 황산염은 쓴맛을 낸다. 일반적으로 칼슘이 풍부하고 적은 양의 마그네슘과 황산염이 들어있는 물(단, 염소는 전혀 없어야 한다)의 맛이 좋다고 느끼며 산소와 이산화탄소는 청량감을 더하는 역할을 한다.

물의 경도

물의 경도hardness of water는 물에 용해된 칼슘과 마그네슘의 농도를 ppm으로 환산한 값이다. ppm이 60mg/L 이하면 경도가 낮은 연수, 60~120mg/L면 경도가 중간인 경수, 그리고 180mg/L 이상이면 경도가 높은 경수다. 물은 경도가 높을수록 무게감이 더해지고 낮을수록 단맛이 높아진다.

수소이온농도지수(pH)

수소이온의 농도는 물맛에 영향을 주는 중요한 요소 중 하나다. 수소이온의 농도는 pH값으로 환산하며 단위는 1부터 14까지다. pH는 7이 중성, 7 이상이 알칼리성 alkalinity, 7 이하가 산성acidity에 해당하며, 순수한 물은 온도가 약 25℃일 때 중성을 띤다. 물은 산성일수록 신맛이 강해지며 강산성일 경우 쓴맛이 강하게 느껴질 수도 있다. 물맛은 pH가 8 정도인 약알칼리성 물이 가장 좋다. 커피 추출에 적합한 pH는 7(±0.5)이다.

커피 추출에 알맞은 수질

커피 추출에 사용하는 물은 냄새가 없고 색이 맑고 투명하며 TDS와 ppm, pH, 나트륨 함량 등이 적정 수준이어야 한다.
염소 성분도 없어야 하는데, 주로 살균 소독제로 사용되는 염소는 커피와 만나면 유기산과 휘발성 향물질을 빠르게 산화시켜 맛을 저해하기 때문이다. 염소를 제거하는 방법에는 활성탄carbon 필터를 이용하는 방법과 물을 끓여서 증발시키는 방법, 상온에 두고 2~3시간 동안 증발시키는 방법이 있다.
물을 끓여서 염소를 제거할 경우 용존 산소가 줄어들어 용해력이 떨어질 수 있으므로 물을 끓인 후 최소 30분에서 1시간은 산소량이 정상수치로 회복될 때까지 기다려야 한다.

커피 추출용 물의 기준

특성	목표치(Target)	수용 범위(Acceptable Range)
향(Odor)[1]	깨끗하다, 신선하다, 향이 없다	
색(Color)[2]	맑다	
클로린 총량(Total Chlorine)	0mg/L	
TDS[3]	150mg/L	75~250mg/L
칼슘 경도(Calcium Hardness)	4grains(68mg/L)	1~5grains(17~85mg/L)
총 알칼리도(Total Alkalinity)	40mg/L	At 혹은 그 정도
pH	7.0	6.5~7.5
나트륨(Sodium)	10mg/L	At 혹은 그 정도

(출처: Water for Brewing Specialty Coffee(2009, SCAA))

정수

∨

정수는 물을 깨끗하게 만드는 과정으로, 커피 추출에 사용하는 물은 필연적으로 정수 과정을 거쳐야 한다.

수돗물은 미량의 염소가 남아있고 지하수도 커피를 추출하기에는 TDS가 지나치게 높기 때문에 추출을 안정적으로 진행하고 맛을 향상시키기 위해선 반드시 정수를 통해 불순물을 걸러내야 한다. 게다가 정수는 에스프레소 머신의 내구성을 유지하는 데도 도움이 된다.

정수방법은 크게 물리적, 화학적 여과방식과 역삼투압 방식으로 나뉜다.

물리적 여과

숯과 같은 활성탄 필터를 이용해 물을 여과하는 방식이다. 활성탄은 미세한 다공질 구조로 되어 있어 염소 등의 불순물을 효과적으로 걸러낼 수 있지만 이보다 더 작은 불순물은 그대로 통과시킨다는 단점이 있다. 물리적 여과방식은 물맛을 개선하고 염소 냄새를 제거하는 데 탁월하지만 TDS와 경도가 낮아지는 효과는 미미하다. 커피 추출에 사용하는 물을 여과할 때는 침전필터를 함께 사용하는 것이 좋다.

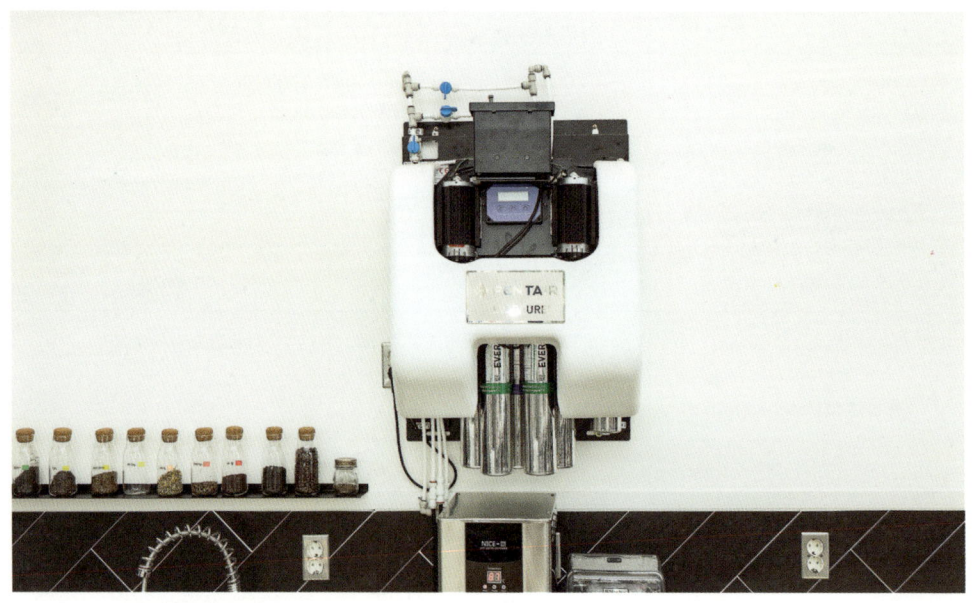

커피추출

역삼투압 방식

물을 삼투막reverse osmosis에 통과시켜 여과하는 방식으로, 물에 삼투압 이상의 압력을 가해 순수한 물이 고농도의 용액에서 저농도의 용액으로 이동하는 역삼투 현상을 이용한다.

역삼투압 방식은 TDS, 경도, 알칼리도를 90% 이상 낮춰 최대한 순수한 물에 가깝게 만들어준다. 하지만 커피 추출에 사용하는 물은 적정량의 미네랄이 필요하므로 연수에 미네랄이 풍부한 물을 바이패스bypass시키거나 리미네랄라이저를 연결하는 것이 좋다.

(출처: The Professional Barista's Handbook(2008, Scott Rao))

화학적 여과

화학적 여과방식은 물에 포함된 광물질을 선별적으로 여과하기에 좋은 방법이다. 대표적인 예로 이온 교환 수지와 알칼리 제거기, 연수기 등을 들 수 있으며, 물의 특성에 따라 각각 다른 방법을 사용한다.

⟨이온 교환 수지ion exchange resins⟩

전자가 이동할 때 발생하는 전기를 이용해 분자를 분해하는 원리다. 연수, 알칼리 제거, 이온 제거에 다양하게 활용되며, 쓴맛과 스케일의 원인이 되는 마그네슘 등의 광물질은 인산염이 포함된 이온화 수지와 결합시켜 분자 일부를 떼어내는 방식으로 여과한다.

⟨알칼리 제거기dealkalizer⟩

탄산기나 중탄산기를 염소기나 히드록시기로 치환하는 방식이다. 경도나 미네랄 함량에는 영향을 주지 않고 알칼리도만 낮춘다.

⟨연수기softner⟩

칼슘 이온을 나트륨 이온으로 치환하여 경도를 낮추는 방식이다. 지하수처럼 미네랄 함량이 높은 물의 경도를 낮추기 위해 사용한다.

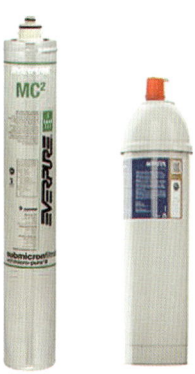

여러 가지 유형의 필터

3
에스프레소

CHAPTER 1

에스프레소 추출

에스프레소 추출은 분쇄원두에 90~95℃의 뜨거운 물과 8~10bar의 강한 압력을 가하는 방식으로 이루어진다.

일반적인 커피 추출이 물의 중력을 이용해 다공성을 띠는 분쇄입자 표면의 가용성분을 용해시키는 방식이라면 에스프레소는 고온 고압으로 커피세포 깊숙이 물을 침투시켜 커피성분을 빠르게 추출하는 방식이다.

이러한 추출방식으로 인해 에스프레소는 물에 녹지 않는 불용성 물질까지 추출되며 다량의 오일 성분을 함유하고 있다. 크레마crema처럼 다른 추출방식에서는 볼 수 없는 현상이 나타나고 맛도 다른 커피에 비해 더 진하고 매끄럽다.

에스프레소의 맛은 추출변수에 예민하게 반응하기 때문에 약간만 변화를 주어도 개성 있는 커피를 만들 수 있다. 일반적인 커피 추출을 설명할 때는 보통 커피 브루잉 coffee brewing이라는 표현을 쓰지만, 에스프레소 추출은 익스트랙션extraction이라는 표현을 쓴다. 에스프레소는 커피가 지니고 있는 다양하고 복합적인 성분을 단시간에 효율적으로 추출할 수 있는 방법이다.

CHAPTER **2**

크레마

크레마의 생성

▽

크레마는 에스프레소 위를 덮고 있는 거품층으로 수많은 이산화탄소 기포bubble로 이루어져 있으며 휘발성 향물질을 다량 포함하고 있다.

에스프레소처럼 가압식 추출로 내린 커피 추출액에는 많은 양의 이산화탄소가 들어 있는데, 특히 크레마는 계면활성제* 역할을 하는 멜라노이딘melanoidine*과 단백질이 이산화탄소를 둘러싼 형태로 기포 상태를 유지한다.

갓 추출한 에스프레소 크레마에는 추출액의 물 입자들이 섞여 있으며 이는 시간이 지나면서 빠른 속도로 거품층과 분리되어 아래쪽으로 가라앉는다. 이산화탄소 기체가 포함되어 있는 물 입자들은 탄산음료를 개봉했을 때처럼 기포가 빠르게 올라오는데 이 과정에서 멜라노이딘이 씻겨 내려가 거품층을 유지할 수 없게 된다. 커피에서 추출된 오일 성분(지방질은 거품을 파괴하는 성분이다)도 크레마를 오래 지속시키지 못하는 이유 중 하나다.

---

*계면활성제 : 물, 기름과 같은 액체는 표면적을 최소화하려는 성질이 있어 액체 분자들 간에 서로 끌어당기는 힘인 표면 장력이 존재한다. 계면활성제는 액체의 표면에 위치해 물과 가까워지려는 성질인 친수성은 분자의 머리 쪽에, 물과 멀어지려는 성질인 소수성은 분자의 꼬리 쪽에 정렬하며 이를 통해 표면 장력을 약화시키고 표면적을 확대한다. 계면활성제의 종류는 매우 다양한데, 우유를 스티밍할 때 생성되는 우유거품은 단백질이, 에스프레소를 추출할 때 생성되는 크레마는 멜라노이딘이 계면활성제 역할을 한다.

*멜라노이딘 : 생두가 로스팅되는 과정에서 당과 아미노산의 메일라드 반응에 의해 생성되는 항산화물질. 에스프레소 추출 시 이산화탄소 기포을 감싸는 형태로 크레마를 생성한다.

크레마의 역할

에스프레소에서 크레마가 맡은 역할은 매우 다양하다. 크레마의 기포는 이산화탄소를 비롯한 1,000여 가지의 휘발성 향물질로 가득 차 있어 커피를 마실 때 복합적인 향미를 발산한다. 또한 에스프레소의 표면을 덮어줌으로써 열손실을 줄여주고 이산화탄소가 산소의 침투를 막아 산화에 의한 향미 변질을 지연시킨다.

크레마는 추출에 사용된 원두의 신선도를 판단할 수 있는 척도가 되기도 한다. 로스팅한 지 얼마 안 된 커피는 그렇지 않은 커피보다 이산화탄소가 더 많이 발생하므로 신선한 커피일수록 크레마 층이 두껍다.

크레마는 에스프레소를 마실 때 느껴지는 촉감mouthfeel에도 영향을 미친다. 크레마를 구성하는 기포가 작고 미세할수록 입안에서 더 부드러운 감촉을 느낄 수 있다.

TIP 원두의 숙성aging 정도에 따른 크레마의 차이

좋은 크레마를 얻기 위해서는 일정기간 숙성을 거친 원두를 사용하는 것이 좋다. 로스팅한 지 얼마 안 돼 가스 함량이 높은 원두는 에스프레소로 추출했을 때 크레마에 큰 기포가 많이 발생하고 밀도가 떨어지며 그로 인해 촉감이 거칠어지고 유지력도 약해지기 때문이다.

크레마의 점성은 추출속도의 영향도 받는데, 일례로 지나치게 숙성된 원두는 가스 함량이 크게 줄어든 만큼 추출속도가 빨라진다.

크레마는 원두 사용량과도 상관관계가 있는데, 원두 사용량이 많을수록 분쇄원두에서 배출되는 가스가 증가하여 한층 더 풍부한 크레마를 만들 수 있다. 다만 숙성기간이 짧은 원두는 가스 함량이 높으므로 원두 사용량을 조금만 줄여 부피를 최소화시켜야 안정적인 크레마를 만들 수 있다.

타이거 스킨 tiger skin

크레마 표면에 떠 있는 고운 커피가루의 패턴이 마치 호피무늬 같다고 해서 붙여진 이름이다. 타이거 스킨 혹은 타이거 플레킹 tiger flecking이라 불리는 이 패턴은 원두가 파쇄되는 과정에서 발생하는 미분에 의해 만들어지며, 추출 초반에 생기기 시작해 추출이 계속 진행됨에 따라 더 넓게 확산된다.

타이거 스킨은 에스프레소의 무게감과 여운에 영향을 주는 요소지만, 지나치면 오히려 맛이 더 텁텁해질 수 있다. 때문에 타이거 스킨이 생겼다고 해서 무조건 추출이 안정적으로 이루어졌다고 볼 순 없지만 타이거 스킨이 일정한 형태를 갖추고 있다는 것은 그만큼 에스프레소 추출에 사용된 원두가 알맞게 분쇄됐다는 의미다.

에멀전 emulsion

에멀전은 물과 기름처럼 섞이지 않는 두 물질 가운데 한 물질이 다른 물질 안에 작게 쪼개진 형태로 섞여 있는 상태를 말한다. 크게 기름 안에 물이 섞여 있는 유중수적형과 물 안에 기름이 섞여 있는 수중유적형으로 나뉘며, 에스프레소의 경우 물 안에 커피오일이 미세하게 쪼개져 있는 수중유적의 형태를 띤다.

에멀전은 섞이지 않는 두 물질을 세게 흔들어 섞거나 에스프레소 추출처럼 높은 운동 에너지를 가했을 때 나타난다. 특히 에스프레소 추출은 커피오일이 가지고 있는 향미 물질을 극대화하는 작업이기 때문에 에멀전을 통해 다채롭고 진한 풍미와 부드럽고 매끄러운 촉감을 구현하는 것이 무엇보다 중요하다.

CHAPTER 3

에스프레소
추출변수

추출비율

에스프레소 추출 시 바리스타의 주관과 취향을 가장 많이 반영하는 부분이 바로 추출에 사용하는 원두의 양과 추출량의 비율, 즉 추출비율이다. 다른 추출방식에서도 추출비율이 맛에 기여하는 역할은 크게 다르지 않지만 유독 에스프레소는 추출비율의 영향을 많이 받는다. 이상적인 에스프레소 추출을 위해선 무엇보다 추출비율을 알맞게 맞추는 것이 중요한데, 추출비율은 다른 추출변수와도 상관관계가 있기 때문에 신중하게 결정해야 한다.

원두 사용량

이탈리아에서는 전통적으로 에스프레소를 추출할 때 한 잔은 7~8g, 두 잔은 14~16g의 원두를 사용하며, 지역에 따라 많게는 18~22g의 원두를 사용하기도 한다. 에스프레소 추출에 맞는 원두량은 따로 정해져 있지 않으며 선택할 수 있는 폭이 매우 넓다. 원두 사용량은 커피의 전반적인 컨셉과 추출변수에 따라 조절하는 부분이다.

물리적 측면에서 원두 사용량은 커피의 가용성분을 얼마나 추출할 것인지, 추출수율은 어느 정도로 할 것인지 등을 결정하는 요소라고 볼 수 있다.

보통 추출에 사용하는 원두가 많을수록 가용성분의 질량이 증가하지만 이는 상대적인 개념이다. 다른 변수들이 정상적인 추출을 진행하기에 무리가 없는 고정변수일 경우 원두 사용량이 많을수록 향미의 강도가 강해지고 농도도 진해지며, 원두 사용량이 적으면 가용성분의 질량이 감소하여 농도가 연해지고 향미도 개성을 잃고 플랫flat한 느낌을 줄 수 있다.

추출량

일반적으로 잔 또는 샷shot이라는 표현은 추출액이 지니고 있는 약 1oz(30ml)의 부피와 22~44g의 질량을 의미한다. 추출량은 커피에서 추출되는 가용성분과 물의 비율을 결정하는 요소로, 추출량이 적을수록 커피성분의 밀도가 높아지며 향미의 강도는 강해지고 농도도 진해진다.

원두는 로스팅 포인트가 다크 로스팅에 가까울수록 조직 내에 다량의 고형물이 들어있어 추출에 사용하는 원두의 양이 많으면 커피성분이 과도하게 추출되어 자극적인 쓴맛이 날 수 있다. 로스팅 포인트가 라이트 로스팅에 가까우면 커피향미는 다양하지만 강도가 약하기 때문에 좀 더 강한 향미를 느끼고 싶다면 추출 시 원두 사용량을 늘려야 한다.

한편 로부스타가 섞인 이탈리안 스타일의 에스프레소 블렌드는 로부스타에 들어있는 다량의 이산화탄소와 고형물이 진한 농도와 풍부한 크레마를 만들어내지만 추출의 안정성과 부드러운 쓴맛을 위해 원두를 그다지 많이 사용하지 않는다. 다만 상대적으로 적은 양의 원두를 사용하기 때문에 자칫 잘못하면 향미가 플랫하게 느껴질 수도 있으므로 추출량을 줄여 밀도를 높인다.

TIP 추출비율 컨트롤 방법

추출량과 원두 사용량의 질량 비율은 2:1로 설정하는 것이 일반적이나 정확한 수치가 정해져 있는 것은 아니므로 기호나 목적에 따라 얼마든지 변화를 줄 수 있다. 일종의 레시피라고 보면 된다.

커피향미를 선명하게 구현하는 데 있어서는 원두 사용량을 증가시키는 것이 가장 효과적이며, 추출량 자체를 줄여 추출액에서 커피 고형물이 차지하는 비중을 높이는 것도 좋은 방법이다.

그러나 추출비율은 절대적인 수치가 아니며 다양한 변수를 고려해야 하는 부분이므로 한 가지 변수가 달라지면 다른 변수들도 유기적으로 바꿔야 한다. 동일한 원두를 사용하더라도 여러 가지 조건에 따라 상황이 유동적으로 변하기 때문에 그때그때 추출변수를 다르게 조절해야 하는 것이다. 추출변수를 조절한다는 건 합리적인 타협점을 찾아가는 과정이라고 할 수 있다.

TIP 경제적 관점에서 바라본 추출비율

풍부한 커피향미를 구현하려면 밀도 높은 에스프레소를 추출해야 하는데, 그러기 위해서는 원두 사용량이 증가할 수밖에 없다. 경제적 측면만 고려해 에스프레소를 추출한다면 적은 양의 원두를 사용해 많은 양의 커피를 추출해야 하지만, 이렇게 추출한 커피는 농도가 연하고 향미가 플랫하며, 불용성 고형물이 많이 추출되어 거칠고 텁텁한 촉감과 함께 쓴맛이 나기도 한다. 에스프레소를 물에 희석해 마시는 경우라면 어느 정도 완화시킬 수 있겠지만 커피향미에는 다소 부정적인 요인으로 작용할 수 있다.

추출수율

에스프레소도 다른 추출방식과 마찬가지로 적정수율로 추출되었을 때 커피향미를 가장 잘 느낄 수 있다. 일반적인 적정수율은 18~22%로 알려져 있으며 흔히 이보다 낮은 경우를 과소추출, 높은 경우를 과다추출이라고 하지만 꼭 그런 것만은 아니다.

커피추출수율이 18% 이하인 저수율 에스프레소에서도 얼마든지 좋은 향미를 느낄 수 있기 때문에 이러한 수치가 맛의 절대적인 기준이 되진 않는다.

에스프레소는 다양한 개성을 지닌 음료이며 성분도 복합적이기 때문에 폭넓은 향미의 다양성을 인정하는 것이 바람직하다.

에스프레소 컨트롤 차트

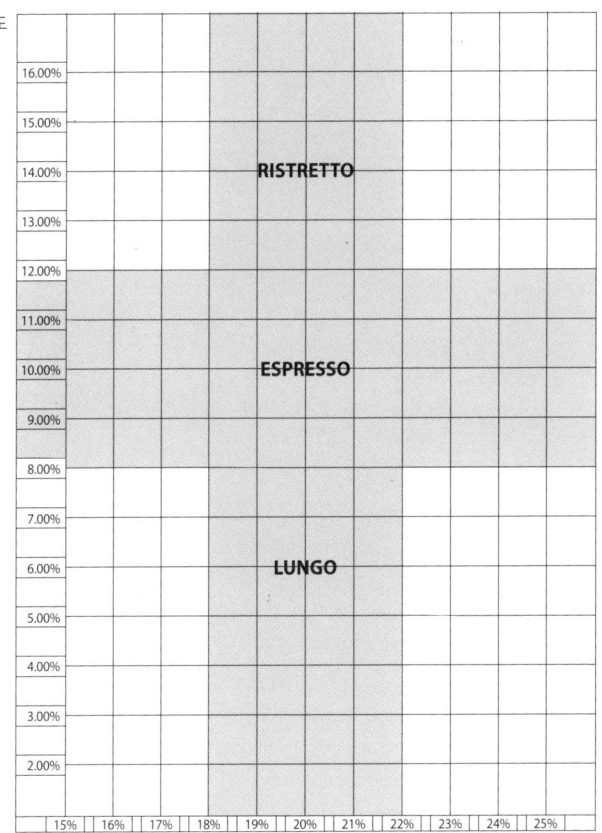

브루잉 컨트롤 차트를 에스프레소의 특성에 맞게 개량한 차트. 굴절계로 측정한 데이터를 토대로 만들었으나 절대적인 기준은 아니므로 참고용으로 활용할 것을 권장한다.

저항

에스프레소는 곱게 분쇄한 원두에 고온 고압의 물을 투과시켜 커피를 추출하는 방법으로, 적당량의 커피성분을 추출하기 위해선 분쇄원두와 물이 적정시간 동안 접촉되어야 한다. 에스프레소 추출은 약 9bar의 압력을 가해 분쇄원두에 물을 빠르게 투과시키기 때문에 분쇄입자를 가늘게 조절(평균 200~300㎛)해 적절한 저항을 주어야 유속을 안정적으로 제어할 수 있다.

분쇄도와 함께 원두 사용량도 에스프레소 추출 시 물의 유속을 제어하는 요소 중 하나다. 에스프레소는 추출에 사용하는 원두가 많을수록 물의 운동에 대한 저항이 커져 유속이 느려지고, 결과적으로 분쇄원두와 물의 접촉시간이 길어지면서 더 많은 커피성분이 추출된다.

에스프레소 추출은 사용하는 원두의 양이 1g 정도만 달라져도 물의 유속에 많은 영향을 주기 때문에 저울을 이용해 정확히 계량하는 습관을 지녀야 한다. 하지만 아무리 원두 사용량을 조절해도 분쇄도가 맞지 않으면 물의 유속을 제어할 수 없다는 사실을 잊어선 안 된다.

추출속도

추출속도는 바리스타가 예의 주시해야 하는 에스프레소 추출의 피드백이다. 에스프레소는 다른 추출방식에 비해 가변성이 크기 때문에 동일한 조건에서 추출할 때 2~3초만 시간차가 발생해도 맛에 차이가 난다.

정상적인 추출은 마치 캐러멜이 흐르는 것처럼 밀도 있는 모습이지만 추출수가 저항을 받지 못하면 물의 유속이 빨라져 커피의 가용성분을 충분히 추출하지 못한다. 이렇게 추출한 에스프레소는 커피 고형물의 밀도가 낮아 전반적으로 향미가 플랫하며 압력을 가할 때 물의 운동성이 커지면서 미분이 많이 섞여 나오고 촉감도 거칠어진다.

반대로 추출속도가 느린 에스프레소는 커피성분이 필요 이상으로 추출되어 고형물의 밀도가 높아지며 강한 압력에 의해 커피오일의 세포벽이 무너지면서 지방질이 과도하게 추출되어 지나치게 강한 향미와 진한 농도가 나타나게 된다.

압력

⌵

에스프레소 추출 시 에멀전 상태를 가장 안정적으로 만들 수 있는 압력은 9bar 정도다. 일반적인 에스프레소 머신의 펌프 압력이 9bar로 설정되어 있는 것도 이러한 이유에서다.

9bar보다 다소 낮은 5~6bar의 압력으로 에스프레소를 추출할 경우 상대적으로 적은 양의 오일 성분이 추출되어 크레마는 더 많이 만들 수 있지만 향미의 밸런스를 느끼긴 어렵다. 또한 에스프레소를 9bar보다 다소 높은 11~14bar의 압력으로 추출하면 커피조직이 필요 이상으로 파괴되어 오일 성분이 과도하게 추출되고, 물의 큰 운동성에 의해 불용성 물질의 추출비율이 높아지면서 쓴맛과 거친 촉감이 느껴질 수 있다.

밀도

∨

분쇄원두의 밀도는 커피성분을 보다 효과적이고 안정적으로 추출하기 위한 요소다. 에스프레소 추출 시 분쇄원두가 골고루 분포되어 있지 않으면 물이 밀도가 약한 쪽으로 먼저 투과되고 이렇게 형성된 물길을 따라 유량이 한쪽으로 쏠리는 편류 현상이 나타나기 때문이다. 좋은 품질의 에스프레소를 추출하기 위해서는 반드시 분쇄원두의 밀도를 고르게 배분하여 편류가 발생할 확률을 최소화해야 한다.

편류

편류는 추출액의 균일성에 부정적인 영향을 주는 요소다. 커피성분이 골고루 추출되는 것을 방해하기 때문에 충분한 양의 원두를 사용해도 커피향미에 지배적인 역할을 하는 수용성 고형물의 밀도는 떨어지고 불용성 고형물의 비중이 높아져 묽고 쓴 커피가 만들어질 수 있다. 편류는 더블 스파웃 포터필터로 추출한 두 잔의 커피가 완전히 다른 향미를 내게 만드는 요인이기도 하다.

편류 현상은 분쇄원두의 밀도가 일정하지 않을 때나 분쇄원두에서 배출되는 가스의 저항이 커졌을 때 발생한다.

가압식 추출은 분쇄원두의 가스층이 불규칙하게 움직이기 때문에 편류를 통제하기 어렵다. 로스팅한 지 얼마 되지 않아 가스 함량이 많은 원두일수록 편류 현상이 발생할 확률이 높다. 에스프레소 추출에 사용하는 원두를 적정기간 숙성시키는 이유도 이 때문이다.

에스프레소 머신의 수평이 틀어진 경우, 또는 디스퍼전 스크린dispertion screen*과 필터 바스켓의 타공이 균일하지 않거나 관리 상태가 좋지 않아 구멍이 막혀 있는 경우 편류가 일어날 수 있으며, 커피 퍽coffee puck의 수평이 틀어진 경우에도 물이 골고루 투과되지 않을 수 있다.

분쇄도의 균일성 또한 편류에 영향을 주는 요소다. 분쇄입자의 분포가 고르지 않으면 물이 흘러나가는 길을 예측하기 어렵고, 분쇄입자의 밀도가 높은 부분만 저항이 커져 추출변수를 통제하기가 어렵다.(분쇄입자가 작을수록 더 어렵다)

편류는 심한 경우 육안으로도 확인 가능하지만 대부분 미세하게 나타나기 때문에 알아보기 힘들다. 편류 현상이 나타나지 않는 추출은 거의 불가능한 일이며, 이를 최소화시키는 것이야말로 에스프레소 추출기술의 핵심이라고 할 수 있다.

---

*디스퍼전 스크린 : 그룹헤드의 부속품 중 하나로 추출수를 커피 퍽에 골고루 부사시키는 기능을 한다. 흔히 샤워 스크린(shower screen)이라고도 부른다.

편류를 최소화하기 위해 개발된 파츠들

최근 들어 에스프레소 추출 시 편류를 최소화하기 위한 파츠들이 활발하게 개발되고 있다. 이러한 파츠들은 단순히 편류의 발생을 줄여줄 뿐 아니라 다양한 컨셉의 추출을 가능하게 만든다는 점에서 긍정적인 평가를 받고 있다.

〈VST 필터 바스켓〉

타공의 공경이 크고 면적도 넓은 편이다. 구멍은 위아래가 동일하며 바스켓은 상단부와 하단부가 평행을 이룬다. 에스프레소 추출 시 압력에 대한 저항이 비교적 작으며 구조적으로 유량이 많고 유속이 빠르다. 많은 양의 원두를 사용할 때 유용하다.

〈IMS 필터 바스켓〉

바닥에 타공된 구멍이 위에서 아래로 향할수록 좁아지는 형태를 하고 있다. 타공 면적은 그리 넓지 않으며 둥글게 꺾여 있는 바스켓의 하단부가 분쇄원두를 안쪽으로 모아주는 역할을 한다. 추출을 천천히 진행할 수 있게 설계되어 물과 분쇄원두의 접촉 시간이 길며, 그만큼 많은 양의 커피성분이 물에 용해된다.

〈IMS 디스퍼전 스크린〉

디스퍼전 스크린은 타공이 균일해 물이 분쇄원두를 골고루 적시고 편류가 일어날 확률을 낮춘다.

레벨링

레벨링leveling은 필터 바스켓에 담긴 분쇄원두를 골고루 분배하는 작업이다. 레벨링을 할 때는 손이나 스틱 또는 바닥이 납작한 나선형 도구를 이용해 표면을 평평하게 만든다. 분쇄원두를 담으면서 포터필터를 툭툭 치는 동작knocking을 하기도 한다.

하지만 분쇄원두의 밀도를 눈으로 확인하기란 쉽지 않은 일이며, 표면이 평평하다고 해서 분쇄원두가 속까지 골고루 담겨있다고 장담할 수 없기 때문에 팩킹packing* 전 과정에 걸쳐 세심하게 신경 써야 한다.

레벨링 도구 중 하나인 OCD 디스트리뷰터(distributer)

*팩킹 : 필터 바스켓에 분쇄원두를 담고 다지는 모든 과정을 통틀어 팩킹이라고 한다.

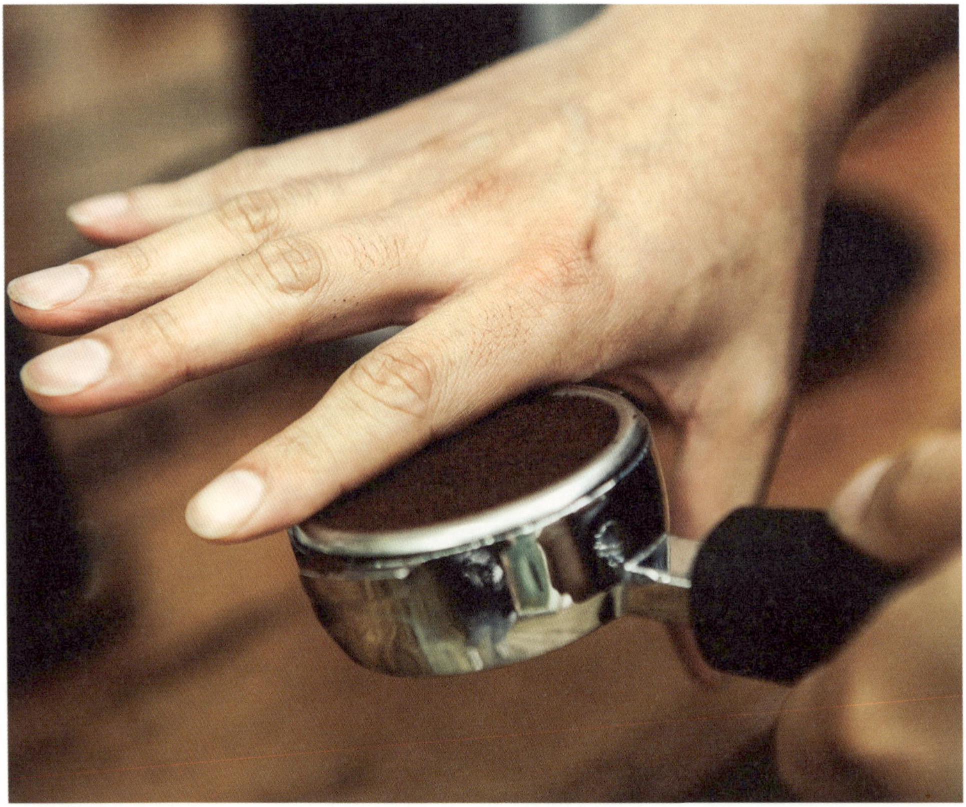

커피추출

탬핑

탬핑tamping은 필터 바스켓에 담긴 분쇄원두의 밀도를 높이기 위한 마지막 관문으로 탬퍼를 사용해 분쇄원두를 다지는 작업이다.

사실 탬핑은 에스프레소 추출에 반드시 필요한 과정은 아니다. 굳이 탬핑을 하지 않아도 에스프레소 머신이 바리스타가 누르는 것보다 훨씬 더 강한 압력을 분쇄원두에 가하기 때문이다.

하지만 탬핑은 보다 안정적인 추출환경을 만들어준다는 차원에서 의미가 있다.

단단하게 압착된 커피 퍽은 필터 바스켓과의 유격이 좁아 물이 쉽게 빠져나가지 못하는데, 이때 생긴 저항이 적당한 유속을 형성해 추출시간을 알맞게 조절한다.

또한 탬핑은 분쇄원두의 공기 부피를 줄여 에스프레소 추출 시 난류가 일어나는 것을 방지하고 커피 퍽의 수평을 맞춰 물을 골고루 침투시킨다.

탬핑 후에 생기는 커피 퍽과 디스퍼전 스크린 사이의 유격은 인퓨전infusion 공간으로 활용할 수도 있다.

탬퍼 tamper

탬퍼는 탬핑에 사용하는 도구로, 역할이 그리 단순하지만은 않다. 커피 퍽은 탬퍼 베이스의 종류별로 다양한 형태를 띤다. 베이스에 따라 물의 투과방식과 흡수 정도가 달라지고 맛에도 영향을 주기 때문이다.

> **TIP** 탬퍼 베이스의 종류
>
> **Flat** 가장 일반적인 형태의 베이스로 바닥이 완전 평면을 이루고 있다. 탬핑 시 수평을 잘 맞춰야 커피성분을 골고루 추출할 수 있으며, 바닥이 평평한 필터 바스켓과 함께 사용하면 밀도를 최대한으로 높일 수 있다.
>
> **C-Flat** 가운데 부분은 평평하지만 가장자리는 각이 진 형태의 베이스. 필터 바스켓의 가장자리 쪽에 담긴 분쇄원두의 밀도가 높아 커피 퍽과의 밀착력이 뛰어나다.
>
> **US Curve** 베이스 바닥이 곡면으로 되어 있으며, 가운데 부분이 가장자리보다 1.661mm가량 솟아있다. 필터 바스켓의 가장자리 쪽에 담긴 분쇄원두 밀도가 높아 커피 퍽과의 밀착력이 뛰어나다.
>
> **Euro Curve** 베이스 바닥이 곡면으로 되어 있으며, 가운데 부분이 가장자리보다 3.355mm가량 솟아있다. 이탈리아 정통 에스프레소처럼 적은 양의 분쇄원두를 사용할 때 커피 퍽과 필터 바스켓의 밀착력을 높이기 위해 고안되었다.
>
> **Ripple** 동그란 무늬가 양각으로 새겨진 베이스. 탬핑 후 커피 퍽에 새겨진 음각에 의해 표면적이 넓어지며 그만큼 많은 양의 커피성분이 추출되어 추출수율이 높아진다. 인퓨전 시 분쇄원두에 물이 고르게 스며들어 편류 가능성이 낮아지는 효과도 있다.
>
> **C-Ripple** Ripple과 C-Flat이 결합된 형태로, 물의 흡수력을 향상시켜 커피 퍽과 필터 바스켓의 밀착력이 더 뛰어나다.

핸들
베이스

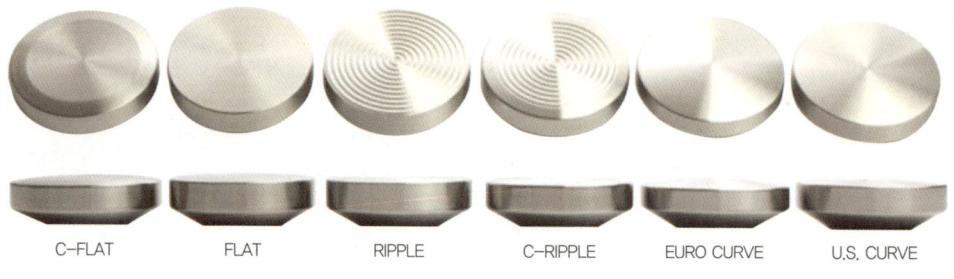

C-FLAT · FLAT · RIPPLE · C-RIPPLE · EURO CURVE · U.S. CURVE

(출처: Reg Barber)

인퓨전

⌄

보통 인퓨전infusion은 커피의 가용성분이 충분히 용해될 수 있도록 분쇄입자에 물을 침투시키는 것을 뜻하며, 에스프레소 추출에서는 팩킹된 분쇄원두에 미리 물을 적셔 안정적으로 물길을 형성하는 것을 뜻하기도 한다.

커피 추출 시 분쇄입자는 물을 흡수하면서 팽창하는데, 에스프레소 추출은 높은 압력을 지닌 온수가 분쇄원두를 투과하기 때문에 부피가 팽창하는 모습을 육안으로 확인하기가 쉽지 않다.

일반적인 커피 추출은 인퓨전 시 물이 충분한 시간 동안 커피의 가용성분을 용해시키는 데 반해, 에스프레소는 압력이라는 수단을 동원해 강제로 물을 침투시키기 때문에 용해력만으로 커피성분을 추출하기에는 시간이 너무 짧다.

하지만 인퓨전은 분쇄원두를 고르게 적셔 커피성분이 골고루 용해될 수 있는 환경을 만들어준다는 데 더 큰 의미가 있다.

그래서 압력과 유량에 변화를 줄 수 있는 에스프레소 머신은 추출 초반에 낮은 압력 혹은 적은 유량으로 이른바 '슬로우 인퓨전 slow infusion'을 진행하여 커피의 가용성분이 용해되는 시간을 충분히 준 다음 후반에 이르러 높은 압력 혹은 많은 유량으로 더 많은 양의 커피성분을 추출한다.

에스프레소는 인퓨전을 하면 추출 중에 불규칙하게 움직이던 가스층이 안정화되어 그렇지 않은 에스프레소보다 풍부한 향미와 부드러운 촉감을 느낄 수 있다.

하지만 인퓨전을 너무 오래 진행해 추출시간이 필요 이상으로 길어지면, 커피의 가용성분이 용해되고 남은 자리에 물이 지속적으로 투과되어 플랫한 느낌이 들 수 있다.

머신별 인퓨전 방법

〈추출압력 조절〉

에스프레소 머신은 펌프모터를 이용해 에스프레소 추출에 필요한 압력을 형성하며, 압력은 펌프모터의 회전 수(RPM)가 결정한다. 시중의 머신은 저마다 다른 인퓨전 프로파일을 가지고 있으며 보통 일정하게 고정된 압력으로 커피를 추출한다. 추출 시 압력을 변화시키는 가변압 머신도 있는데, 여기서 가변압이란 추출 중에 펌프모터의 회전수를 바꿔 물의 유속과 추출 시간을 조절하는 기능을 말한다.

〈유량 조절〉

에스프레소 머신이 분쇄원두에 물을 분사하는 방식은 크게 두 가지로 나뉜다.
대부분이 물총의 분사구처럼 생긴 지글러를 사용하지만 니들 밸브를 사용하는 경우도 있다. 니들 밸브는 물이 분사되는 구멍의 유격을 조절하는 식으로 유량을 제어하는데, 초반에는 물을 조금씩 투입시켜 인퓨전 시간을 충분히 주었다가 후반으로 가면서 밸브의 유격을 넓혀 유량을 늘린다.

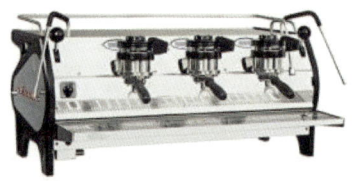

라마르조꼬 스트라다

슬레이어

라심발리 M100

니들밸브

지글러

CHAPTER 4

에스프레소 머신

에스프레소 머신은 에스프레소 추출에 필요한 고온 고압의 물을 만드는 기계다. 에스프레소 머신의 핵심 기술은 압력 생성과 추출수 가열, 그리고 온도 유지에 있다. 보일러에서 만들어진 추출수는 펌프모터의 압력에 의해 커피 퍽에 뿌려지면서 커피성분을 빠르고 효과적으로 추출한다.
바로 이러한 점 때문에 에스프레소 머신의 상업적 가치를 다른 추출도구가 대체할 수 없다.

에스프레소 머신의 구조

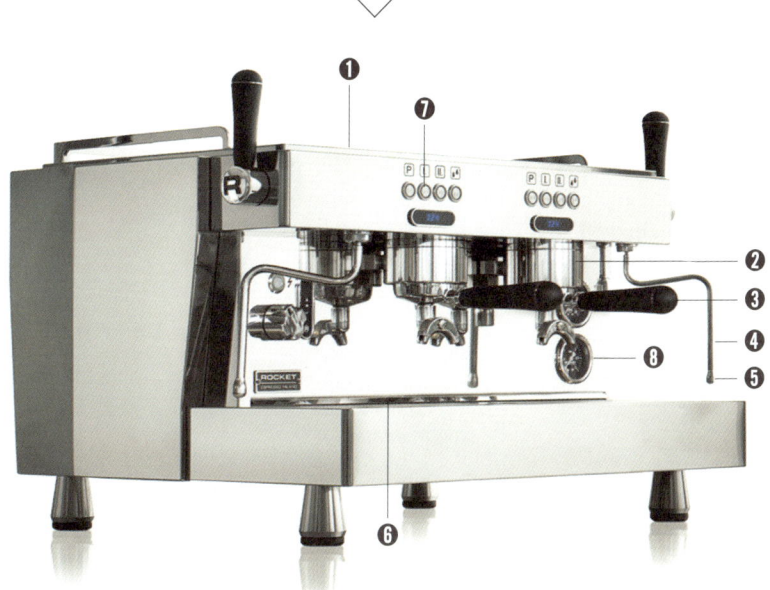

❶ **워머** 머신 상부를 덮고 있는 부분으로, 보일러의 열이 전달되어 잔을 올려두면 자연스럽게 예열되는 효과가 있다. 워머에 별도의 열선이 설치되어 있으면 잔이 더 빠른 속도로 예열된다.

❷ **그룹헤드** 포터필터를 장착하는 부분으로, 추출수가 흘러나오는 부분이기도 하다.

❸ **포터필터** 분쇄원두를 담는 부분으로, 머신의 그룹헤드에 장착해 커피를 추출한다.

❹ **스팀레버** 보일러 내부의 스팀을 밖으로 분출하는 레버로, 머신 상부에 달려 있다.

❺ **스팀노즐** 스팀이 분사되는 부분으로 스팀밀크를 만들 때 사용한다.

❻ **드립 트레이** 추출 중에 버려지는 물과 커피 찌꺼기를 모아서 흘려보내는 배수판이다.

❼ **추출버튼 또는 추출레버** 추출을 제어하는 부분으로 펌프모터를 작동시키고 그룹헤드의 3way 솔레노이드 밸브를 개방해 추출수를 공급한다. 전자식은 버튼, 수동식은 레버로 되어 있으며, 추출 중에 압력과 유량 조절이 가능한 머신은 패들이 달려 있다.

❽ **계기판** 계기판에는 보일러의 압력을 확인하는 것과 펌프모터의 압력을 확인하는 것이 있다. 보일러의 압력은 보통 1~1.5bar이며, 스팀 분사 시 0.7~0.8bar가 떨어지는 것을 정상 범주로 본다. 펌프모터는 평소 2~4bar의 압력(수도 수압)을 유지하다가 추출이 시작되면 압력을 8~10bar로 끌어올린다.

보일러의 구조

보일러는 에스프레소 머신에서 가장 중요한 부분이다.

보일러 내부는 약 70%가 물로 채워져 있으며 물이 코일에 의해 가열되어 증기압을 형성하고 나머지 30%가량을 스팀으로 채운다.

상업용 에스프레소 머신의 경우 보일러 내에서 가열된 물을 추출수로 바로 사용하지 않고, 열교환기를 통과하면서 간접 가열된 온수를 추출수로 사용한다.

온수나 스팀, 추출수를 사용하고 나면 보일러로 유입된 상온수가 다시 가열되는데, 이 과정에서 추출수의 온도에 영향을 줄 수 있다.

이러한 문제를 해소하고 추출수의 온도를 지속적으로 유지하기 위해 다양한 보일러 형식이 개발되었다.

보일러와 열교환기

보일러 형식

단일형(관통형) 보일러

열교환기가 보일러를 관통하는 방식으로, 보일러의 열교환기를 순환하면서 가열된 온수와 그룹헤드로 연결된 직수를 혼합해 추출수로 사용하는 원리다. 종류에는 일체형과 스팀가열형이 있다.

스팀가열형은 보일러 내부에 형성된 증기압이 그룹헤드로 전달되어 그룹헤드에 연결된 직수를 가열하는 방식이다.

단일형(침출형/내장형) 보일러

열교환기의 일부가 보일러에 담가져 있는 형태다. 정수 필터를 거쳐 유입된 상온수가 보일러의 열교환기를 순환하면서 가열되다가 그룹헤드가 개방되면 추출수로 사용하는 원리다.

개별형(독립형) 보일러

주로 하이엔드 머신에서 사용하는 방식으로, 스팀 보일러와 온수 보일러가 따로 분리되어 있는 형태다. 추출수가 각 그룹에 달려 있는 소형 추출수 보일러에서 만들어지기 때문에 추출수의 온도를 그룹별로 다르게 설정할 수 있다. 그룹 보일러는 크기가 작아 열손실은 크지만 회복력이 빠르다.

분리형(듀얼) 보일러

한 머신에 두 개의 보일러가 설치되어 있는 형태다. 스팀, 온수 보일러와 추출수 보일러가 따로 분리되어 있어 추출수의 온도가 온수 사용량에 영향을 받지 않고 비교적 안정적으로 유지된다.

펌프모터　　　　　　　　　　지글러　　　그룹 보일러　　　메인 보일러

그룹헤드　　플로우 미터　　　3way 솔레노이드 밸브　　　　(모델명 Rocket R9)

에스프레소 머신의 부품

메인보드

전원 스위치

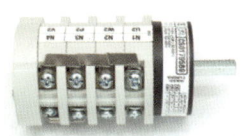

수위센서

보일러 내부의 물은 스팀과 온수를 사용하면 점점 줄어들어 온도를 변화시키기 때문에 항상 사용량과 같은 양의 상온수가 다시 유입되어야 한다. 보일러에서 물이 차지하고 있는 부피는 보일러의 온도와 압력에도 영향을 준다.

보일러 내부에 물이 필요 이상으로 채워지면 보일러의 온도가 떨어지고 스팀이 들어설 공간도 줄어들어 결과적으로 충분한 양의 스팀을 만들 수 없게 된다.

보일러 수위는 온도 보존은 물론 내구성에도 중요한 영향을 미친다. 보일러 수위를 감지하고 적정 수준으로 유지하는 방법에는 레벨보드를 이용하는 것과 레벨센서를 이용하는 것 두 가지가 있다.

〈레벨보드〉

레벨보드의 위치에 따라 상온수의 유입량이 결정된다. 레벨보드가 올라가면 유입량이 증가하고 내려가면 감소한다.

〈레벨센서〉

레벨센서는 막대 아래쪽이 수위를 감지하여 기준치를 넘어섰을 때 상온수의 유입을 중지한다. 레벨선서의 위치가 높을수록 더 많은 양의 물이 채워져야만 상온수의 유입이 중지된다.

레벨센서는 금속 재질로 되어 있어 물로 인해 스케일이 발생할 경우 오류가 날 수 있다. 레벨센서에 쌓인 스케일을 그냥 방치하면 보일러 수위가 계속 상승해 보일러의 효율을 떨어뜨린다.

커피추출

2way 솔레노이드 밸브(2way solenoid valve)

보일러 내부에 물을 채우는 밸브. 밸브로 유입된 상온수를 보일러로 전달하는 역할을 한다. 물이 한 방향으로만 흐르며 피스톤의 일종인 플런저plunger로 작동을 제어한다.

진공 방지 밸브(vacuum valve)

보일러가 가열될 때 발생하는 공기를 밖으로 빼주는 밸브. 보일러 내부에 증기압이 적당히 발생할 때까지 작동한다.

익스팬션 밸브(expansion valve)

열교환기에 물을 유입시키는 밸브. 열교환기에서 가열된 온수가 역류하지 않도록 물이 한 방향으로만 흐르게 되어 있다.

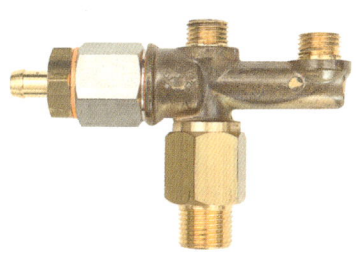

코일(coil)

보일러의 물을 가열하는 장치. 에스프레소 머신이 많은 전력량을 필요로 하는 이유가 바로 코일 때문이다. 코일이 작동하려면 평균 3~4.5kw가 필요하다.(전력량은 코일의 개수에 따라 달라진다)

열교환기(heating exchanger)

보일러의 열로 추출수를 간접 가열하는 장치. 추출수를 만들기 위해 평균 300~600㎖의 물이 열교환기를 계속 순환하며, 작동 방식은 보일러 형식별로 매우 다양하다.

압력 컨트롤러(pressure controller)

보일러의 온도와 압력을 일정하게 유지시키는 역할을 하며, 기계식과 전자식으로 나뉜다.

〈기계식 압력 스위치〉

압력 조절 나사로 압력을 조절할 수 있다. 스위치에 ± 표시가 있으며 나사를 + 방향으로 돌리면 압력이 높아지고 - 방향으로 돌리면 압력이 낮아진다.

과열방지 스위치

보일러에 부착되어 있는 안전 장치로, 과열 시 보일러에서 떨어지며 전기공급을 차단한다.

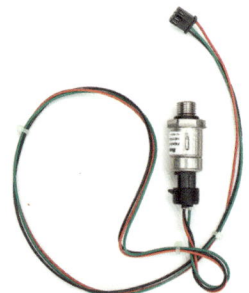

〈전자식 압력 센서〉

전자식 압력 센서는 머신에 내장된 프로그램으로 압력을 조절한다. 보통 전자식 압력 센서를 사용하는 머신은 디지털 디스플레이가 장착돼 있다.

〈PID 컨트롤러〉

과압 방지 밸브(safety valve)

보일러 내부에 센서 이상과 같은 문제가 발생하여 1.7bar이상의 압력이 발생하고 과열over heating되었을 때 내부의 증기압을 밖으로 빼서 보일러의 폭발을 방지하는 안전장치다. 과압 방지 밸브가 작동되면 보일러 코일의 전원이 자동적으로 차단되어 과열을 막는다.

펌프모터

정수필터를 거쳐 머신으로 유입된 상온수가 제일 먼저 마주하는 부분이 바로 펌프모터다. 펌프모터는 회전 날개가 1,300rpm 이상으로 회전하며 추출압력을 생성하고, 회전력을 이용해 펌프모터로 들어온 물을 밖으로 밀어낸다.

〈펌프모터 부속품〉

임펠러
추출압력은 임펠러의 압력 조절 나사를 조이면 높아지고 풀면 낮아진다.

콘덴서

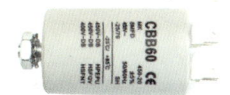

포터필터

포터필터는 분쇄원두를 담는 필터 바스켓과 필터 바스켓을 고정시키는 스프링, 추출액이 흘러나오는 스파웃과 손잡이 부분인 홀더로 구성된다. 경우에 따라 스파웃을 제거한 바텀리스bottomless 포터필터를 사용하며, 분쇄원두를 더 많이 담기 위해 고정 스프링을 제거한 릿지리스ridgeless 바스켓을 사용하기도 한다.

필터 바스켓은 금속 재질인데다 종이 필터에 비해 타공 크기가 커서 커피의 오일 성분과 불용성 고형물을 그대로 추출한다. 매끄럽고 진한 맛의 에스프레소를 추출하기에 적합한 필터다.

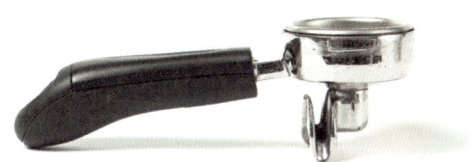

펌프모터가 설치된 모습

그룹헤드

그룹헤드는 추출수가 흘러나오는 부분인 동시에 포터필터를 장착하는 부분이다. 그룹헤드는 대부분 열손실을 줄이기 위해 열전도율이 좋은 동 재질로 만들며 지름 54~58mm 크기로 제작된다. 그룹헤드는 물의 유량을 제어하는 3way 솔레노이드 밸브와 물을 분사시키는 지글러, 지글러에서 분사된 물을 고르게 분포시키는 디스퍼전 스크린으로 구성되며, 인퓨전 공간도 마련돼 있다.

〈그룹헤드 부속품〉

디스퍼전 스크린

그룹 가스켓

커피추출

3way 솔레노이드 밸브(3way solenoid valve)

3way 솔레노이드 밸브는 그룹헤드를 구성하는 부속품 중 하나다. 3way라는 것은 밸브의 방향이 세 개라는 뜻이다. 3way 솔레노이드 밸브의 방향은 물이 유입되는 쪽과 지글러로 전달되는 쪽, 그리고 추출 후 남은 물과 커피찌꺼기를 밖으로 배출하는 쪽으로 나뉜다. 추출 중에는 물이 유입되는 방향과 지글러로 전달하는 방향으로 밸브가 열리며 배수로 쪽은 닫힌다. 반대로 추출 후에는 배수로 쪽이 열리고 나머지 방향은 닫힌다.

플로우 미터(flow meter)

플로우 미터는 펌프모터의 회전 날개가 회전하는 횟수를 기준으로 유량을 측정하는 장치며 유량계라고도 한다. 플로우 미터로 들어온 물을 잠시 저장하고 있다가 추출이 시작되면 밖으로 내보내고, 유량이 설정값에 도달하면 자동으로 추출을 멈춘다. 플로우 미터는 물이 들어오고 나가는 방향으로 유로가 형성되어 있는데, 이곳에 부착된 전자석 프로펠러가 물의 유속에 맞춰 회전하며 센서로 유량을 측정한다. 머신에서 프리 버튼을 제외한 나머지 추출버튼(유량 값이 설정돼 있는)을 눌러보면 플로우 미터의 역할이 무엇인지 정확히 알 수 있다.

플로우 미터가 장착된 모습

4

브루잉

커피를 추출하는 방식은 추출도구마다 다르지만 모든 커피 추출을 가리켜 브루잉이라고 한다. 커피 추출의 기본 원리는 전부 비슷하지만 추출도구에 따라 커피성분의 양과 질이 달라지기 때문에 적재적소에 잘 활용하면 자신의 기호에 맞는 커피를 만들 수 있다.

CHAPTER 1

필터 브루잉

다양한 종류의 브루잉 커피 가운데 필터를 이용해 커피를 추출하는 방식을 필터 브루잉이라고 한다. 분쇄원두에 물을 부어 커피의 가용성분을 추출한 후 필터로 걸러내는 방식이다. 가장 많이 사용하는 추출방식이며 핸드드립과 커피메이커, 상업용, 가정용 브루잉 머신이 여기에 속한다.

필터의 역할

브루잉 커피를 만들 때 필터를 사용하는 주된 목적은 분쇄원두와 물을 추출액과 분리하는 데 있다. 필터의 재질은 추출도구마다 다르기 때문에 어떤 필터를 사용하느냐에 따라 커피성분이 선택적으로 여과되며 맛의 캐릭터와 마우스필*에도 차이가 난다.

---

*마우스필 : 커피를 마실 때 입안에서 느껴지는 촉감을 총칭하는 말이다. 목넘김과 무게감도 마우스필에 포함되는 개념이다.

필터의 종류

종이 필터(paper filter)

종이 필터는 브루잉 커피 추출에 가장 많이 사용하는 필터지만 다른 재질에 비해 타공이 작고 균일하지 않아 단순히 필터의 조직만 가지고 여과력을 판단하기에는 무리가 따른다.

커피 추출액은 종이 필터의 복잡한 조직을 통과하면서 불용성 고형물을 걸러내는데 기모가 많은 필터가 그렇지 않은 필터보다 미분을 더 많이 걸러내며, 종이의 두께가 두꺼울수록 여과력이 높아진다.

또한 커피의 오일 성분을 흡수하는 종이 필터의 특성상 추출액은 수용성 고형물의 비율이 높아서 전체적으로 깔끔한 느낌이 있다.

하지만 특유의 종이 냄새가 추출액에 부정적인 영향을 줄 수 있으므로 물로 한번 헹군 후에 사용하는 것이 좋다.

금속 필터(metal filter)

금속 필터는 금속판에 미세한 구멍이 뚫려 있는 필터다. 종이 필터에 비해 공경이 커서 상대적으로 미분이 많이 빠져나오며 이로 인해 촉감이 다소 거칠어질 수 있지만 추출이 잘 진행되면 오일 성분이 그대로 추출되어 한층 더 매끄럽고 풍부한 향미를 느낄 수 있다.

융 필터(flannel filter)

융은 면실로 짠 직물을 말하며 원래는 옷감으로 쓰이지만 커피 추출에도 탁월한 효과를 발휘한다. 융 필터는 종이 필터에 비해 공경은 크지만 보풀 모양의 기모가 미분을 효과적으로 걸러준다. 또한 기모가 커피오일을 흡수하지 않고 그대로 추출하기 때문에 매끄럽고 부드러운 촉감을 느낄 수 있다.

융 필터는 다른 필터와 달리 약간 신축성이 있기 때문에 커피 추출 시 분쇄원두가 팽창하는 데 제한이 없으며 그만큼 표면적이 넓어서 커피성분을 충분히 추출할 수 있다.

종이 필터

추출을 마친 종이 필터

지용성 성분과 분쇄입자가 걸러진 필터

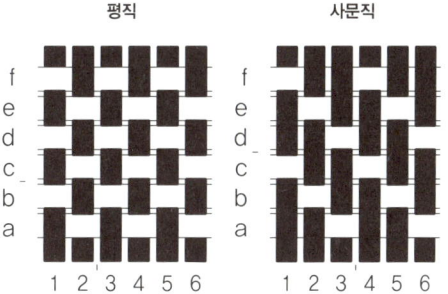
융을 만드는 방식에는 평직과 사문직이 있다

1. 종이 필터의 종류. 종이 필터는 대부분 천연 펄프로 만들며 원래는 갈색이지만 표백을 하면 흰색이 된다. 표백에는 공기방울을 이용하며 접착 부분은 열과 열력이 가해진다.
2. 콘 필터.
3. 에어로프레스 금속 필터.
4. 융 필터.

드리퍼

드리퍼dripper는 커피를 추출하기 위해 분쇄원두와 필터를 거치하는 곳이다. 일반적인 커피 추출은 드리퍼에 필터를 놓고 분쇄원두를 담은 후 물을 부어 중력의 힘으로 커피를 추출하는데, 드리퍼의 종류와 구조에 따라 분쇄원두의 분포 밀도와 물의 흐름이 달라지며 맛에서도 차이가 난다.

드리퍼는 측면에 리브rib라고 하는 요철처럼 생긴 공기 통로가 나 있는데 리브의 길이가 길고 면적이 넓은 드리퍼일수록 추출이 원활하다. 리브가 없는 경우도 있긴 하지만 추출액을 원활하게 배출하기 위해서는 대류 작용을 위한 공기 통로가 반드시 필요하다.

물이 빠지는 속도는 드리퍼의 추출구 크기와 개수에 따라 다르며 추출구 주변에 공기 통로가 있는 경우 속도가 더 빠르다.

드리퍼의 구조는 분쇄원두와 물의 접촉시간과 면적에 영향을 주며 커피의 전반적인 캐릭터를 변화시키는 요소다.

드리퍼의 종류와 구조

칼리타

드리퍼의 폭이 위에서 아래로 갈수록 좁아지는 형태로, 분쇄원두의 분포 밀도는 가운데 부분이 가장 높다. 여러 개의 리브가 측면에 일직선으로 길게 새겨져 있고 바닥에는 작은 추출구가 3개 나 있다. 구조적으로 물이 느리게 빠지기 때문에 물줄기에 상관없이 추출액이 빠져나오는 속도가 비교적 일정하다.

하리오 V60

원추형 드리퍼로 가운데 부분이 분쇄원두의 분포 밀도가 가장 높다. 측면에 와류를 형성하는 리브가 곡선으로 길게 새겨져 있고 바닥에는 큰 추출구가 1개 나 있다. 추출구 주변에 공기 통로가 있어 물이 빠지는 속도가 매우 빠르므로 추출시간을 알맞게 조절하려면 물을 부을 때 세심하게 신경 써야 한다.

칼리타 웨이브

그릇 모양의 드리퍼로 분쇄원두의 분포 밀도가 고르다는 것이 특징이다. 측면에 추출속도를 지연시키는 가로로 된 리브가 새겨져 있으며, 평평한 바닥에는 작은 추출구가 3개 나 있다.

칼리타 웨이브의 공기 통로는 다른 드리퍼와 달리 굴곡이 있는 전용 필터에 의해 만들어진다. 또한 리브가 길고 넓은 형태라 물이 빠르게 빠지지만 추출구가 작아서 추출속도가 어느 정도 유지된다.

물의 유량에 다소 민감하게 반응하지만 분쇄원두의 분포 밀도가 고르기 때문에 추출을 안정적으로 진행할 수 있다.

1. 칼리타 드리퍼. 칼리타는 주로 사다리꼴 모양의 필터를 사용한다.
2-3. 하리오 V60 드리퍼와 전용 필터.
4-5. 칼리타 웨이브 드리퍼와 전용 필터.

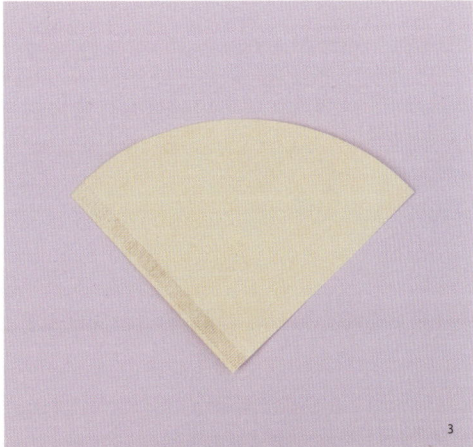

CHAPTER 2

실전 브루잉

핸드드립

핸드드립hand drip은 드리퍼의 필터에 거치된 분쇄원두에 손으로 직접 물을 부어 커피를 추출하는 방식으로, 추출 중에 분쇄원두의 상태를 확인해가며 여러 가지 변수를 조절할 수 있다.

추출 과정

* 추출을 시작하기 전에는 필터와 드립서버를 뜨거운 물로 가볍게 헹군다.

1 필터에 분쇄원두를 담는다.

2 물을 부어 분쇄원두를 골고루 적신 후 잠시 기다린다.

3 원하는 양을 추출할 때까지 2~3차례에 나눠 물을 붓는다.

유량 조절

핸드드립에는 다양한 추출 방식이 존재하지만 원하는 추출비율에 따라 정확한 양의 물을 붓는 것이 무엇보다 중요하다.

이때 드리퍼의 필터에 거치된 분쇄원두를 물에 한 번 적셔 적절히 포화된 상태를 만들어주면, 물분자들이 하나로 뭉치면서 어느 곳에 물을 부어도 하중에 의해 추출이 진행된다.

하지만 물의 유량에 따라 유속이 달라질 수 있으므로 적당량의 물을 부어야 한다. 유속은 분쇄원두의 분포 밀도가 높은 곳에 물을 부었을 때 가장 안정적이다.

물줄기의 낙차가 작을수록 난류가 감소하여 고형물을 부드럽게 추출한다. 낙차가 높은 상태에서 물을 부으면 물의 운동성이 커지면서 난류가 증가하고 미분의 움직임이 활발해진다.

미분의 요동이 크면 클수록 커피성분이 과도하게 추출되어 쓴맛이 강해지고 향미에 부정적인 영향을 줄 수 있다. 자칫 잘못하면 미세한 원두 파편이 필터의 공경을 뚫고 나와 거친 촉감을 만들어내기도 한다.

바이패스 추출

진하게 추출한 소량의 커피에 물을 희석하는 방식이다. 수용성 고형물이 주를 이루는 커피 추출액에 물을 희석해 한층 더 깔끔한 향미를 느낄 수 있으며, 기호에 맞게 농도를 간편하게 조절할 수 있다.

1. 저울을 사용한 핸드드립 추출.
2. 진액 추출.
3. 물 희석.

프렌치프레스

프렌치프레스French Press는 분쇄원두를 물에 완전히 침지시켜 커피성분을 추출하는 도구로 물의 용해력에 많이 의존하는 추출 방식이다. 물에 분쇄원두를 섞은 후 금속 필터가 달린 손잡이를 아래로 눌러 추출액과 분리한다.

프렌치프레스 커피는 금속 필터의 특성상 지용성 성분이 다량 포함되어 있으며 강한 향미와 매끄러운 촉감이 특징이다. 다만 필터의 공경이 커서 미분이 많이 빠져나오기 때문에 프렌치 프레스를 사용할 때는 분쇄도를 굵게 조절하는 것이 좋다.

추출 과정

*추출비율은 개인의 기호와 도구의 용량에 따라 30(물) : 1(원두)에서 15(물) : 1(원두) 사이로 설정한다.

1 원두를 굵게 분쇄한다.

2 비커에 90~93℃의 물을 붓는다.

3 분쇄원두를 담는다.

4 스틱으로 골고루 젓는다. 교반 횟수가 많을수록 농도가 진해진다.

5 뚜껑을 덮고 분쇄원두가 물에 잠길 때까지 누른다. 2~3분 동안 기다린다.

6 필터를 끝까지 누른다.

7 잔에 커피를 따른다.

TIP 프렌치프레스 커피는 미분이 많아서 다소 텁텁할 수 있으므로 깔끔한 맛을 원한다면 종이 필터에 한 번 더 걸러낸다.

에어로프레스

∨

에어로프레스Aero Press 역시 프렌치프레스와 마찬가지로 침지 방식으로 커피를 추출하지만 물에 커피의 가용성분을 용해시킨 후 압력을 가한다는 점에서 차이가 있다. 에어로프레스 커피는 일반적인 브루잉 커피에 비해 다양하고 강렬한 향미가 특징이며, 종이 필터와 금속 필터를 둘 다 사용할 수 있어 여러 가지 방법을 시도해볼 수 있다.

추출 과정

〈정방향 추출〉

1 캡에 필터를 놓는다.(종이 필터를 사용할 경우 뜨거운 물로 가볍게 헹군다)

2 체임버에 캡을 끼운다.

3 원두 15~22g을 에스프레소 분쇄도보다 좀 더 굵게 분쇄한다.

4 잔에 체임버를 올리고 깔때기를 이용해 분쇄원두를 담는다. 체임버 옆을 툭툭 쳐서 분쇄원두를 골고루 퍼뜨린다.

5 85~93℃의 물 100~150g을 붓는다.

6 스틱으로 부드럽게 젓는다. 교반 횟수가 많을수록 농도가 진해진다.

7 잠시 기다렸다가 플런저를 끼운다.

8 20~30초 동안 플런저를 수직으로 천천히 누른다.

9 기호에 따라 물을 희석한다.

〈역방향 추출〉

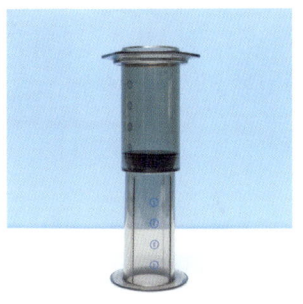

1 플런저에 체임버를 끼운다.

2 85~93℃의 물 100~200g을 붓는다.

3 깔때기를 이용해 체임버에 분쇄 원두 15~22g을 담는다.

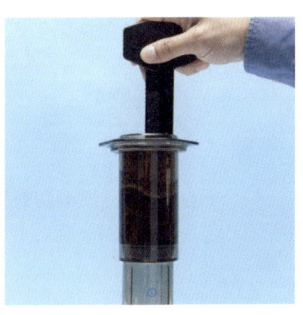

4 스틱으로 부드럽게 젓는다. 교반 횟수가 많을수록 농도가 진해진다.

5 잠시 기다렸다가 체임버에 필터를 놓은 캡을 끼운다.

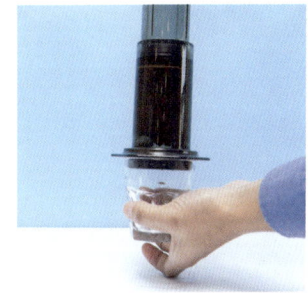

6 에어로 프레스를 반대로 뒤집는다.

7 20~30초 동안 플런저를 수직으로 천천히 누른다.

클레버

클레버Clever는 물에 분쇄원두를 침지시킨 후 종이필터로 여과하여 커피를 추출하는 방식이다. 침지 방식의 특성상 비교적 균일한 결과를 얻을 수 있으며 종이필터가 지용성 성분과 미분을 걸러내어 한층 더 깔끔한 맛을 느낄 수 있다. 클레버는 바닥면에 물의 흐름을 제어하는 밸브가 연결되어 있는데, 이보다 직경이 넓은 곳에 내려놓았을 때는 밸브가 닫혀 있다가 직경이 좁은 서버나 잔 위에 올리면 실리콘 패킹이 눌리면서 밸브가 열린다. 클레버는 특별한 기술이 없어도 추출변수를 쉽게 통제할 수 있어 누구나 간편하게 사용할 수 있다.

추출 과정

1 클레버에 필터를 놓는다.

2 뜨거운 물로 가볍게 헹군다.

3 원두를 핸드드립 분쇄도로 분쇄한다.

4 분쇄원두를 담는다.

5 선호하는 추출비율에 맞춰 물을 붓는다.

6 스틱으로 가볍게 젓는다.

7 2~4분 동안 기다린다.

8 서버나 잔에 클레버를 올린다.

콜드브루

∨

찬물로 추출하는 콜드브루Cold Brew 커피는 마치 와인 같은 독특한 풍미를 가지고 있다. 일반적으로 커피는 물 온도가 약 5℃일 때부터 추출이 이루어지는데, 콜드브루는 높은 온도의 물로 추출하는 일반적인 커피에 비해 가용성분이 용해되는 속도가 느리므로 추출시간을 8~24시간으로 길게 설정해야 한다. 콜드브루는 분쇄원두에 물을 침지시켜 추출하는 방법도 있지만 주로 물을 한 방울씩 떨어뜨려 추출하는 점출식을 사용한다.

커피추출

추출 과정

* 원두의 양과 분쇄도는 추출도구마다 다르므로 커피가 적당히 느린 속도로 추출될 수 있게 조절해야 한다.

1 캡에 필터를 놓고 본체 하단에 끼운다.

2 분쇄원두를 담는다.

3 탬퍼를 이용해 분쇄원두를 가볍게 다진다.

4 분쇄원두에 필터를 하나 더 놓고 물을 부어 골고루 적신다.

5 뚜껑을 덮는다.

6 추출에 사용할 물과 얼음을 넣는다.

7 물이 3~5초에 한 방울씩 떨어질 수 있게 밸브의 유격을 조절한다.

8 커피가 전부 추출될 때까지 기다린다.

PART 4

라떼아트

LATTE ART

COFFEE STUDY PLUS

—
원
하트

—
결하트

—
튤립
하트 인 하트

—
로제타

—
폼에칭

—
소스에칭
캐릭터에칭

—
프리푸어링
프로페셔널 프리푸어링

1
라떼아트의 이해

라떼아트

CHAPTER 1

라떼아트의
정의와 종류

라떼아트란?

라떼아트latte art란 스팀밀크steamed milk(에스프레소 머신의 강한 스팀을 가해 따뜻하게 데우고 부드러운 거품을 낸 우유)를 이용해 카페라떼나 카푸치노 표면에 그림을 그려 넣는 작업을 뜻한다.

라떼아트는 바리스타의 전문적인 기술을 보여주는 기술적 측면과 손님을 먼저 생각한 서비스적 측면으로 나누어 볼 수 있으며, 원부터 하트, 튤립, 로제타까지 다양한 그림이 있다. 기술적 성격이 강한 라떼아트는 고도의 기술을 요하는 만큼 추상적인 그림이 주를 이룬다. 하지만 매장에서 근무하는 바리스타라면 기술적 측면에 너무 치우치기보다 무엇을 그렸는지 알아보기 쉽고 사실성이 돋보이는 라떼아트로 손님들을 만족시킬 수 있어야 한다.

기술적 라떼아트

서비스적 라떼아트

라떼아트의 종류

기본

원
가장 기본적인 모양이다.

하트
원을 한 단계 발전시켜 하트 모양을 표현한 것이다.

결하트
하트에 결을 추가한 모양이다.

튤립
하트를 층층이 쌓아 튤립 모양을 표현한 것이다.

하트 인 하트
하트 안에 하트가 한 개 이상 들어가 있는 모양이다.

로제타
흔히 나뭇잎 또는 잎사귀 모양이라고 부르며 결을 잘 살리는 것이 중요하다.

에칭

에칭etching은 원래 미술에서 사용하는 용어로, 동판에 그림을 새기는 판화 기법을 말한다. 라떼아트에서 사용하는 에칭도 뾰족한 도구를 이용해 커피 표면에 그림을 그리는 방식을 말하는데, 여기서 가장 중요한 포인트는 그림을 그릴 때 쓰는 도구인 에칭핀이다. 에칭핀을 깊게 담그는지, 얕게 담그는지, 혹은 선을 직선으로 긋는지, 곡선으로 긋는지 등에 따라 다양한 그림을 표현할 수 있기 때문에 에칭을 잘하고 싶다면 에칭핀의 끝부분을 유심히 살펴보며 작업해야 한다.

소스에칭
초콜릿소스처럼 색깔이 뚜렷한 소스를 사용한다.

폼에칭
스팀밀크의 거품을 사용하는 에칭으로 소스가 들어가지 않는 메뉴에 응용할 수 있다.

캐릭터에칭
라떼아트의 기본 그림을 토대로 여러 가지 캐릭터를 표현할 수 있다.

프리푸어링

라떼아트의 정형화된 틀에서 벗어나 개성 있는 그림을 표현하는 방식이다. 위치와 모양이 정해져 있는 기본 라떼아트와 달리 프리푸어링free pouring은 스팀밀크의 움직임과 그림이 표현되는 지점을 자유롭게 조절할 수 있고, 덕분에 손님들은 이제껏 경험해본 적 없는 신선하고 몽환적인 분위기를 느낄 수 있다. 하지만 그림이 너무 복잡하면 손님들이 바리스타의 의도를 파악하기가 어렵기 때문에 라떼아트는 늘 손님에게 제공하는 서비스 중 하나라는 점을 염두에 두고 교감할 수 있는 그림을 그릴 필요가 있다.

프로페셔널 프리푸어링

라떼아트 대회에서 자주 볼 수 있는 방식인 프로페셔널 프리푸어링은 바리스타가 여러 가지 모양을 스스로 정해놓은 위치에 표현하는 것이다.
이 책에서는 일반적인 프리푸어링과 구분하기 위해 프로페셔널 프리푸어링이라는 이름을 사용했는데, 일반적인 프리푸어링이 커피 표면에 스팀밀크의 움직임을 표현하는 것이라면, 프로페셔널 프리푸어링은 하트, 튤립, 로제타 등 다양한 그림을 바리스타가 원하는 지점에 그려 넣는 것이다.
기본 라떼아트나 프리푸어링이 스팀밀크가 커피 표면에 퍼져 나가면서 그림을 그리는 방식이라면, 프로페셔널 프리푸어링은 스팀밀크를 커피 표면에 고정시켜 그림을 띄우는 방식이다.

CHAPTER 2

라떼아트에 필요한 재료와 도구들

소스통

카페모카나 캐러멜 마끼아또처럼 초콜릿소스나 캐러멜소스가 들어가는 메뉴는 소스를 사용해서 표면에 에칭을 할 수 있다. 하지만 너무 묽거나 된 소스는 되도록 사용하지 않는 것이 좋으며, 어느 회사 제품을 사용하느냐에 따라 맛이 달라질 수 있으므로 여러 가지를 직접 테스트해보고 취향대로 고르면 된다. 초콜릿소스나 캐러멜소스를 담을 때 쓰는 소스통은 튜브 끝에 뚫려 있는 구멍이 지나치게 크거나 작지 않은지 확인할 필요가 있다.

스푼

스푼은 스팀밀크의 거품을 떠서 라떼아트를 장식할 때 쓴다.

에칭핀

라떼아트 전용 에칭핀이 있긴 하지만, 어떤 도구든 위생상 문제가 없고 끝부분이 가늘고 거품이 잘 묻어난다면 충분히 에칭핀으로 쓸 수 있기 때문에 크게 얽매일 필요가 없다.

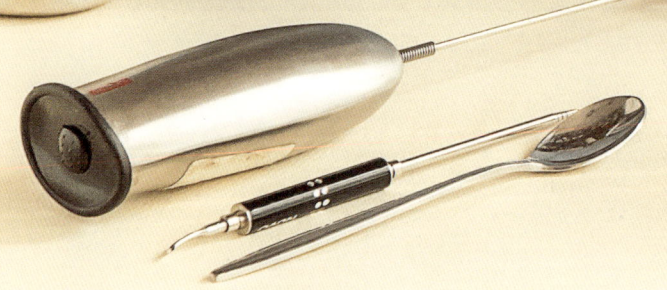

잔

라떼아트를 하기에는 흔히 라떼잔이라고 불리는 반구 형태의 240ml 잔이 가장 적합하다. 프랜차이즈 카페에서 많이 사용하는 머그잔은 높이가 높아서 라떼아트를 하기가 쉽지 않다. 라떼아트는 커피 표면과 스팀피처 사이의 낙차 조절이 관건인데, 잔의 높이가 너무 높으면 아무리 낙차를 좁혀도 커피 표면과 스팀피처 주둥이 사이의 거리가 좁혀지지 않아서 그림이 잘 그려지지 않는다.

우유

현재 국내에 유통되고 있는 우유는 모두 라떼아트에 적합하므로 개인의 입맛에 맞게 구매하면 된다.

스팀피처

다양한 모양과 재질의 스팀피처 steam pitcher가 시중에 판매 중이다. 스팀피처는 거품과 우유가 골고루 혼합될 수 있게 만들거나 손잡이를 잡기 편하게 만든다. 간혹 손잡이와 주둥이가 똑바르지 않고 삐뚤어져 있어서 그림을 제대로 그리기 힘든 경우가 있으니 주의 깊게 살펴봐야 한다.

CHAPTER 3

라떼아트의
필수 조건

에스프레소

라떼아트를 할 때 추출이 잘못되어 크레마 crema(다량의 휘발성 향물질을 포함하고 있는 거품층) 상태가 좋지 않은 에스프레소를 사용하면 원하는 그림을 제대로 표현하지 못할 수 있다. 에스프레소의 추출량과 크레마의 차이가 라떼아트에 미치는 영향은 다음과 같다.

일러두기

이 책에서는 아래 기준에 따라 에스프레소를 구분했지만 원두의 종류와 특성, 추출조건 등에 따라 차이가 있을 수 있습니다.

구분	원두량	추출량
원샷 리스트레또	9g	0.5oz
원샷	9g	1oz
투샷 리스트레또	21g	1oz
투샷	21g	2oz

원샷 리스트레또

농도는 진하지만 추출량이 적기 때문에 믹스mix(라떼아트를 하기 전에 에스프레소와 스팀밀크를 골고루 섞어 잔의 일정량을 채우는 작업)에 사용되는 스팀밀크의 양이 원샷에 비해 많고, 스팀밀크와 에스프레소의 색깔 대비도 흐리다.

원샷

리스트레또에 비해 농도는 연하지만 추출량이 많기 때문에 믹스에 사용되는 스팀밀크의 양이 상대적으로 적고, 원샷 리스트레또로 라떼아트를 할 때보다 색깔 대비가 더 뚜렷하다.

투샷 리스트레또

농도가 진해서 스팀밀크와 에스프레소의 색깔 대비를 효과적으로 살릴 수 있다. 크레마의 높은 점성이 스팀밀크의 거품을 안정적으로 잡아줘 적은 양의 거품으로도 디테일한 표현이 가능하다. 게다가 투샷에 비해 추출량이 적어 믹스가 끝나고 그림을 그릴 때도 잔에 여유 공간이 부족하지 않다. 그래서 라떼아트를 하는 많은 바리스타들이 투샷 리스트레또를 선호하지만 상대적으로 크레마의 양이 많기 때문에 믹스를 할 때 크레마가 뭉쳐서 그림을 망치는 일이 없도록 신경 써야 한다.

투샷

투샷 리스트레또와 마찬가지로 농도가 진해서 스팀밀크와 에스프레소의 색깔 대비를 효과적으로 살릴 수 있다. 크레마의 높은 점성이(투샷 리스트레또보다는 낮다) 스팀밀크의 거품을 잡아줘 거품양이 적은 상태에서도 안정적으로 라떼아트를 할 수 있다. 하지만 4가지 타입의 에스프레소 중 추출량이 가장 많기 때문에 믹스가 끝나고 그림을 그릴 때 잔에 여유 공간이 남을 수 있도록 신경 써야 한다. 또한 추출량만큼이나 크레마의 양도 많으므로 믹스를 할 때 크레마가 뭉쳐서 그림을 망치는 일이 없도록 주의해야 한다.

크레마가 없는 원샷

추출한 지 오래되어 크레마가 거의 없는 에스프레소는 믹스를 하면 커피 표면이 연한 색깔을 띤다. 믹스를 할 때는 점성이 있는 크레마가 뭉치지 않게 잘 섞어주는 것이 중요한데, 이 경우 에스프레소에 크레마가 없기 때문에 믹스를 하고 거품층을 만드는 것이 오히려 더 쉽게 느껴질 수 있다.

크레마가 없는 투샷

에스프레소에 크레마가 없어서 커피 표면이 연한 색깔을 띠며 믹스를 하고 거품층을 만들기가 쉽다는 점은 크레마가 없는 원샷과 동일하다. 하지만 투샷이기 때문에 믹스가 끝나고 그림을 그릴 때 잔에 여유 공간이 남을 수 있도록 신경 써야 한다. 자칫하면 라떼아트를 하다 잔이 넘칠 수 있다.

로스팅한 지 얼마 안 된 원두로 추출한 에스프레소

이러한 에스프레소는 다량의 가스가 포함되어 있어 라떼아트를 했을 때 표면에 거품이 많이 생긴다. 이를 보고 스티밍이 잘못된 게 아닐까 하는 의문이 들 수도 있지만 에스프레소에서 발생하는 거품이므로 크레마 부분에만 거품이 있고 스팀밀크 부분에는 거의 없다.

라떼아트에 적합한 에스프레소는 무엇일까?

오직 라떼아트만을 위한 에스프레소가 무엇이냐고 묻는다면 '투샷 리스트레또'라고 답하고 싶다. 에스프레소의 진한 농도가 라떼아트의 선명도를 높이고, 크레마의 높은 점성이 스팀밀크를 고정시켜 그림이 표면에 잘 뜰 수 있도록 도와주기 때문이다. 그러나 여기서 잊지 말아야 할 것은 라떼아트가 작품이기 전에 음료라는 사실이다. 라떼아트는 잘못하면 에스프레소와 스팀밀크 맛의 밸런스가 깨져 카페라떼나 카푸치노가 아닌 커피맛 우유가 될 수 있다.

바리스타라면 자신이 일하고 있는 매장의 컨셉과 레시피를 크게 벗어나지 않는 선에서 라떼아트를 해야 손님들에게 보는 즐거움과 먹는 즐거움을 동시에 선사할 수 있다. 라떼아트에 앞서 에스프레소를 먼저 이해해야 하는 것도 이러한 이유에서다.

스팀밀크

▽

스팀밀크는 두말할 필요 없는 라떼아트의 핵심 요소다. 에스프레소가 아무리 완벽해도 스팀밀크가 제대로 만들어지지 않으면 라떼아트의 완성도는 물론이고 음료로서의 기능도 떨어지게 된다.

좋은 스팀밀크는 우유와 거품이 골고루 섞여 있는 상태를 뜻한다.

스팀밀크는 거품과 우유의 혼합 상태에 따라 웻 폼wet foam과 드라이 폼dry foam으로 구분할 수 있다. 드라이 폼은 우유와 거품이 거의 분리되다시피 한 상태로, 에스프레소에 스팀밀크를 바로 부어서 그림을 그리는 프리푸어링에는 적합하지 않다. 푸어링 기술을 이용하는 라떼아트는 우유와 거품이 적절히 혼합되어 있는 웻 폼이 더 알맞다. 이러한 상태에서는 스팀밀크가 물에 물감을 푼 것처럼 커피 표면에 힘차게 퍼져 나가지만 우유와 거품이 분리되면 덩어리지고 뭉친 거품이 커피 표면에 떨어지기 때문이다. 스티밍 직후에 라떼아트를 하면 그림이 잘 나오지만 시간이 지나서 라떼아트를 하면 그림이 잘 나오지 않는 것도 이 때문이다.

라떼아트

스팀밀크의 종류

웻 폼
스티밍 직후에 우유와 거품이 적절히 혼합된 상태로 거품이 촉촉한 느낌이다.

세미 드라이 폼
우유와 거품이 분리되고 있는 상태

드라이 폼
시간이 지나서 우유와 거품이 완전히 분리된 상태로 거품이 뽀송한 느낌이다.

스팀밀크의 좋은 예와 나쁜 예

좋은 예
거품의 크기가 작고 고르며 우유가 알맞게 섞여 있어 마치 거품이 없는 것처럼 매끈해 보인다. 이러한 스팀밀크는 카페라떼를 만들었을 때 에스프레소와 잘 어우러지며 마셨을 때 입안에 부드러운 식감을 느낄 수 있다.

나쁜 예
거품의 크기가 균일하지 않으며 우유와 혼합된 상태도 불안정하다. 육안으로 봐도 거품이 거칠다는 것을 알 수 있다. 이러한 스팀밀크로 만든 카페라떼는 대체로 식감이 좋지 못하다.

우유의 종류

지방 함량에 따른 분류

우유의 종류는 지방 함량에 따라 일반우유, 저지방우유, 무지방우유로 나뉜다. 라떼아트에 사용할 우유를 고를 때는 스티밍 시 거품이 얼마나 잘 만들어지고 오래 지속되느냐가 중요한 기준이 되며, 우유의 성분을 이해하면 이를 더 쉽게 파악할 수 있다.

거품은 우유 단백질이 공기를 감싸는 형태로 만들어지기 때문에 같은 조건이라면 단백질의 함량이 더 높은 우유가 더 많은 거품을 만들어 낼 수 있다.

하지만 스팀밀크의 거품은 단백질만으로 이루어져 있지 않다. 거품은 지방의 도움이 있어야 형태를 더 오래 지속할 수 있다. 우유 속 지방은 우유의 농도와 점성을 높이는 역할을 한다. 우유의 점성은 표면장력을 높여 스팀밀크의 거품이 쉽게 터지지 않고 오래 버틸 수 있도록 도와준다. 즉 무지방보다는 저지방이, 저지방보다는 일반우유(전지우유)가 농도와 점성이 높아 라떼아트에 더 적합하다고 볼 수 있다. 물론 그렇다고 해서 저지방우유와 무지방우유로 라떼아트를 할 수 없다는 뜻은 아니다. 다만 저지방우유와 무지방우유를 스티밍하면 거품은 쉽게 만들어지지만 일반우유에 비해 지탱하는 힘이 약해서 유지 시간이 짧다는 얘기다.

· **일반우유**
지방을 제거하지 않은 우유로 전지우유 whole milk라고도 한다. 지방 함량은 3.2~4% 정도다.

· **저지방우유**
지방 함량을 줄인 우유로 지방 함량은 1~2% 정도다.

· **무지방우유**
지방을 제거한 우유로 탈지우유 skim milk라고도 한다. 0.1% 이하의 지방을 함유하고 있다.

살균방법에 따른 분류

구분	저온 장시간 살균 LTLT법 (Low Temperature Long Time pasteurization)	고온 단시간 살균 HTST법 (High Temperature Short Time pasteurization)	초고온 단시간 가열 UHT법 (Ultra-High Temperature sterilization)
온도 및 시간	62~65℃에서 30분	72~75℃에서 15~20초	130~135℃에서 0.5~5초
방법	원유의 영양과 풍미를 보존하기 위해 인체에 유해한 미생물만 죽이고 나머지 성분은 영향을 최소한으로 받도록 온도를 조절한 방법.	저온 장시간 살균보다 살균과정이 빠르게 진행되어 비용과 시간을 줄일 수 있는 방법. 똑같이 높은 온도에서도 우유의 성분이 변하는 시간보다 인체에 유해한 미생물이 죽는 시간이 더 빠르다는 점을 이용한다.	대량생산에 초점을 맞춰 살균효과를 극대화한 방법으로 국내에서 가장 많이 사용된다.
특징	열처리 과정에서 인체에 유익한 유산균과 비타민이 손실되는 것을 막아 고품질 우유를 생산할 수 있다. 하지만 상당한 시간과 비용이 소요되고 착유 시 젖소를 청결하게 관리해야 한다는 번거로움이 따른다.	원유의 성분 변화를 최소화한 상태에서 고품질 우유를 대량생산하는 방법. 인체에 유익한 단백질이 일부 변성되긴 하지만 살균효과를 향상시켜 유통기한을 늘렸다.	월등한 살균력을 자랑하는 방법이지만 우유를 아주 높은 온도에서 가열하기 때문에 가열취가 발생하고 원유의 성분 변화가 일어난다는 단점이 있다. 유청단백질과 비타민, 칼슘 등의 체내 흡수력도 상대적으로 떨어진다.
제품	파스퇴르우유, 건국 닥터유, 신우목장, 강성원	덴마크우유, 다이아앤골드, 제주의 마음, 철원청정목장이야기, 올레길, 로빈, 성이시돌, 파스퇴르 유기농우유, 상하목장 유기농우유, 초록마을 유기농우유	매일우유, 서울우유, 남양우유, 연세우유, 건국우유, 비락우유, 남양 유기농우유, 부산우유, 하루우유, 빙그레우유

우유의 온도

스팀밀크의 상태는 우유의 온도 변화에 따라 달라지기 때문에 스팀밀크의 온도별 특징을 알고 있으면 라떼아트를 하는 데 많은 도움이 된다. 좋은 스팀밀크를 만들기 위해선 스티밍 전 우유를 되도록 차갑게 보관해야 한다.

우유의 온도 변화에 따른 스팀밀크의 상태

90℃
우유가 끓으면서 거품이 격렬하게 부풀어 오른다. 일부는 부풀어 오르다 터져서 흔히 말하는 게거품이 된다.

너무 뜨거워서 맛을 제대로 느낄 수 없다. 우유 비린내가 다시 느껴지며, 스티밍 시간이 길어진 탓에 과도한 수분이 유입되어 밍밍한 맛이 난다.

85℃
우유가 끓기 시작하는 단계
단맛과 고소한 맛 같이 좋은 맛과 향은 거의 사라진다.

70℃
거품이 점점 단단해지며 80℃에 가까워질수록 눈에 띄게 크기가 커진다.

스티밍이 잘되면 이때까지도 스팀밀크의 품질을 어느 정도 유지할 수 있지만 뒤로 갈수록 맛과 향이 떨어진다.

60℃
거품의 형태가 완전히 갖춰지긴 했지만 70℃에 가까워질수록 이전보다 부드러운 식감이 덜하다.

단맛과 고소한 맛의 증가가 다소 주춤하다가 70℃에 가까워지면서 감소한다.

50℃
거품이 서서히 형태를 갖춰가며 부드러운 상태가 된다. 라떼아트를 했을 때 세밀한 표현이 가능하고 식감도 좋다.

단맛과 고소한 맛이 확연하게 늘어난다.

40℃
우유의 단백질이 응고되기 시작하는 단계. 이 지점에서 스티밍을 멈추면 거품의 형태가 오래 유지되지 못하고 금방 무너질 수 있다.

스티밍 전 우유와 크게 다르지 않지만 단맛과 고소한 맛이 조금 더 진하고 우유 비린내가 살짝 느껴진다.

일반적인 스팀밀크의 적정 온도는 50~60℃

스팀밀크의 적정 온도는 라떼아트에 어떻게 사용할지에 따라 달라진다. 보통은 온도가 높은 스팀밀크보다 온도가 낮은 스팀밀크의 식감이 더 부드럽고 그림도 잘 그려진다. 스팀밀크의 온도가 40℃에 도달하면 우유의 단백질이 응고되기 시작하고 시간이 지날수록 단단해진다. 스팀밀크는 온도가 너무 높으면 라떼아트를 하기에 적합하지 않은 상태가 되고 부드러운 식감도 덜하다. 때문에 우유의 단맛과 고소한 맛을 살리고, 라떼아트도 잘하고 싶다면 적정 온도인 50~60℃에 맞춰 스티밍해야 한다.

라떼아트의 서비스적 측면에서 바라본 스팀밀크의 적정 온도는 70~75℃(최대 85℃)

라떼아트의 기술적 측면에서는 온도가 낮을수록 그림이 잘 그려지고 맛도 좋은 스팀밀크지만 뜨거운 음료를 선호하는 한국인들에게는 미지근한 커피가 입맛에 맞지 않을 수도 있다. 실제로 대부분의 한국 사람들이 60~65℃의 음료를 마셨을 때 따뜻하게 느끼거나 맛있다고 느끼지 않는다. 그래서 아무리 좋은 커피도 온도가 낮으면 만들다 만 것, 또는 만든 지 한참 지난 커피라고 생각해서 불만을 가질 수 있다. 물론 이는 어디까지나 음식을 뜨겁게 데워 먹는 것에 익숙한 한국 문화 때문이다. 하지만 서비스직에 종사하는 바리스타라면 라떼아트를 하기에 앞서 손님의 요구에 귀 기울여 원하는 음료를 만들어 줄 필요가 있다.

한국에서는 스티밍을 70~75℃로 하는 것이 일반적이다. 그렇지 않으면 음료를 만드는 동안 스팀밀크가 식어버려 손님이 마실 때는 온도가 더 낮아지기 때문이다. 라떼아트의 완성도와 음료의 맛을 동시에 만족시키려면 그날의 날씨와 잔의 재질, 예열 여부 등을 고려해 스팀밀크의 온도를 조절해야 한다.

종종 아주 뜨거운 음료를 요구하는 손님이 있는데, 온도를 올릴 수 있는 상한선은 우유가 끓기 시작하는 85℃ 이전까지다. 온도가 85℃ 이상으로 올라가면 우유의 단백질이 익으면서 거품이 굳어지고 식감도 현저히 떨어지기 때문이다.

거품양

많은 바리스타들이 라떼아트를 할 때 고민하는 것 중 하나가 '과연 거품은 얼마나 만들어야 할까'다. 같은 카페라떼와 카푸치노도 카페에서 사용하는 잔과 레시피에 따라 거품양이 가지각색이기 때문이다. 하지만 거품양에 대한 답이 정해져 있는 것은 아니므로 각자 자신의 기준을 마련해야 한다.

이 책에서는 잔 표면 아래 약 1cm 두께로 쌓인 거품을 기준으로 삼았는데, 각각의 잔에 알맞은 우유 사용량을 알고 싶다면 잔에 우유를 가득 담았다가 표면에서 1cm 정도 아래 지점까지 덜어내고 남은 양을 계산하면 된다. 잔에 남은 우유를 스팀피처에 담으면 육안으로도 그 양을 짐작할 수 있다. 이런 식으로 스팀밀크를 딱 필요한 만큼만 만들면 우유가 쓸데없이 낭비되는 것을 막을 수 있다.

2

실전 라떼아트

CHAPTER 4

라떼아트의
기본 순서

라떼아트의 기본 원리

라떼아트는 에스프레소와 스팀밀크를 혼합해 만든 갈색 거품층 위에 스팀밀크를 부으면 흰색 거품이 갈색 거품층을 비집고 들어가면서 표면에 그림을 띄우는 원리다. 때문에 에스프레소와 스팀밀크가 잘 섞이지 않으면 갈색 거품층이 제대로 만들어지지 않아 흰색과 갈색의 대조가 선명하지 않은 라떼아트가 된다.

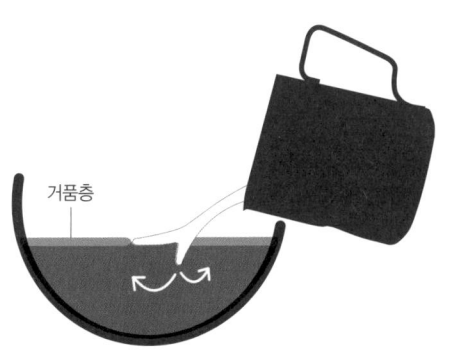

밀크 스티밍

라떼아트를 하는 많은 바리스타들이 스티밍에 대해 고민하지만 스티밍을 잘하는 방법은 의외로 간단하다. 바로 '신속 정확하게' 하는 것이다. 말 그대로 스티밍을 시작하자마자 우유에 공기를 주입하여 최대한 빨리 거품을 만든 후 거품과 우유를 혼합하면 된다. 거품의 주성분인 단백질은 온도에 따라 성질이 변한다. 스팀밀크의 온도가 낮을 때 만들어진 거품은 부드럽고 매끈하지만 온도가 높아지면 우유의 단백질이 익으면서 거품도 굳어진다.

거품을 빨리 만들면 좋은 점이 하나 더 있다. 스팀밀크의 온도를 50~60℃에 맞추고 스티밍 시간을 15초로 설정했을 때. 거품을 만드는 속도가 빠르면 빠를수록 거품과 우유를 혼합하는 시간이 길어지고, 결과적으로 더 좋은 스팀밀크를 만들 수 있다. 반대로 거품을 만드는 타이밍이 늦어져 거품과 우유를 혼합할 시간이 줄어들면 나쁜 스팀밀크가 만들어질 수도 있다.

과도한 스티밍의 부작용, 수분 유입

스팀은 에스프레소 머신의 스팀완드를 통해 분사된다. 스팀에는 일정량의 수분이 들어있기 때문에 스팀밀크에 물이 섞이는 것을 완전히 막을 수는 없다. 스티밍할 때는 초당 1~1.5g의 수분이 스팀밀크에 유입되는데, 에스프레소 머신과 스티밍 방식에 따라 차이가 있긴 하지만 스티밍 시간이 지나치게 길어지거나 온도가 너무 높아지면 스팀밀크에 더 많은 양의 수분이 유입된다. 이는 맛을 떨어뜨리는 결정적 요인이므로 바리스타라면 자신이 사용하는 머신과 우유로 최적의 맛을 내는 베스트 타이밍이 언제인지, 온도를 어디까지 올려도 맛이 괜찮은지 등을 미리 파악해야 한다.

스티밍 전후 사진. 우유 300㎖를 18초 간 60℃에 맞춰 스티밍한 결과 무게가 23g가량 증가했다.

스팀 팁과 스팀밀크의 상관관계

스팀밀크는 스팀완드의 끝에 달려 있는 스팀 팁의 모양과 구멍 개수, 크기, 각도 등에 따라 우유와 거품의 혼합 상태가 달라지며, 이는 스팀밀크의 품질에도 영향을 미친다.

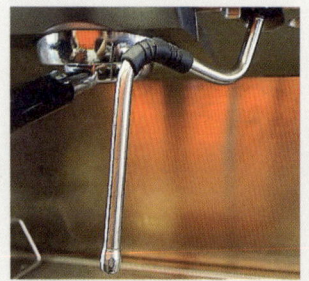  

구멍 개수에 따른 분류

스팀 팁의 구멍 개수는 적게는 1개에서 많게는 5개까지 있다. 구멍의 개수가 많을수록 더 많은 스팀이 분사되며 압력도 세진다. 스팀의 세기가 강할수록 스팀밀크의 움직임이 활발하고 온도도 더 빠르게 상승하기 때문에 숙련된 바리스타가 아니면 구멍이 여러 개 있는 스팀 팁으로는 스티밍을 컨트롤하기가 어려울 것이다.

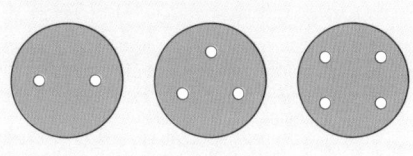

구멍 크기에 따른 분류

스팀 팁은 구멍 개수가 같아도 크기는 다를 수 있다. 구멍이 큰 스팀 팁일수록 분사되는 스팀의 양이 더 많고 세기도 강하다.

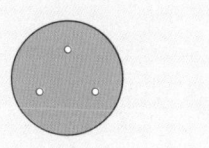 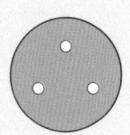

구멍 각도에 따른 분류

보통 구멍의 각도가 작은 스팀 팁은 아래로 향하는 스팀의 압력이 세서 스팀밀크가 위아래로 움직이고 스팀의 분사 범위도 좁다. 이럴 때는 스팀피처를 살짝 기울여서 스팀완드가 스팀밀크의 안쪽 깊은 곳을 향하게 해줘야 한다. 반면 스팀 팁의 구멍 각도가 크면 스팀의 분사 범위가 넓기 때문에 스팀피처를 수평으로 든 상태에서 스팀밀크를 회전시키는 것이 좋다.

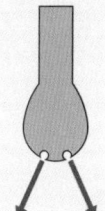 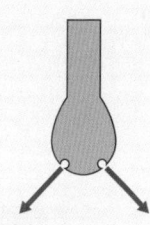

모양에 따른 분류

구멍이 일반적인 스팀 팁처럼 동그랗지 않고 구조적으로 다르게 설계된 스팀 팁은 스팀이 분사되는 모양을 의도적으로 변형시켜 스팀밀크의 혼합에 도움을 준다.

스팀 압의 중요성

스팀밀크의 온도는 스팀의 압력이 강할수록 빠르게 상승하며 거품을 만들 수 있는 시간(스팀밀크의 온도가 단백질이 응고되기 시작하는 40℃에 도달하기 전까지)이 그만큼 줄어든다. 즉 스팀 압이 셀수록 좋은 스팀밀크를 만들기가 까다롭다는 뜻이다.

스티밍 과정

❶ 롤링 포인트 찾기

스팀피처에 담긴 우유의 특정 지점에 스팀을 가하면 스팀밀크가 회전하면서 혼합되는데 이 지점을 롤링 포인트라고 한다. 롤링 포인트는 스팀완드의 각도와 스팀 팁의 형태에 따라 달라지므로 스티밍을 하기 전에 미리 파악하여 적절하게 조절해야 한다.

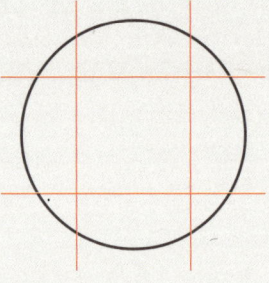

위에서 내려다본 스팀피처의 모양을 원이라고 했을 때 위 그림과 같이 4개의 선을 그리면 선과 선이 교차하는 지점이 생긴다. 이것이 흔히 말하는 롤링 포인트이며, 이 지점에 스팀완드를 담그고 스티밍을 하면 스팀밀크의 회전과 혼합이 원활하게 이루어진다. 하지만 이는 어디까지나 예시일 뿐이며 이밖에도 다양한 롤링 포인트가 존재하기 때문에 자신이 사용하는 머신과 스티밍 방식에 맞는 롤링 포인트를 찾는 것이 현명한 방법이다.

그렇다면 롤링 포인트를 찾았을 때 스팀피처는 수평으로 들어야 할까 기울여야 할까? 정답은 없지만 한 가지 요령은 있다. 스티밍을 시작할 때 스팀피처의 각도를 살짝 틀어서 스팀완드가 스팀밀크의 가장 깊은 부분을 향하게 하는 것이다. 그러면 아무리 스팀 압이 강해도 스팀밀크가 안정적으로 움직이기 때문에 우유의 움직임을 통제하기가 한결 수월해진다. 자신이 사용하는 머신의 스팀완드가 오른쪽 그림과 달라도 괜찮다. 스탐완드의 모양이 어떻든 끝이 향하는 부분에 우유를 최대한 많이 모아주면 된다.

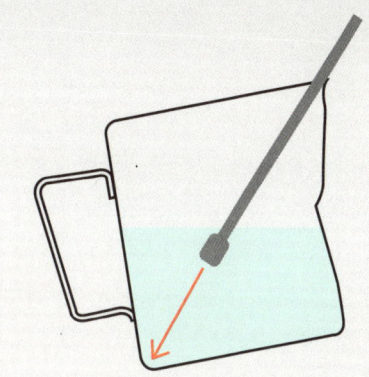

스팀완드가 스팀밀크의 얕은 부분을 향한 채로 스팀을 가하면 스팀밀크가 강한 압력을 견디지 못하고 갑자기 튀어 오르거나 마구잡이로 섞여 게거품이 날 수 있다.

❷ 거품 만들기(공기 주입)

라떼아트는 스팀밀크에 일정량의 거품을 만드는 것이 중요하다. 그렇다면 어떻게 해야 스팀밀크의 거품양을 일정하게 맞출 수 있을까? 눈으로만 보고도 거품양을 알 수 있다면 가장 좋은 방법이겠지만 스티밍을 하는 동안 스팀밀크가 계속 회전하기 때문에 육안으로 확인하기가 쉽지 않다. 스티밍을 하면서 거품양을 정확히 파악하는 방법에 대한 해답은 바로 소리에 있다.

거품을 만들 때 나는 소리

스티밍을 할 때는 스팀피처의 높낮이를 조절해 원하는 만큼 우유에 공기를 주입하고 거품을 만든다. 스팀 팁에서 분사되는 강한 스팀이 주변의 공기를 우유 안으로 끌어들이면서 거품이 발생하는 것이다. 그래서 스팀 팁이 우유 위로 올라올수록 거품이 많이 생기며 크기와 소리도 더 크다.

스팀밀크는 거품의 크기가 작고 우유와 거품이 잘 혼합되어 있을수록 흔히 말하는 벨벳밀크 velvet milk에 가까워진다. 스팀 팁이 우유 위로 많이 올라오면 거품을 작게 쪼개기 힘들고 한 번에 많은 양의 거품이 만들어져 거품양을 정확히 맞추기도 어렵다. 그러므로 스티밍은 스팀 팁을 보일 듯 말 듯 살짝만 담가서 공기가 주입될 때 '치지직'하고 자잘한 소리가 나게 하는 것이 좋다. 이렇게 하면 작은 크기의 거품이 생긴다. 하지만 거품을 너무 작게 만들면 제한된 시간 안에 충분한 양의 거품이 만들어지지 않아 라떼아트를 하기에 적합하지 않을 수 있으니 주의해야 한다.

스팀 팁의 위치에 따른 거품이 만들어지는 소리의 차이. 최적의 거품양은 메뉴와 레시피마다 다르므로 쓰임새에 맞게 조절하면 된다.

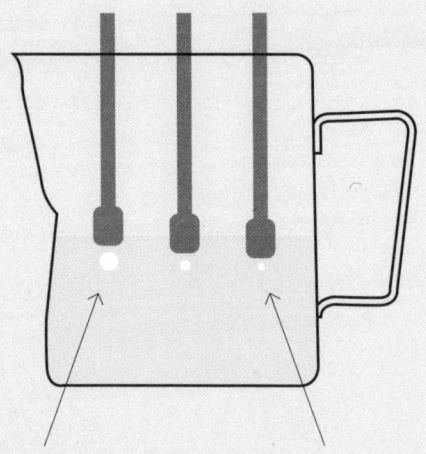

'츄쥬죽'하고 꽤 굵은 소리가 난다. 한 번에 많은 양의 거품이 만들어지며 크기도 크다.

'치직'하고 굵는 소리가 난다. 한 번에 만들어지는 거품의 양이 많지 않으며 크기도 작다.

스팀피처 안에서 들리는 소리

스팀밀크에 거품이 많으면 스팀 팁에서 나는 스팀 소리를 막아 소음이 줄어드는 반면, 거품이 적으면 스팀 소리를 효과적으로 막지 못해 시끄러울 수 있다. 이처럼 스팀밀크의 상태는 스티밍 소리를 통해서도 예측할 수 있기 때문에 항상 동일한 양의 우유를 스티밍하면서 같은 크기의 소리가 나는지 확인해야 한다.

거품을 만들 때는 적은 양의 공기를 주입하는 동시에 스팀피처 안에서 들리는 소리에 귀를 기울여 정확한 거품양을 맞춰야 한다.

거품양에 따른 스티밍 소리

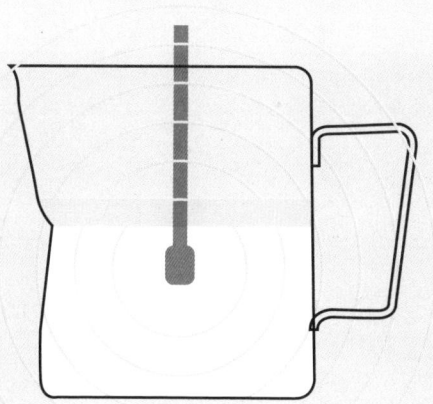

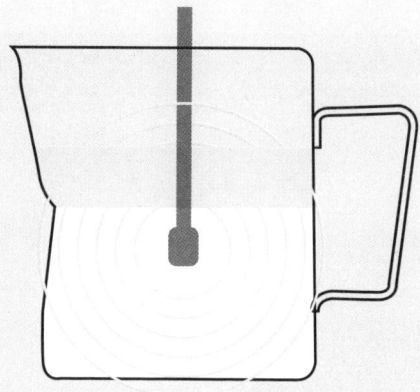

스티밍 시 거품양이 적으면 소리가 밖으로 새어 나가는 것을 막지 못해 시끄러운 소리가 난다.

스티밍 시 거품양이 많으면 소리가 밖으로 새어 나가는 것을 막아 조용한 소리가 난다.

❸ 온도 맞추기

우유에 스팀을 가해 적당량의 거품을 만든 후에는 스팀밀크의 온도를 맞춰야 한다. 온도를 정확히 재기 위해서는 온도계를 사용하는 것이 가장 좋은 방법이지만 스티밍을 할 때마다 온도계를 사용하기란 여간 귀찮은 일이 아니다. 그래서 많은 바리스타들이 스팀피처에 직접 손을 대서 대략적인 온도를 가늠하고 감각을 기억한다. 하지만 이 방법은 그때그때 몸 상태에 따라 편차가 생길 수 있으므로 소리를 활용하는 것이 도움이 된다.

스티밍을 할 때는 거품이 어느 정도 만들어지면 일정한 크기의 소리가 나는데, 이 소리는 온도가 올라갈수록 점점 커지다가 특정 지점에 도달하면 조금씩 달라진다. 때문에 특정 온도에서 나는 소리를 기억해두면 언제나 같은 온도를 맞출 수 있다. 스티밍 소리에 집중하며 듣는 연습을 하면 누구나 익힐 수 있는 방법이다.

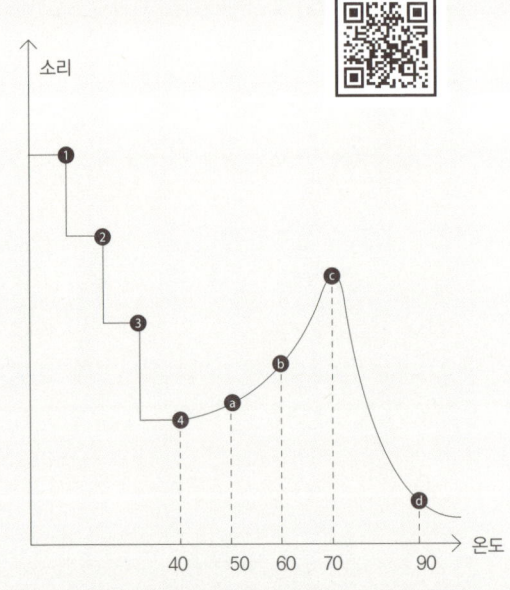

①~④ 스티밍 초반에는 거품양에 따라 다른 소리가 난다.
ⓐ~ⓓ 스티밍 후반에는 온도에 따라 소리의 크기가 달라진다.

믹스

⌄

믹스는 본격적으로 라떼아트를 시작하기에 앞서 스팀밀크와 에스프레소를 섞어 잔을 1/2가량 채우는 것이다. 쉽게 말하면 그림을 그릴 도화지로 갈색 거품층을 만든다는 얘기다. 이 단계를 '크레마 안정화'라고 하는데, 믹스를 생략하고 바로 라떼아트를 하면 에스프레소에 스팀밀크를 부을 때 표면에 고정시키는 힘이 부족해 스팀밀크가 한 곳에 머물지 못하고 사방으로 퍼져 나간다.

믹스를 잘하는 방법

❶ 스팀밀크를 붓는 위치와 높이

믹스에서 가장 중요한 부분 중 하나가 크레마의 색감을 효과적으로 살리는 것이다. 스팀밀크와 에스프레소가 골고루 섞이는 것은 기본이고 크레마의 진한 갈색이 잘 나타나야 라떼아트를 했을 때 흰색 스팀밀크와 선명한 대비를 이루면서 그림이 돋보이기 때문이다.

크레마의 색감을 살리려면 우선 스팀밀크와 에스프레소를 혼합할 때부터 스팀밀크의 거품이 크레마를 덮지 않도록 주의해야 한다. 크레마를 뚫고 들어간 스팀밀크가 크레마 아래쪽을 떠받치면서 거품을 표면에 띄우기 때문이다. 스팀밀크를 너무 많이 붓거나 너무 세게 부으면 크레마를 뚫고 들어간 스팀밀크가 잔 바닥에 부딪혔다가 튀어 오르면서 크레마를 덮칠 수 있다.

종종 적당량의 스팀밀크를 부어도 크레마의 색감이 잘 살아나지 않을 때가 있다.

잔과 스팀피처의 거리가 너무 멀거나 너무 가까운 경우가 그렇다. 잔과 스팀피처의 거리가 너무 가까우면, 다시 말해 스팀피처를 들고 있는 높이가 너무 낮으면 스팀밀크가 크레마를 뚫고 들어가는 힘이 약해서 크레마 위에 거품이 쌓이게 된다. 반대로 스팀피처를 너무 높이 든 상태로 스팀밀크를 부으면 스팀밀크가 강하게 떨어졌다가 다시 올라오면서 크레마를 덮칠 수 있다.

대부분의 바리스타들은 믹스 과정에서 잔을 45도 정도 기울여 에스프레소를 한쪽으로 모은다. 이렇게 하면 잔 바닥이 평평할 때보다 에스프레소의 깊이가 깊어져 스팀밀크를 부었을 때 잔 바닥을 맞고 튕겨 나가지 않기 때문이다. 이때 실수로 에스프레소의 깊이가 깊은 쪽이 아닌 얕은 쪽에 부으면 잔 바닥을 맞고 튕겨 나온 스팀밀크가 크레마를 깨뜨리면서 커피 표면의 색깔이 연해질 수 있다.

믹스는 적당량의 스팀밀크를 적당한 높이에서, 에스프레소의 깊이가 깊은 쪽에 붓는 것이 관건이라고 할 수 있다. 하지만 스팀밀크와 에스프레소의 품질에 따라 달라질 수 있는 부분이므로 연습을 통해 습득하는 것이 최선이다.

좋은 위치의 예
에스프레소의 깊은 부분에 붓는다.

나쁜 위치의 예
에스프레소가 얕은 부분에 붓는다.

나쁜 높이의 예
스팀밀크를 너무 낮은 높이에서 부으면 거품이 크레마 위에 뜰 수 있다.

좋은 높이의 예
스팀밀크를 적당한 높이에서 붓는다.

나쁜 높이의 예
스팀밀크를 너무 높은 높이에서 부으면 크레마가 깨질 수 있다.

❷ 속도는 빠르게

믹스는 크레마의 색감을 살리는 것 못지않게 빠른 속도가 중요하다. 크레마의 색감에 지나치게 치중한 나머지 믹스에 너무 오랜 시간을 소요하면 정작 라떼아트를 해야 할 때 스팀밀크의 거품이 굳고 우유와 분리되기 때문이다. 이러한 스팀밀크로 라떼아트를 하면 거품의 움직임이 원활하지 않아 크기가 작은 그림밖에 그릴 수 없다. 그러므로 믹스는 시간을 짧게 해서 거품 층을 얇고 부드러운 상태로 만들어주는 것이 좋다.

거품이 굳는 현상

거품이 굳었다는 것은 스팀밀크의 우유와 거품이 분리되었다는 뜻이다. 우유와 거품의 분리는 스팀밀크의 온도가 높고 거품의 크기가 클수록 빠르게 이루어진다. 여유롭게 라떼아트를 하고 싶다면 스팀밀크의 온도는 너무 뜨겁지 않게, 거품 크기는 작게 조절해야 한다.

❸ 알맞은 잔 모양과 용량

그렇다면 믹스양은 어느 정도로 맞추는 것이 좋을까? 최적의 믹스양은 라떼아트에 사용하는 잔의 모양과 용량에 따라 다른데, 대체로 폭이 넓고 깊이가 얕은 잔일수록 적고, 폭이 좁고 깊이가 깊은 잔일수록 많다. 카페라떼 잔은 높이가 그리 높지 않아 믹스를 할 때 잔의 1/2 정도만 채우는 것이 일반적이다. 하지만 유독 머그잔과 테이크아웃 잔 사용량이 많은 우리나라에서는 잔을 2/30나 3/4가량 채우는 것이 좋다.

시작점

믹스 후에는 자신이 그리고자 하는 그림에 맞게 스팀밀크를 붓는 지점을 정해야 한다. 시작점은 어떤 종류의 라떼아트를 하느냐에 따라 달라지는데, 하트, 결하트는 잔의 중심에서 스팀피처 쪽으로 1/3 정도 떨어진 지점, 튤립과 로제타는 1/2 정도 떨어진 지점이 시작점이다.

낙차

낙차는 커피 표면과 스팀피처 사이의 거리를 말하며 거리가 멀수록, 즉 낙차가 클수록 스팀밀크가 거품층을 뚫고 들어가는 힘이 강해진다. 라떼아트로 선명한 그림을 그리고 싶다면 둘 사이의 거리를 좁혀서 커피 표면에 거품이 잘 떠오를 수 있도록 해야 한다. 라떼아트를 할 때 잔을 살짝 기울이는 것도 에스프레소를 한쪽으로 모아 낙차를 줄이고 그림을 효과적으로 그리기 위해서다.

가끔 라떼아트를 하다 보면 스팀밀크를 붓는 속도보다 기울어진 잔을 세우는 속도가 더 빨라지면서 그림이 그려지지 않는 경우가 있다. 이는 낙차가 갑자기 벌어져 생기는 현상으로 같은 실수를 반복하지 않으려면 스팀밀크를 붓는 속도에 맞춰 잔을 세우는 연습이 필요하다.

잔과 스팀피처의 거리에 따른 낙차

라떼아트를 할 때 파란색 화살표로 표시된 부분처럼 스팀피처와 잔의 거리가 가까우면 그림이 잘 그려진다.

라떼아트를 할 때 빨간색 화살표로 표시된 부분처럼 스팀피처와 잔의 거리가 멀면 거품이 잘 뜨지 않고 선명한 그림을 그릴 수 없다.

낙차와 유량, 유속의 상관관계

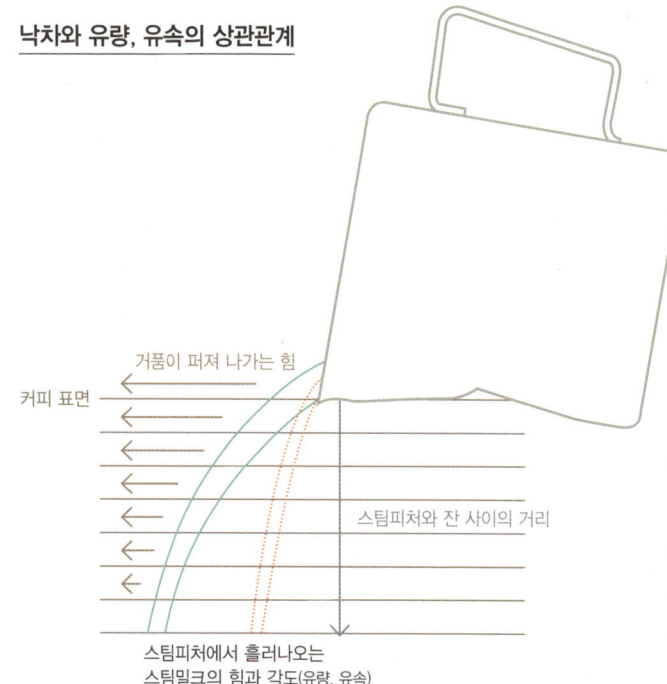

스팀밀크를 파란색 부분처럼 강하게 부었을 때, 잔과 스팀피처의 거리가 가까우면 거품이 앞으로 힘차게 퍼져 나가지만, 빨간색 부분처럼 약하게 부으면 아무리 잔과 스팀피처의 거리가 가까워도 거품이 앞으로 퍼져 나가지 않고 그림도 잘 그려지지 않는다.

라떼아트

유량과 유속

⌄

라떼아트에서 스팀밀크의 유량과 유속은 유기적으로 연결되어 있다. 여기서 말하는 '유량'은 라떼아트를 할 때 스팀피처에서 흘러나오는 스팀밀크의 양을, '유속'은 스팀피처에서 흘러나오는 스팀밀크의 속도를 의미한다. 이 두 가지는 서로 비례하기 때문에 유량이 많으면 유속이 빨라지고 유량이 적으면 유속도 느려진다. 유량이 많고 유속이 빠를수록 스팀피처에서 흘러나오는 스팀밀크의 줄기가 더 굵고 상대적으로 큰 크기의 그림을 그릴 수 있다.

유량이 너무 많은 경우

유속이 빠르고 그림이 커진다.

스팀피처의 움직임

⌄

라떼아트를 할 때 스팀피처를 움직이지 않고서는 그림을 그릴 수 없다. 그림을 그리는 동안 스팀피처는 앞으로 갈 수도, 뒤로 갈 수도 있다. 화려한 그림을 표현하고 싶다면 그만큼 스팀피처의 움직임에 다양한 변화를 줘야 한다. 하트를 그릴 때는 스팀피처를 앞으로, 로제타를 그릴 때는 뒤로 움직인다.

유량이 적절한 경우

유속을 알맞게 조절하여 원하는 크기의 그림을 그릴 수 있다.

유량이 너무 적은 경우

유속이 느리고 그림이 작아진다.

스팀피처가 잔의 1/3 지점에서 1/2 지점으로 이동하면서 하트 모양을 만든다.

로제타를 그릴 때의
결 표현 방법

❶ 유량과 유속은 일정하게

라떼아트의 기본 원리인 스팀밀크로 거품을 밀어내는 힘을 생각하며 스팀피처를 양쪽으로 조금씩 흔들어주면 체조선수가 리본을 흔들 때처럼 결이 생긴다.

❷ 스팀밀크는 한곳에 붓기

결을 잘 만들려면 결과 결 사이의 간격을 유지해야 하는데 그러려면 우선 스팀밀크를 고정된 지점에 일정하게 부어야 한다.

❸ 스팀피처와 잔의 거리는 너무 멀지도 가깝지도 않게

스팀밀크를 부을 때 스팀피처를 양쪽으로 조금씩 흔들어주면 오른쪽 그림처럼 스팀피처의 주둥이와 가까운 쪽이 먼 쪽보다 작은 폭으로 흔들린다. 결을 표현할 때 스팀피처와 잔이 너무 가까우면 뚜렷한 선을 표현하기 어려운 것도 이 때문이다.

❹ 스팀피처는 너무 세게 흔들지 않기

단순히 결을 만들겠다는 생각으로 스팀피처를 너무 세게 흔들면 오히려 스팀밀크가 거품을 밀어내는 힘이 부족해져 결이 퍼져 나가지 않는다. 스팀밀크를 부었을 때의 힘(스팀밀크를 앞으로 퍼뜨리는 힘)과 스팀피처를 양옆으로 움직였을 때의 힘(스팀밀크가 양쪽으로 흔들리는 힘)이 균형을 이루어야만 결을 잘 표현할 수 있다.

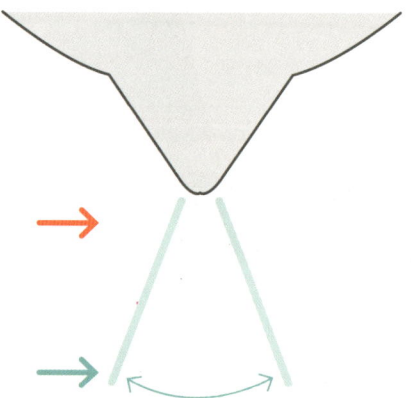

위 그림의 하늘색 화살표가 가리키는 정도로 거리를 두면 결을 잘 살릴 수 있다.

마무리

하트, 튤립, 로제타 등 대부분의 라떼아트는 커피 표면에 그려진 그림을 반으로 가르는 '마무리' 과정을 거친다.

하트 모양이 거의 완성되어갈 때쯤 스팀피처를 살짝 들어 얇은 줄기로 스팀밀크를 부으며 그림 중앙에 선을 긋는다. 이때 스팀밀크의 줄기가 너무 굵거나 가늘면 그림이 망가질 수 있으니 조심해야 한다.

꼬리 만들기

라떼아트의 마지막 단계인 꼬리 만들기는 섬세한 표현이 필요하다.(간혹 디자인에 따라 꼬리 만들기가 없는 경우도 있다) 꼬리를 효과적으로 표현하기 위해서는 마지막까지 스팀밀크의 유량을 세심하게 조절해야 한다. 자신이 만든 꼬리가 너무 작아서 마음에 들지 않는다면 꼬리 부분에 스팀밀크를 조금 더 부으면 된다. 그러면 꼬리를 포함한 주변의 거품층이 스팀밀크 안으로 빨려 들어가 보다 날렵하게 표현할 수 있다. 하지만 스팀밀크를 너무 오래 부으면 그림 전체가 빨려 들어가면서 꼬리 모양이 뾰족해질 수 있다는 점을 염두에 두어야 한다.

라떼아트가 마무리되어 갈 때쯤 꼬리를 날렵하게 빼준다. 이 경우 꼬리 모양을 보면서 스팀밀크의 유량을 조절하면 된다.

CHAPTER 5

라떼아트
실습

BASIC
CIRCLE

———

원

1 잔을 스팀피처 방향으로 기울여 에스프레소를 한쪽으로 모은다.

2 에스프레소의 가장 깊은 부분에 스팀밀크를 붓는다.

3 스팀밀크와 에스프레소를 골고루 빠르게 섞어 잔을 ½ 가량 채운다.

4 잔의 1/3 지점에 스팀밀크를 살짝 떨어뜨리듯이 붓는다.

5 이때 유량이 너무 적으면 원의 크기가 커지지 않고, 유량이 너무 많으면 크레마가 원 안으로 빨려 들어가 색깔이 흐려질 수 있다. 세심한 유량 조절이 필요한 부분이다.

6 원하는 크기로 원을 만든다. 이미 스팀밀크를 많이 부었기 때문에 하트처럼 윗부분에 골이 파여 있다.

7 골을 메우려면 스팀피처의 높이를 유지한 상태에서 스팀밀크의 유량을 서서히 줄여야 한다.

8 스팀밀크의 유량이 줄어들면 스팀피처를 굳이 움직이지 않아도 스팀밀크를 붓는 지점이 뒤로 이동하면서 자연스럽게 골이 메워진다.

9 스팀밀크 붓기를 조심스럽게 멈춰서 마무리하면 기본 원이 완성된다.

BASIC
HEART

―

하트

- 라떼아트의 시작점은 잔의 ⅓ 지점이다.
- 하트의 토대가 되는 원을 만들 때는 낙차를 최대한 줄인 상태에서 스팀밀크의 유량과 유속을 일정하게 유지해야 한다.
- 원이 만들어지면 스팀피처를 너무 높이 들지 말고 앞으로 살짝 움직인다.
- 하트를 반으로 가를 때는 스팀피처를 수직으로 들어 올려 스팀밀크의 유량을 줄이는 것이 좋다. 그래야 이전에 만들어 놓은 모양이 망가지지 않기 때문이다.
- 마지막 단계에서 꼬리 모양을 잡을 때는 유량을 세심하게 신경 써야 한다.

1 잔을 스팀피처 방향으로 기울여 에스프레소를 한쪽으로 모은다.

2 에스프레소의 가장 깊은 부분에 스팀밀크를 붓는다.

3 스팀밀크와 에스프레소를 골고루 빠르게 섞어 잔을 ½ 가량 채운다.

4 믹스가 끝나면 잔의 ⅓ 지점에서 라떼아트를 시작한다.

5 스팀밀크를 부으면 거품이 앞으로 점차 퍼져 나간다.

6 스팀밀크를 일정한 양으로 계속 부으며 그림의 크기를 키운다.

7 원 모양이 될 때까지 제자리에서 스팀밀크를 붓는다.

8 원이 만들어지면 스팀피처를 원의 중앙으로 옮긴다.

9 스팀피처를 수직으로 들어 올리며 스팀밀크의 유량을 줄인다.

10 원을 반으로 가르며 마무리한다.

11 꼬리를 날렵하게 뺀다.

12 완성.

BASIC
FINE LINE HEART
―
결하트

- 라떼아트의 시작점은 잔의 ⅓ 지점이다.
- 결하트를 만들 때는 낙차가 너무 가깝거나 벌어지지 않은 상태에서 스팀밀크의 유량과 유속을 일정하게 유지해야 한다.
- 결을 만들 때는 스팀피처를 양쪽으로 조금씩 흔든다. 여러 겹으로 된 원이 만들어지면 스팀피처를 앞으로 살짝 움직인다.
- 하트를 반으로 가를 때는 스팀피처를 수직으로 들어 올려 스팀밀크의 유량을 줄이는 것이 좋다. 그래야 이전에 만들어 놓은 모양이 망가지지 않기 때문이다.
- 마지막 단계에서 꼬리 모양을 잡을 때는 유량을 세심하게 신경 써야 한다.

1 잔을 스팀피처 방향으로 기울여 에스프레소를 한쪽으로 모은다.

2 에스프레소의 가장 깊은 부분에 스팀밀크를 붓는다.

3 스팀밀크와 에스프레소를 골고루 빠르게 섞어 잔을 ½가량 채운다.

4 믹스가 끝나면 잔의 ⅓ 지점에서 라떼아트를 시작한다.

5 스팀밀크를 부으면 거품이 앞으로 점차 퍼져 나간다.

6 스팀밀크를 양옆으로 약간씩 흔들면서 부으면 결이 만들어진다.

7 원 모양이 될 때까지 흔들면서 스팀밀크를 붓는다.

8 여러 겹으로 된 원이 만들어지면 스팀피처를 원의 중앙으로 옮긴다.

9 스팀피처를 수직으로 들어 올리며 스팀밀크의 유량을 줄인다.

10 원을 반으로 가르며 마무리한다.

11 꼬리를 날렵하게 뺀다.

12 완성.

BASIC
TULIP

튤립

- 라떼아트의 시작점은 잔의 1/2 지점이다.
- 결하트를 만들 때는 낙차가 너무 가깝거나 벌어지지 않은 상태에서 스팀밀크의 유량과 유속을 일정하게 유지해야 한다.
- 결을 만들 때는 스팀피처를 양쪽으로 조금씩 흔든다. 여러 겹으로 된 원이 만들어지면 스팀피처를 앞으로 살짝 움직인다.
- 튤립의 기본 모양은 2단으로 되어 있지만 매 단마다 스팀밀크를 붓는 지점을 조금씩 뒤로 옮기면 원하는 만큼 단을 늘릴 수 있다.
- 튤립을 반으로 가를 때는 스팀피처를 수직으로 들어 올려 스팀밀크의 유량을 줄이는 것이 좋다. 그래야 이전에 만들어 놓은 모양이 망가지지 않기 때문이다.
- 마지막 단계에서 꼬리 모양을 잡을 때는 유량을 세심하게 신경 써야 한다.

1 잔을 스팀피처 방향으로 기울여 에스프레소를 한쪽으로 모은다.

2 에스프레소의 가장 깊은 부분에 스팀밀크를 붓는다.

3 스팀밀크와 에스프레소를 골고루 빠르게 섞어 잔을 1/2 가량 채운다.

4 믹스가 끝나면 잔의 1/2 지점에서 라떼아트를 시작한다.

5 스팀밀크를 양옆으로 약간씩 흔들면서 부으면 결이 만들어진다.

6 원 모양이 될 때까지 흔들면서 스팀밀크를 붓는다.

7 여러 겹으로 된 원이 만들어지면 스팀피처를 원의 중앙으로 옮긴 후 잠시 붓기를 멈추고 골을 만든다.

8 잔의 1/3 지점에서 두 번째 라떼아트를 시작한다.

9 첫 번째 원 안에 스팀밀크를 흔들면서 부으면 결이 만들어진다.

라떼아트

10 이때 스팀밀크를 계속 부으면 첫 번째 원이 아래로 눌리면서 두 번째 원을 살짝 감싸는 형태가 된다.

11 두 번째 원이 만들어지면 스팀피처를 두 번째 원의 중앙으로 옮긴다.

12 스팀피처를 수직으로 들어 올리며 스팀밀크의 유량을 줄인다.

13 전체를 반으로 가르며 마무리한다.

14 꼬리를 날렵하게 뺀다.

15 완성.

BASIC
HEART IN HEART

하트 인 하트

- 라떼아트의 시작점은 잔의 1/3 지점이다.
- 결하트를 만들 때는 낙차가 너무 가깝거나 벌어지지 않은 상태에서 스팀밀크의 유량과 유속을 일정하게 유지해야 한다.
- 결을 만들 때는 스팀피처를 양쪽으로 조금씩 흔든다. 여러 겹으로 된 원이 만들어지면 스팀피처를 앞으로 살짝 움직인다.
- 하트 인 하트의 기본 모양은 2단으로 되어 있지만 매 단마다 원 안에 또 다른 원을 그리면 원하는 만큼 단을 늘릴 수 있다.
- 하트 인 하트를 반으로 가를 때는 스팀피처를 수직으로 들어 올려 스팀밀크의 유량을 줄이는 것이 좋다. 그래야 이전에 만들어 놓은 모양이 망가지지 않기 때문이다.
- 마지막 단계에서 꼬리 모양을 잡을 때는 유량을 세심하게 신경 써야 한다.

라떼아트

1 잔을 스팀피처 방향으로 기울여 에스프레소를 한쪽으로 모은다.

2 에스프레소의 가장 깊은 부분에 스팀밀크를 붓는다.

3 스팀밀크와 에스프레소를 골고루 빠르게 섞어 잔을 1/2 가량 채운다.

4 믹스가 끝나면 잔의 1/3 지점에서 라떼아트를 시작한다.

5 스팀밀크를 양옆으로 약간씩 흔들면서 부으면 결이 만들어진다.

6 원 모양이 될 때까지 흔들면서 스팀밀크를 붓는다.

7 여러 겹으로 된 원이 만들어지면 스팀피처를 원의 중앙으로 옮긴 후 잠시 붓기를 멈추고 골을 만든다.

8 잔의 1/5 지점에서 두 번째 라떼아트를 시작한다.

9 이때는 시작점부터 그림의 크기를 키우지 말고 일단 첫 번째 원 안으로 스팀피처를 한 번에 빨리 움직인다. 그래야 나중에 첫 번째 하트가 두 번째 하트를 완전히 감싸는 형태가 되기 때문이다.

10 첫 번째 원 안에 스팀밀크를 흔들면서 부으면 결이 만들어진다.

11 이때 스팀밀크의 유량이 줄어들어선 안 된다.

12 첫 번째 원이 두 번째 원을 완전히 감싸는 형태가 되면 스팀피처를 두 번째 원의 중앙으로 옮긴다.

13 스팀피처를 수직으로 들어 올리며 스팀밀크의 유량을 줄이고, 전체를 반으로 가르며 마무리한다.

14 꼬리를 날렵하게 뺀다.

15 완성.

BASIC
ROSETTA

로제타

- 로제타의 시작점은 잔의 1/2 지점이다.
- 로제타를 만들 때는 낙차가 너무 가깝거나 벌어지지 않은 상태에서 스팀밀크의 유량과 유속을 일정하게 유지해야 한다.
- 결을 만들 때는 스팀피처를 양쪽으로 조금씩 흔든다. 여러 겹으로 된 원이 만들어지면 스팀피처를 그대로 뒤로 움직인다. 이때 스팀밀크의 유량이 줄어들어선 안 된다.
- 로제타를 반으로 가를 때는 스팀피처를 수직으로 들어 올려 스팀밀크의 유량을 줄이는 것이 좋다. 그래야 이전에 만들어 놓은 모양이 망가지지 않기 때문이다.
- 마지막 단계에서 꼬리 모양을 잡을 때는 유량을 세심하게 신경 써야 한다.

1 잔을 스팀피처 방향으로 기울여 에스프레소를 한쪽으로 모은다.

2 에스프레소의 가장 깊은 부분에 스팀밀크를 붓는다.

3 스팀밀크와 에스프레소를 골고루 빠르게 섞어 잔을 1/2 가량 채운다.

4 믹스가 끝나면 잔의 1/2 지점에서 라떼아트를 시작한다.

5 스팀밀크를 양옆으로 약간씩 흔들면서 부으면 결이 만들어진다.

6 원 모양이 될 때까지 흔들면서 스팀밀크를 붓는다.

7 여러 겹으로 된 원이 만들어지면 스팀피처를 그대로 뒤로 움직인다. 이때 스팀밀크의 유량이 줄어들어선 안 된다.

8 스팀피처를 뒤쪽으로 빼더라도 스팀밀크의 폭과 유량은 일정하게 유지해야 한다.

9 스팀피처를 뒤로 움직인다.

10 잔의 테두리까지 스팀밀크를 붓는다.

11 그 상태로 제자리에서 몇 번 더 스팀피처를 흔든다.

12 로제타의 끝부분에 작은 원이 만들어지면 스팀피처를 수직으로 들어 올리며 스팀밀크의 유량을 줄인다.

13 전체를 반으로 가르며 마무리한다.

14 스팀밀크의 유량이 너무 많으면 모양이 망가질 수 있으니 주의한다.

15 꼬리를 날렵하게 뺀다.

16 완성.

ETCHING
FOAM ETCHING

―

폼에칭

라떼아트

1 잔을 스팀피처 방향으로 기울여 에스프레소를 한쪽으로 모은다.

2 에스프레소의 가장 깊은 부분에 스팀밀크를 붓는다.

3 스팀밀크와 에스프레소를 골고루 빠르게 섞어 잔을 끝까지 채운다.

4 믹스가 깔끔하게 잘된 커피일수록 표면의 색깔이 고르고 거품과 뚜렷한 대비를 이룬다.

5 손잡이를 기준으로 위쪽에 거품을 떠 올린다. 크기는 다른 거품에 비해 커야 한다.

6 첫 번째 거품의 위치.

7 첫 번째 거품의 왼쪽 아래에 두 번째 거품을 떠 올린다.

8 세 번째 거품부터 다섯 번째 거품까지 왼쪽 아래에 차례대로 떠 올린다.

9 전체 거품의 위치.

10 에칭핀으로 거품을 따라 선을 긋는다.

11 에칭핀의 끝부분을 이용한다.

12 에칭핀을 움직이는 동안 에칭핀이 담기는 깊이는 항상 동일해야 한다.

13 첫 번째 거품에 에칭핀으로 바깥쪽에서 안쪽으로 선을 긋는다.

14 에칭핀을 담그는 깊이에 주의하면서 사방에 모두 선을 긋는다.

15 이번에는 안쪽에서 바깥쪽으로 선을 긋는다.

16 에칭핀을 너무 깊이 담그면 안 된다.

17 에칭핀의 끝부분을 이용해 크레마를 살짝 뜬다.

18 첫 번째 거품 중앙에 크레마로 점을 찍는다.

19 에칭핀을 담그는 깊이에 따라 점이 커질 수 있다. 에칭핀을 너무 깊이 담그면 점이 사라질 수 있으니 점이 찍히는 것을 보면서 에칭핀의 깊이를 조절한다.

20 완성.

라떼아트

ETCHING
SAUCE ETCHING

소스에칭

1 잔을 스팀피처 방향으로 기울여 에스프레소를 한쪽으로 모은다.

2 에스프레소의 가장 깊은 부분에 스팀밀크를 붓는다.

3 스팀밀크와 에스프레소를 골고루 빠르게 섞어 잔을 끝까지 채운다.

4 믹스가 깔끔하게 잘 된 커피일수록 표면의 색깔이 고르기 때문에 소스에칭이 돋보이는 효과가 있다.

5 초콜릿소스로 원을 그린다.

6 초콜릿소스로 곡선을 그린다.

7 에칭핀을 깊이 담근다.

8 에칭핀을 살짝 들어 올리는 느낌으로 원 바깥쪽에서 안쪽으로 선을 긋는다.

9 원의 중심에 다다랐을 때 에칭핀을 뺀다. 끝에 묻어나온 거품의 양을 보면 에칭핀을 얼마나 깊이 담갔는지 알 수 있다.

라떼아트

10 같은 방법으로 사방에 모두 선을 긋는다.

11 이번에는 에칭핀을 살짝 들어 올리는 느낌으로 원 안쪽에서 바깥쪽으로 선을 긋는다.

12 에칭핀을 담그는 깊이가 얕을수록 얇은 선이 표현된다.

13 같은 방법으로 사방에 모두 선을 긋는다.

14 에칭핀을 끝부분만 살짝 담근다.

15 사진에서처럼 양옆으로 돌려가며 선을 긋는다.

16 에칭핀을 담그는 깊이에 주의하면서 세심하게 표현한다.

17 완성.

ETCHING
CHARACTER ETCHING

캐릭터에칭

라떼아트

1 기본 원 왼쪽에 거품을 떠 올린다.

2 기본 원 아래쪽에 거품 두 개를 떠 올린다. 이때 두 거품의 거리는 최대한 가까워야 한다.

3 스푼이 커피 표면에 닿지 않게 주의한다.

4 기본 원 안에 에칭핀을 담갔다 빼서 끝에 묻어나온 거품으로 고양이 귀를 그린다.

5 처음에는 선이 두껍게 표현되다가 점점 얇아진다.

6 양쪽 귀는 살짝 거리를 두고 그리는 것이 좋다. 모양은 너무 뾰족하지 않은 삼각형이어야 한다.

7 양쪽 귀가 대칭이 되도록 그린다.

8 고양이 발을 그릴 때는 에칭핀으로 원 바깥쪽에서 안쪽으로 선을 긋는다.

9 11자가 되도록 양쪽 발에 선을 나란히 긋는다.

10 기본 원 왼쪽에 있는 거품은 에칭핀을 원 안쪽에서 바깥쪽으로 담갔다 빼서 말풍선 모양을 만든다.

11 말풍선의 끝부분은 가능한 뾰족하게 표현한다.

12 에칭핀 끝에 크레마를 묻혀 기본 원 중앙에 점처럼 고양이 코를 찍는다.

13 에칭핀 끝에 크레마를 묻혀 코에서 입까지 이어 그린다.

14 고양이 입을 그릴 때는 끝부분을 살짝 말아서 웃는 모양을 만드는 것이 좋다.

15 에칭핀 끝에 크레마를 묻혀 기본 원 안쪽에서 바깥쪽으로 양쪽에 두 개씩 고양이 수염을 그린다.

16 수염은 곡선으로 최대한 날렵하게 그린다.

17 에칭핀 끝에 크레마를 묻혀 코 위쪽에 점처럼 고양이 눈을 찍는다.

18 양쪽 눈의 간격은 코를 사이에 두고 대칭이 되어야 한다.

19 에칭핀 끝에 크레마를 묻혀 얼굴 위쪽에 바깥쪽에서 안쪽으로 줄무늬를 그린다.

20 세 줄을 긋는다.

21 눈썹을 눈에서 멀리 떨어진 곳에 그리면 더 귀여운 느낌을 살릴 수 있다.

22 눈썹은 가능한 작고 가늘게 그린다.

23 에칭핀 끝에 크레마를 묻혀 말풍선 안에 하트를 그린다.

24

25 완성.

FREE POURING
FREE POURING

프리푸어링

라떼아트

1 잔을 스팀피처 방향으로 기울여 에스프레소를 한쪽으로 모은다.

2 에스프레소의 가장 깊은 부분에 스팀밀크를 붓는다.

3 스팀밀크와 에스프레소를 골고루 빠르게 섞어 잔을 ½ 가량 채운다.

4 믹스가 끝나면 잔의 ½ 지점에서 라떼아트를 시작한다.

5 처음에는 로제타를 그릴 때처럼 결을 만든다.

6 결을 만드는 중간에 스팀피처를 좌측으로 크게 움직인다. 이때 스팀밀크의 유량은 일정하게 유지해야 한다.

7 이번에는 스팀피처를 우측으로 크게 움직인다.

8 스팀밀크로 커피 표면에 선을 그린다는 느낌으로 스팀피처를 좌우로 움직이며 뒤쪽으로 뺀다.

9 스팀피처를 살짝 들어 올려 붓기를 잠시 멈춘다.

10 잠시 멈췄던 지점에 작은 원 하나를 그린다.

11

12 스팀피처를 다시 들어 올려 붓기를 잠시 멈춘다.

13 첫 번째 원 위쪽에 작은 원 하나를 더 그린다.

14 첫 번째 원이 아래로 눌리면서 두 번째 원을 완전히 감싸는 형태가 된다.

15 스팀피처를 수직으로 들어 올리며 스팀밀크의 유량을 줄인다.

16 그 상태로 스팀피처를 앞으로 움직이며 그림을 반으로 가른다.

17 유량에 주의한다.

18 잔을 살짝 돌린다.

19 손잡이를 기준으로 위쪽에 작은 원을 하나 더 그린다.

20 세 번째 원을 그리면 주변으로 선들이 빨려 들어가는데, 이때는 스팀피처를 들어 올린 후 바로 꼬리를 뺀다.

21 완성.

라떼아트

FREE POURING
PROFESSIONAL FREE POURING

프로페셔널 프리푸어링

1 잔을 스팀피처 방향으로 기울여 에스프레소를 한쪽으로 모은다.

2 에스프레소의 가장 깊은 부분에 스팀밀크를 붓는다.

3 스팀밀크와 에스프레소를 골고루 빠르게 섞어 잔을 1/2 가량 채운다.

4 스팀밀크는 정확한 지점에, 흘러나오는 모양이 수직으로 떨어지게 부어야 한다. 커피 표면에 작은 점이 생기면 스팀피처를 5번 정도 양쪽으로 흔들면서 뒤로 뺀다.

5 결 가운데를 반으로 가르는 로제타와 달리 결의 안쪽 테두리를 따라 스팀밀크를 부으면 날개 모양이 된다.

6 첫 번째 날개와 대칭이 되도록 두 번째 날개를 그린다.

7 날개의 방향이 헷갈릴 때는 잔의 손잡이 위치를 기준 삼아 그림이 손잡이에서 얼마나 떨어져 있는지, 그림과 손잡이의 방향이 수직인지 살피면서 그림을 그리면 도움이 된다.

8 잔을 살짝 돌린 후 첫 번째 날개 아래쪽에 스팀밀크를 붓는다.

9 스팀피처를 5~6번 정도 양쪽으로 흔들면서 뒤로 빠르게 뺀다.

라떼아트

10 결 가운데를 반으로 갈라 로제타를 완성한다.

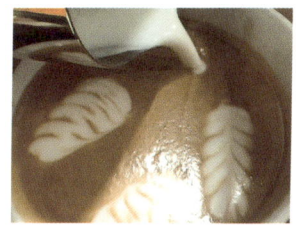

11 잔을 반대로 돌린다.

12 첫 번째 로제타와 대칭이 되도록 두 번째 로제타를 그린다.

13 잔을 원래대로 다시 돌린 후 양쪽 날개와 로제타 사이에 스팀밀크를 붓는다.

14 작은 점이 생기면 스팀피처를 7~8번 정도 양쪽으로 흔들면서 뒤로 빠르게 뺀다. 이때 스팀밀크는 일정한 폭과 유량을 유지해야 한다.

15 결 가운데를 반으로 가른다.

16 완성.

PART 5

커피메뉴
COFFEE MENU

참고문헌
1. 『커피 브루잉』, 도형수, 아이비라인(2014)
2. "스타벅스코리아 음료개발파트", 『월간Coffee』, 2015, 167호
3. "탐앤탐스아카데미", 『월간Coffee』, 2015, 168호
4. "이디야 커피 R&D팀", 『월간Coffee』, 2016, 171호

COFFEE STUDY PLUS

1
준비

CHAPTER 1

재료

커피

커피의 원재료인 생두green bean는 재배 환경이나 품종, 수확 후 이뤄지는 가공방식과 로스팅 방식에 따라 그 형태와 향미가 달라진다.

❶ 품종

커피의 품종은 크게 아라비카Arabica와 로부스타Robusta로 대표되는 카네포라Canephora로 나뉜다. 아라비카는 주로 고도가 높은 곳에서 재배되고 산미를 비롯한 복합적인 향미를 지닌 품종으로 평가된다. 기후의 영향을 많이 받으며 병충해에 약해 재배 조건이 제한적이라는 단점이 있다. 대표적인 세부 품종은 티피카typica, 버번bourbon, 카투아이catuai, 카투라caturra, 문도노보mundo novo 등이 있다. 로부스타는 아라비카에 비해 고도가 낮은 곳에서도 잘 자라고 병충해에 강해 대량 생산에 유리하다. 묵직한 바디body* 와 초콜릿 향미가 좋지만 쓴맛이 강한 편이다.

아라비카 품종들은 세심하게 관리되어야 하는 만큼 로부스타에 비해 가격이 비싼 편이지만, 싱글 오리진 커피를 추출하거나 블랜드를 구성할 때 다채로운 향미를 표현할 수 있어 스페셜티 커피를 다루는 곳에서 많이 사용한다. 로부스타는 주로 블랜드를 구성할 때 사용하는데, 대량 생산되는 경우가 많아 수급이 원활하여 블랜드 구성을 안정적으로 유지할 수 있다. 커피의 바디와 단맛을 강조할 용도로도 사용한다. 스페셜티 커피의 영향으로 비교적 향미가 단조로운 로부스타는 저가 커피라는 평가를 받아왔다. 하지만 최근에는 아라비카만큼 뛰어난 품질의 로부스타가 발견되고, 고유의 향미를 살린 커피추출법이 등장하는 등 새롭게 주목받고 있다.

❷ 가공방식

농장에서 수확한 커피체리는 일련의 가공 과정을 거쳐 생두로 탄생한다. 커피체리의 가공방식에 따라 동일하게 재배된 같은 품종의 커피라도 전혀 다른 향미를 내는데, 최근 커피산지에서는 품종이나 재배 환경의 한계를 극복하고자 다양한 가공방식을 시도하고 있다.

내추럴 프로세스natural process

내추럴 프로세스는 주로 물이 부족한 국가에서 많이 사용하는 가공방식이다. 수확한 커피체리를 넓은 바닥인 파티오patio에서 그대로 말리거나 나무나 그물로 된 건조대, 혹은 기계에서 말린 후 탈곡한다. 시간이 오래 걸리고 균일한 품질을 보장하기 어려운 방식이지만 내추럴 프로세스를 거친 커피는 단맛과 바디가 좋다.

워시드 프로세스washed process

수확한 커피체리에서 껍질과 과육을 분리하는 펄핑pulping 작업 후 물이 담긴 발효탱크에 넣어 파치먼트parchment*에 붙어 있는 끈적한 점액질을 자연 발효시키거나 기계로 제거한 다음 건조하는 방식이다. 내추럴 프로세스를 거친 커피에 비해 균일한 품질을 유지할 수 있으며, 산미와 깔끔한 맛이 도드라진다.

---

* **바디** : 커피를 마셨을 때 입안에서 느껴지는 커피의 질감과 무게감.

* **파치먼트** : 커피체리의 씨앗을 둘러싼 다갈색의 얇은 껍질.

펄프드 내추럴 프로세스pulped natural process, **허니 프로세스**honey process, **세미 워시드 프로세스**semi washed process

펄핑 작업 후 파치먼트에 점액질이 남은 상태로 건조하는 방식이다. 지역별로 펄프드 내추럴 프로세스, 세미 워시드 프로세스나 허니 프로세스 등으로 명칭을 다르게 부르기도 한다. 코스타리카에서 개발한 허니 프로세스는 과육을 남기는 비율과 건조 방식에 따라 화이트, 옐로우, 레드, 블랙 등으로 단계를 나누기도 한다. 이렇게 가공된 커피는 단맛이 돋보인다.

알마 네그라alma negra, **펠라 네그라**perla negra

커피체리를 비닐 백에 넣어 그늘에 두고 어느 정도 수분을 유지하면서 천천히 건조한 다음 꺼내 햇볕에 말리는 방식이다. 건조 장소나 기간에 약간의 차이를 둬 알마 네그라와 펠라 네그라로 구분한다. 최근에는 여기에서 더 발전해 건포도의 향미와 생김새를 닮은 레이즌 프로세스raisin process도 등장했다.

❸ 로스팅 방식

생두는 로스팅을 거쳐 비로소 원두가 된다. 로스팅은 생두가 지닌 물리적, 향미적 특성을 고려하면서 진행되는데, 이때 원두의 최종 상태를 결정하는 로스팅 레벨을 잘 선택하는 것이 중요하다. 우선 라이트light, 미디엄medium, 미디엄 다크medium dark, 시티city, 풀시티full city, 다크dark와 같이 로스팅을 마친 원두의 색으로 로스팅 포인트를 구분하는 경우가 있다. 또는 로스팅 중 생두가 열에 의한 압력을 견디지 못하고 '팝pop' 소리와 함께 터지는 순간을 일컫는 1차 크랙과 2차 크랙을 기준으로 원두 배출 시기를 정해 로스팅 포인트로 표현하기도 한다. 원두 색상을 기준으로 보면 1차 크랙에 가까울수록 라이트나 미디엄 로스팅에 가깝고 2차 크랙 후로 갈수록 다크 로스팅에 가깝다고 볼 수 있다.

하지만 로스팅은 생두의 수분함량이나 밀도, 로스팅에 투입하는 열의 양에 따라 여러 변수가 존재하기 때문에 단순히 원두의 색상이나 배출 시기만으로 그 특징을 단정하기 어렵다. 그래서 로스팅을 통한 원두의 물리적, 향미적 특징은 평균적인 선에서 판단할 수밖에 없다.

일반 카페에서는 직접 로스팅을 진행하거나, 타 로스터리에서 로스팅된 원두를 납품받아 사용한다. 어느 쪽을 선택하든 추출할 커피의 향미를 고려해 알맞은 로스팅 상태의 원두를 선택하는 것이 좋다. 커피에서 산미와 꽃향기, 과일향과 같은 아로마가 도드라지기를 선호하는 카페에서는 라이트나 미디엄에 가까운 혹은 1차 크랙 전후에 배출된 원두를, 바디와 단맛에 중점을 두는 곳에서는 다크에 가깝거나 2차 크랙 전후에 배출된 원두를 선택하면 된다.

로스팅 포인트

라이트 (#65*) | 미디엄 (#55) | 미디엄 다크 (#45) | 시티 | 풀시티 | 다크 (#35)

1차 크랙   2차 크랙

*아그트론 넘버agtron number, # : 아그트론은 적외선을 이용해 커피의 당 성분이 일으키는 화학반응을 측정하는 기구로, 아그트론 넘버를 통해 원두의 색상을 수치로 나타낸다.

물

원두가 지닌 특정한 향미 성분이 커피의 맛을 좌우하는 경우도 많지만, 커피의 98% 이상을 이루고 있는 물이 미치는 영향도 무시할 수 없다.

물은 경도에 따라 종류가 나뉜다. 물의 경도, 즉 물의 세기는 물에 들어있는 칼슘과 마그네슘과 같은 무기질 함량으로 구분할 수 있다. 경도가 10 이하로 낮은 물을 연수라고 표현하는데, 흔히 말하는 미네랄이 거의 없는 물이다. 우리 주변에서 쉽게 얻을 수 있는 수돗물이 이에 해당한다. 물을 마실 때는 미네랄 함량이 높아야 건강에 좋다고 하지만 커피를 추출할 때는 미네랄이 적은 물을 선택하는 것이 좋다. 미네랄은 커피성분들이 물에 용해되는 것을 방해하기 때문이다. 수돗물은 미네랄이 거의 없는 연수지만 강력한 산화물질인 염소가 들어있어 반드시 정수 필터를 통해 물을 여과시키거나 끓인 다음 커피추출에 사용해야 한다. 염소는 커피의 향 성분을 빠르게 산화시켜 원두가 지닌 고유의 향미를 보존하는 데 어려움을 준다.

카페에서는 작은 산소탱크처럼 생긴 정수필터를 설치한 후 에스프레소 머신에 연결해 직수, 보일러, 추출수로 사용할 물을 얻는다. 물이 커피향미에 끼치는 영향이 큰 만큼 정수필터는 지속적으로 관리해야 한다.

우유

우유는 카페라떼와 카푸치노 외에 다양한 베리에이션 음료에 활용되는 재료다. 원두와 물처럼 우유도 커피향미를 완성하는 데 중요한 역할을 하는데, 추출된 커피와 우유가 조화롭게 어우러지지 않는다면 오히려 역효과를 가져올 수 있기 때문이다.

우유를 선택할 때 고려해야 할 사항

커피와의 밸런스

카페에서는 에스프레소용 원두와 우유 베리에이션 커피용 원두를 따로 사용하는 경우가 많을 만큼 커피와 우유의 조화를 염두에 둔다. 커피의 캐릭터를 드러내면서 우유가 지닌 고유한 맛을 유지하는 것이 중요한데, 추출된 에스프레소와 시중에서 판매하는 다양한 우유를 놓고 테스트를 진행하며 원하는 맛을 내는 것을 선택하면 된다.

우유량을 조절해 커피와 우유의 밸런스를 끌어내는 방법도 있다. 커피향미를 부각시키고 싶다면 커피양 대비 우유량을 줄여 진한 커피맛을 느낄 수 있도록 하고, 반대로 우유의 고소함을 강조하고 싶다면 우유량을 늘려 풍미를 더한다.

안정적인 밀크 스티밍

우유에 스팀을 가해 거품을 내는 밀크 스티밍milk steaming을 진행할 때는 주로 단맛과 고소한 맛을 강조하기 위해 지방성분이 들어있는 전지 우유whole milk를 사용한다. 일정한 온도로 가열된 우유의 지방은 안정적인 밀크폼milk foam을 만드는 데도 도움이 된다.

최근에는 더욱 부드러운 밀크폼을 만들 수 있는 바리스타 전용 우유가 출시되는 등 커피와의 조화를 목적으로 개발된 우유도 판매되고 있다. 해외에서는 우유의 맛을 더 풍부하게 하려고 지방함량이 높은 생크림과 섞은 '하프 앤 하프 밀크'를 사용하기도 한다. 이밖에 유내불내증을 겪는 사람들을 위해 유당을 제거한 락토프리 우유, 두유나 아몬드 우유 등 여러 종류의 우유가 있고, 단일목장에서 생산한 우유나 자연 방목 우유 등 소가 자라는 환경에 따라서도 품질이 다른 우유를 맛볼 수 있다.

설탕

커피의 쓴맛과 산미를 부담스러워 하는 사람들은 설탕으로 단맛을 더해 커피를 즐긴다. 이들을 위해 대부분의 카페에서는 스틱 설탕이나 설탕 시럽을 셀프 바self-bar에 비치해둔다. 혹은 가루설탕이나 각설탕을 작은 용기에 담아 티스푼과 함께 제공하기도 한다. 때때로 설탕은 베리에이션 음료에 들어가는 기본 재료로 활용될 만큼 중요한 재료가 된다.

1 스틱 설탕

쉽고 간편하게 양을 조절할 수 있도록 포장된 설탕이다. 카페에서 가장 흔하게 접할 수 있는 형태의 설탕으로, 막대 모양의 종이포장 안에 가루 설탕이 들어있다. 하얗고 입자가 고운 정백당(백설탕)이나 갈색의 중백당이 들어있다.

2 각설탕

가루 설탕을 일정한 크기의 육면체나 구형으로 만든 설탕으로, 개수로 당도를 조절할 수 있다. 가루 설탕에 비해 녹는 속도가 느려 스푼으로 여러 번 저은 다음에 마셔야 하지만, 젓지 않고 각설탕이 서서히 녹으면서 변하는 커피맛을 즐기는 사람도 있다.

3 비정제 설탕

최근 설탕의 위험성이 논란이 되면서 유기농 설탕을 찾는 사람이 늘고 있다. 사탕수수 원당이라고도 부르는 비정제 설탕은 일반 설탕과 달리 정제 과정을 거치지 않았기 때문에 단맛은 적어도 풍부한 미네랄이 함유되어 있어 비교적 건강에 유익하다고 알려졌다.

4 설탕 시럽

카페에서는 설탕이 잘 녹지 않는 아이스 음료를 고려해 설탕을 물과 함께 끓여 액체 상태인 시럽으로 만들어 사용한다.

TIP 설탕 시럽 만드는 법

시중에 파는 설탕 시럽을 사용하는 것이 편리하기는 하지만, 제조 과정이 간단하고 재료비도 많이 들지 않아 직접 만들어 보는 것도 좋다. 주로 정백당을 사용하는데, 냄비에 설탕과 물을 1:1의 비율로 섞어 약한 불에서 끓이면 완성된다. 시럽을 식힌 후 용기에 담아 냉장 보관하면 오랫동안 쓸 수 있다.

기타 부재료

커피나 우유에 다양한 부재료를 적절히 배합하면 각각의 특징을 살린 베리에이션 음료를 만들 수 있다. 시판 제품도 다양한 종류가 있지만 최근 일반 카페에서는 직접 원재료를 고르고 섬세하게 가공해 부재료를 만들어 차별화된 맛을 선보이는 추세다.

또한 부재료는 음료에 새로운 맛을 더할 뿐 아니라 시각적인 효과로 사람들의 이목을 끌기도 한다. 잔에 각종 부재료와 커피, 우유를 층이 형성되도록 담아 색의 대비를 보여주고, 과일이나 크림 등을 올려 화려한 비주얼을 강조한다.

1 시럽

바닐라나 캐러멜 시럽이 대표적이고, 기본 카페라떼에 각각의 시럽을 넣어 바닐라 라떼와 캐러멜 마키아또를 만든다.

> **TIP** 모나드 커피 로스터스의 바닐라 시럽 만드는 법
>
> 1 냄비에 바닐라빈(2개)을 반으로 잘라 빈과 껍질을 함께 넣는다.
> 2 ①에 유기농 설탕(600g)과 물(600㎖)을 넣어 약불에서 끓인다.
> 3 어느 정도 끓인 바닐라 시럽은 식힌 후 병에 담아 냉장 보관한다.

2 소스

원재료를 베이스로 만들며 시럽에 비해 점성이 있는 편이다. 카페에서 흔히 사용하는 소스 중 하나가 초콜릿 소스다. 음료에 직접 넣거나, 카페모카의 경우 컵 안쪽 바닥이나 크림 위에 올리는 토핑으로도 활용한다. 커버추어 카카오를 녹여 한층 진하고 향이 좋은 핫초콜릿을 만들어 사용하는 경우도 있다.

3 연유

카페에서는 흔히 우유를 농축해 설탕을 넣고 졸여 만든 끈적한 질감의 가당연유를 사용한다. 주로 베트남에서 커피를 마실 때 첨가하는 재료라 국내에서는 카페라떼에 연유를 넣은 커피를 '사이공 라떼saigon latte'라 부르는 곳이 많다.

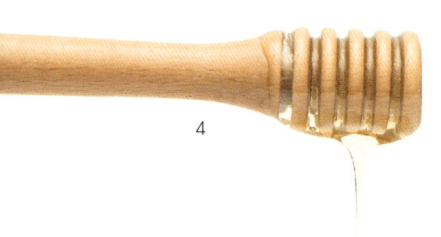

6 크림

동물성 크림으로 만든 것을 생크림이라 하고, 식물성 크림으로 만든 것을 휘핑크림이라 한다. 카페에서는 단맛을 더하기 위해 설탕 시럽을 넣은 크림을 만들기도 한다.

TIP 크림 만드는 법

시중에 크림을 만드는 다양한 도구가 있는데, 카페에서는 보통 휘핑기나 거품기를 이용해 크림을 만든다. 휘핑기를 사용하는 경우, 휘핑기에 적당량의 크림을 붓고 질소 가스를 주입해서 흔들면 크림이 완성된다. 거품기는 전동형과 수동형으로 나뉜다. 전동형은 모터를 가동하는 방식으로 편리하게 거품을 만들 수 있지만 가격이 비싸다는 단점이 있다. 이에 반해 수동형은 힘과 시간이 많이 소요되지만 가격은 저렴하다. 냉장 보관한 차가운 우유로 만들면 더 풍성하고 오래 지속되는 크림을 만들 수 있다.

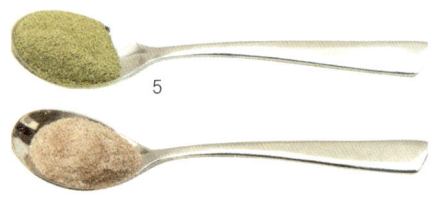

4 꿀

설탕 대신 사용하는 천연 재료다. 특유의 향이 있고, 각종 비타민과 미네랄이 풍부해 건강에도 좋다.

5 파우더

원재료에 인공적인 가공 과정을 거치고 향미를 더해 만든 미세한 가루 형태의 부재료다. 종류가 다양하고 비용이 저렴하며, 사용하기에도 간편하다. 하지만 재료 본연의 맛을 살리기 힘들다는 단점이 있다. 최근에는 풍부한 맛을 내기 위해 원재료에 파우더를 섞어서 사용하기도 한다.

8 ⑦을 다시 넣고 끓인다. ⑦과 ⑧의 작업을 4~5번 정도 반복한다.

9 반복 작업이 끝나면 다른 냄비에 ⑧과 함께 정수된 물과 설탕을 넣고 끓인다.

10 ⑨가 끓으면서 오렌지가 점점 투명해지기 시작하면, 물엿을 넣고 섞으면서 중간 불에서 계속 끓인다.

11 ⑩을 3시간 정도 졸이고 나면, 체에 걸러 오렌지(콩피)는 오렌지 구겔호프 빵 재료로, 밑에 거른 오렌지 시럽은 상큼한 맛을 더하기 위해 똑같은 과정을 거쳐 만든 레몬 시럽과 4:1의 비율로 섞어 오렌지 시럽을 완성한다.

7 퓨레, 콩피

껍질을 벗기고 씨를 바른 과일이나 채소를 삶거나 졸인 다음 으깨서 걸쭉하게 만든 것을 말한다.

TIP 노아스 로스팅의 오렌지 콩피와 시럽 만드는 법

재료 오렌지 1.5kg, 정수된 물 750ml, 설탕 1.3kg, 물엿 1kg

1 오렌지 표면의 왁스 코팅을 제거하기 위해 뜨거운 물에 20초가량 불린 후 씻는다.

2 ①을 식초에 10~20분가량 담가 산성에 녹는 이물질을 제거한다.

3 ②를 베이킹소다를 섞은 물에 넣어 30초 동안 불린 후, 알칼리성에 녹는 불순물을 부드러운 수세미로 닦아 제거한다.

4 ③을 흐르는 물에 씻은 후 하루 정도 물에 불린다.

5 ④를 꺼내 일정한 크기로 자른다.

6 냄비에 ⑤와 정수된 물을 넣고 끓인다.

7 ⑥을 불에서 내린 후 10~20분가량 식힌 다음 체에 오렌지만 거른다.

8 가니쉬

완성된 음료에 올려 모양이나 색으로 포인트를 주고 식욕을 돋우는 장식을 말한다. 말린 과일이나 생과일을 주로 사용하는데, 겉모습뿐 아니라 음료에 향을 더하는 역할도 한다.

CHAPTER 2

커피추출 장비 & 도구

기본 도구

1 탬퍼 tamper

포터필터porter filter에 담긴 분쇄원두를 다지는 도구다. 바리스타가 탬퍼로 원두를 다지는 동작을 탬핑tamping이라 하는데, 이때 힘이 한쪽으로 쏠리거나 수평이 고르지 못해 분쇄원두의 입자 간격이 일정하지 않으면 추출이 제대로 이뤄지지 않으니 유의해야 한다.

2 넉박스 knuck box

포터필터 안에 다져진 분쇄원두(커피 퍽puck)를 담는 통이다. 보통 중간에 고무로 감싼 작은 막대가 있는데, 추출을 마친 포터필터의 목 부분을 이 막대에 치면 커피 퍽이 잘 떨어진다.

3 샷글라스 shot glass, 샷잔

추출되는 에스프레소의 양을 한눈에 볼 수 있도록 눈금이 그려져 있는 작은 유리잔이다. 스테인레스로 된 샷잔은 음료 잔에 옮겨 붓기 편하게 주둥이가 있고 손잡이도 달려 있다.

4 타이머 timer

커피추출 및 음료를 제조할 때 정확한 시간을 측정하기 위해 사용한다.

5 온도계

온도를 잴 수 있는 기구로, 카페에서는 스팀피처나 서버에 꽂아서 사용할 수 있는 막대형 온도계를 많이 쓴다. 미세한 온도 변화는 음료의 맛에 큰 영향을 끼치기도 하는데, 특히 밀크 스티밍을 진행할 때 온도가 70℃ 이상으로 올라가면 단백질이 변성되어 밀크폼의 상태가 불안정해지고 단맛도 떨어지기 때문에 유의해야 한다.

커피메뉴

6 계량저울

재료의 양을 정확히 측정하기 위한 저울로, 특히 커피를 추출할 때는 원두나 물의 양, 추출량 등을 정확히 측정해 최적의 맛을 끌어내고 일관성을 유지하는 데 도움이 된다. 최근에는 저울을 아예 커피 바bar에 내장 설치해서 사용하는 곳이 늘고 있다. 또한 무게뿐 아니라 추출시간과 흐름을 파악하고, 휴대폰이나 노트북에 연동해서 사용할 수 있도록 설계된 스마트 저울도 많이 사용한다.

7 스팀피처 steam pitcher

우유를 담는 스테인레스 재질의 용기로, 우유에 스팀을 가해 데우고 거품을 만드는 밀크 스티밍 작업 시 사용한다.

8 에칭펜 etching pen

라떼아트의 한 종류인 에칭 기법을 표현할 때 사용하는 끝이 뾰족한 펜이다. 에칭펜으로 밀크폼이나 에스프레소의 크레마, 소스 등을 찍어 커피표면에 패턴을 그리는데, 에칭펜의 길이와 두께에 따라 표현법이 다양하다.

9 드립포트 drip pot

브루잉 커피를 추출할 때 물을 붓는 주전자로, 가는 물줄기로 붓기 위해 주둥이 부분이 길고 얇은 것이 특징이다.

10 필터 filter

브루잉 커피를 추출할 때 분쇄원두를 거르는 역할을 한다. 주로 간편한 종이 필터를 사용하지만, 융과 같은 천 필터나 금속 필터도 있다. 브루잉 도구에 따라 사이즈와 모양이 조금씩 다르고, 전용 필터가 따로 있는 경우도 있다.

11 서버 server

필터로 거른 커피를 받는 비이커 모양의 기물로, 유리에 표시된 눈금을 통해 추출량을 확인할 수 있다.

12 계량스푼

원두를 뜰 때 사용하는 스푼으로, 원두 이외에 소량의 재료를 측정할 때도 사용한다.

13 바 스푼 bar spoon

가늘고 긴 형태의 바 스푼은 주로 커피나 우유에 부재료를 넣고 섞을 때 사용한다. 바 스푼으로 밀크폼을 떠서 원이나 물방울 패턴의 라떼아트를 표현하거나 밀크폼을 쌓아 올려 3D 라떼아트를 표현할 때도 사용한다.

커피메뉴

14 계량컵

우유나 주스 등 음료에 들어가는 재료의 양을 정확히 계량할 수 있도록 눈금이 그려진 컵이다.

15 린넨 linen

커피 바에서 사용하는 마른 천으로, 바리스타는 추출 전 린넨으로 포터필터를 닦거나 잔과 같은 각종 기물들의 물기를 제거한다.

16 시럽통, 소스통, 파우더통

시럽과 소스, 파우더와 같은 부재료를 담는 용기다. 음료를 제조할 때 사용하기 위해 주로 커피 바에 두지만, 손님이 개인의 기호에 따라 자유롭게 첨가할 수 있도록 셀프 바에 비치하기도 한다.

17 휘핑기

휘핑기 안에 생크림이나 휘핑크림을 넣고 질소 가스를 주입해 흔들면 어느 정도 질감이 있는 형태의 크림이 완성된다. 손잡이를 눌러 간편하게 크림을 짤 수 있다. 음료 위에 부드러운 크림을 얹어 식감을 더하거나 시각적인 효과를 내기 위해 사용한다.

18 냉장고

카페에서 사용하는 냉장고는 크게 세로형과 테이블형이 있는데, 세로형은 재료를 꺼내기 쉽고 테이블형은 작업대로도 활용이 가능하다는 장점이 있다.

19 제빙기

얼음을 만들고 보관하는 냉장고로 얼음 형태에 따라 다양한 종류가 있다.

20 얼음스쿱

제빙기에서 생성된 얼음을 꺼낼 때 사용하는 작은 삽 모양의 도구다.

21 블렌더 blender

각종 재료를 갈거나 스무디와 같이 얼음과 함께 갈아 만드는 등 주로 아이스 음료를 제조할 때 사용하는 기계다.

22 온수기 hot water dispenser

뜨거운 물이 나오는 기계로, 카페에서 에스프레소 머신의 온수만 사용할 시 머신 내부에 뜨거운 물이 부족해 연속 추출이 불가능한 상황이 생기기도 한다. 자주 사용하면 머신의 온도 유지력이 떨어지는 등 수명도 단축되기 때문에 따로 온수기를 구비하는 것이 좋다.

그라인더

그라인더는 커피를 추출하기 위한 기본 장비이자 가장 중요한 장비 중 하나다. 본격적인 커피추출은 원두를 분쇄하는 것에서부터 시작되기 때문인데, 추출법에 따라 적절한 원두 입자의 크기가 달라 분쇄도를 잘 조절해야 한다.

분쇄도 조절

원두의 상태에 맞춰 그라인더에 표시된 눈금을 통해 분쇄도를 일정하게 정하지만, 부품을 갈고 내부를 청소하면서 영점이 조금씩 바뀌기 때문에 분쇄도의 평균적인 설정값을 정의하기는 어렵다. 분쇄된 원두를 놓고 입자 크기를 측정할 수도 있지만, 이는 아주 미세한 크기여서 일반 카페에서 측정하는 것은 거의 불가능하다. 주로 분쇄도를 변경하면서 커피를 추출한 후 맛을 보거나 VST 굴절계를 이용해 추출수율을 측정하는 방법으로 분쇄도를 결정해 일정한 값을 그라인더에 세팅한다. 에스프레소의 경우 짧은 시간에 많은 커피성분을 끌어내야 하는 만큼 0.2~0.4mm 정도의 크기로 가늘게 분쇄한다. 브루잉 커피는 에스프레소에 비해 원두가 물에 접촉하는 시간이 길어 0.7~0.8mm의 크기로 분쇄한다. 단 원두마다 밀도나 수분함량, 로스팅 상태 등이 달라 분쇄에도 편차가 발생할 수 있다는 것을 염두에 두어야 한다.

다양한 원두 리스트를 갖춘 매장에서는 원두나 추출법에 따라 매번 분쇄도를 바꿔 사용하는 것이 불편하기 때문에 주로 에스프레소용과 브루잉 커피용으로 두 가지 그라인더를 구분하고, 더 나아가 에스프레소용과 베리에이션 커피용으로 나누는 등 2~3대의 그라인더를 함께 두고 사용한다.

그라인더 종류

· 자동 그라인더

원하는 분쇄도와 분쇄시간을 설정할 수 있는 컨트롤 장치가 장착되어 있어 설정값만큼 원두가 자동으로 분쇄된다. 버튼 하나로 미리 설정한 분쇄도의 원두를 포터필터에 쉽게 담을 수 있지만, 원하는 양을 정확히 맞추는 데는 다소 편차가 있다.

· 반자동 그라인더

도저 레버doser lever*를 당겨 분쇄된 원두를 직접 포터필터에 받아야 하는 수고로움이 있지만, 바리스타가 담고자 하는 분쇄원두의 양을 정교하게 조절할 수 있다.

*도저 레버 : 분쇄된 원두를 보관하는 도저 챔버(chamber)에서 분쇄원두를 배출하기 위해 당기는 손잡이.

버 burr

매장에서 사용할 그라인더를 선택할 때는 추구하는 커피향미와 바리스타의 역량, 매장의 컨셉 등 다양한 요소를 고려해야 하지만, 무엇보다 분쇄된 원두의 입자가 균일해야 커피성분을 일정하게 추출할 수 있다는 점을 명심해야 한다. 입자의 균일성은 그라인더에서 가장 중요한 부품인 버의 영향을 많이 받는다. 버는 원두를 분쇄하는 칼날을 의미하는데, 플랫flat 버와 코니컬conical 버가 대표적이다.

 플랫 버

 코니컬 버

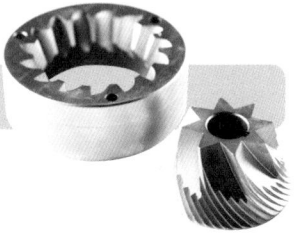

날 형태
평면형

균일도
작은 입자로 분쇄 가능하고 입자도 균일한 편이다.

열 발생률
회전률이 높아 열이 발생할 확률이 증가한다. 분쇄원두에 많은 열이 가해지면 향 성분이 날아가기 때문에 유의해야 한다.

날 형태
원추형

균일도
플랫 버보다 빠르게 분쇄할 수 있지만, 원두를 으깨는 방식이라 균일성은 떨어지는 편이다.

열 발생률
플랫 버에 비해 열이 발생할 확률이 적어 원두에 가해지는 화학적 변화가 줄어든다.

에스프레소 머신

에스프레소는 분쇄된 원두에 에스프레소 머신의 높은 압력과 뜨거운 물을 가해 빠르게 추출한 커피를 말한다. 에스프레소 추출에 미치는 머신의 영향력이 큰 만큼 무조건 성능이 좋은 것을 선택할 수도 있지만, 머신을 사용할 바리스타와 매장에 적합한 형태와 기능을 갖춘 것을 선택하는 것이 바람직하다. 최근 들어 많은 카페에서 하이엔드high-end급의 머신을 사용하고 있는데, 그만큼 기능이 다양하기 때문에 해당 머신에 대한 확실한 이해가 바탕이 되어야 하고 이를 활용하는 바리스타의 역량도 중요하다는 점을 명심해야 한다.

에스프레소 머신의 종류

에스프레소 머신의 종류는 자동과 반자동, 수동으로 나눌 수 있다. 자동 머신은 추출과정을 미세히 조절할 수는 없지만 작동이 어렵지 않아 흔히 호텔이나 패스트푸드점에서 사용한다. 일반 카페에서 주로 사용하는 것은 반자동 머신이다. 버튼이나 패들 혹은 터치스크린으로 추출을 통제할 수 있어 머신의 사양에 따라 머신 내 압력을 비롯해 추출수의 유량과 온도, 인퓨전infusion* 및 추출시간 등을 조정할 수 있다. 수동 머신은 레버로 유량을 조절해야 하기에 바리스타의 테크닉이 중요하다.

또한 머신은 그룹헤드group head의 개수에 따라 1그룹, 2그룹, 3그룹으로 나뉜다. 매장의 크기와 손님의 수 등을 고려해 상황에 맞는 머신을 선택하면 된다.

포터필터

포터필터는 그라인더로 분쇄한 원두를 담아 에스프레소 머신에 끼울 수 있게 만든 부품이다. 원두와 물이 만나 직접적인 추출이 이뤄지는 부분이기 때문에 바리스타들은 포터필터를 구성하는 다양한 파츠parts*에도 관심을 기울인다. 특히 바리스타의 선호와 원두의 상태에 따라 필터 바스켓filter basket*이나 샤워 스크린shower screen*을 교체하는 경우가 많다.

또한 포터필터 밑에는 기본적으로 스파웃spout*이 있어 에스프레소가 샷글라스나 잔으로 떨어지는 물길을 가르는데, 최근에는 추출상황을 눈으로 정확히 관찰하고자 스파웃이 없는 바텀리스bottomless 형태의 포터필터도 많이 사용한다.

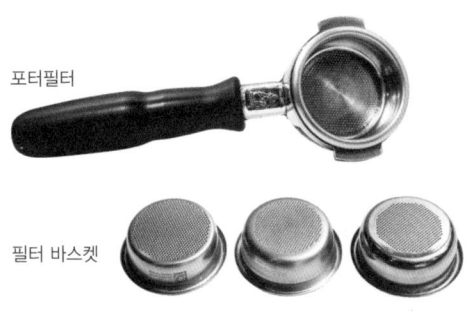

포터필터

필터 바스켓

* **인퓨전** : 본격적인 추출에 앞서 분쇄원두에 살짝 물을 투입시켜 물길을 형성해 커피가 안정적으로 추출될 수 있도록 하는 사전 적심 과정.
* **파츠** : 에스프레소 머신과 관련된 각종 부속품.
* **필터 바스켓** : 포터필터의 일부분으로 분쇄된 커피를 담는 바스켓 형태의 금속 필터를 말한다.
* **샤워 스크린** : 머신의 보일러에서 나오는 추출수를 필터 바스켓 전체에 분사하는 역할을 한다.
* **스파웃** : 커피 추출액이 흘러나오는 부분.

브루잉 도구

▽

핸드드립hand drip 커피라고도 불리는 브루잉 커피는 머신의 압력을 통해 빠르게 커피성분을 뽑아내는 에스프레소와 달리 분쇄된 원두를 필터에 담아 브루잉 도구(드리퍼dripper라고도 한다)에 놓고 물을 부어 중력을 이용해 추출한 커피다. 다양한 브루잉 도구의 종류만큼 그에 따른 추출법도 각양각색이며, 같은 원두라도 도구가 달라지면 커피향미와 질감에도 차이가 있다. 원두가 지닌 고유의 향미를 잘 끌어낼 수 있어 싱글 오리진 원두를 사용하는 것이 보편적이지만, 브루잉용 블랜드를 따로 만들어 추출하기도 한다. 이 책에서는 뒤이어 나오는 브루잉 커피 레시피에 등장할 도구를 중심으로 소개한다.

1 케멕스 Chemex

호리병처럼 생긴 케멕스는 브루잉 도구와 서버가 일체된 형태다. 유리로 제작되어 허리 부분에 나무로 된 커버가 둘러져 있거나 측면에 손잡이처럼 생긴 에어채널 air channel이 달려있다. 리브rib* 역할을 하는 에어채널은 추출 시 발생하는 가스를 내보내고 커피를 잔에 따를 때도 유용하게 사용된다. 케멕스로 추출한 커피는 은은한 아로마와 마일드한 맛이 특징이다.

2 칼리타 Kalita

일본 칼리타 사의 브루잉 도구로, 작은 원형으로 된 세 개의 추출구와 일자로 뻗은 리브가 특징이다. 추출구가 작기 때문에 물이 빠지는 속도가 느려 안정적으로 추출을 제어할 수 있고, 커피맛은 진한 편이다. 플라스틱, 동, 세라믹으로 된 재질이 있어 기호에 따라 선택이 가능하다.

3 칼리타 웨이브 Kalita wave

칼리타 브루잉 도구의 한 종류로, 리브가 가로로 나 있어 물이 빠지는 속도를 일정하게 조절한다. 추출구가 일렬로 뚫린 칼리타와 달리 삼각형 구도로 뚫린 세 개의 원형 추출구가 있는 것이 특징이다. 또한 바닥에 Y자로 도출된 부분인 웨이브 존wave zone으로 인해 필터를 통과한 커피가 서버로 곧장 빠지지 않고 이곳에서 한 번 섞인 후 추출돼 커피맛의 밸런스가 좋다. 세로로 주름이 진 전용 필터가 독특한데, 이 주름이 미분*을 걸러내 커피를 부드럽게 만든다. 재질에 따라 스테인레스, 세라믹, 유리로 나뉜다.

4 하리오 Hario

일본 하리오 사의 브루잉 도구로 V60 모델이 가장 유명하다. 리브가 나선형으로 나 있고, 물이 빠져나오는 추출구가 커서 추출속도가 빠르다. 플라스틱, 동, 유리, 세라믹, 스테인레스의 재질이 있어 기호에 따라 다양하게 선택할 수 있다. 하리오로 추출한 커피는 향미가 깔끔하고 풍부하다.

5 클레버 Clever

분쇄원두에 뜨거운 물을 부어 우리는 방식으로 커피를 추출한다. 세로형의 리브가 있으며, 하단에 실리콘 패킹이 있어 바닥을 누르면 추출구가 열리면서 커피가 빠져나온다. 추출법이 간단해 초보자가 사용하기에도 편하고, 미분이 적어 맛이 깔끔하다.

6 융 Nel

플란넬flannel이라는 천을 이용해 만든 브루잉 도구다. 원뿔 모양으로 바깥쪽은 직모, 안쪽은 리브 역할을 하는 기모로 되어 있다. 관리하기가 까다롭다는 단점이 있지만, 커피의 오일 성분을 그대로 추출해 부드러운 촉감을 느낄 수 있다.

---

*리브 : 브루잉 도구 안쪽에 뼈처럼 돌출된 부분으로, 물이 흘러 내려갈 수 있는 물길을 만들어 추출속도를 조절하고 가스를 배출하는 역할도 한다.

*미분 : 커피를 분쇄할 때 나오는 미세한 원두 가루로, 미분이 많으면 대체로 안정적인 맛을 내지만 과하면 텁텁해진다.

7 에어로프레스 Aeropress

공기압을 활용하는 방식의 브루잉 도구로, 분쇄원두를 물에 우려 커피성분을 충분히 끌어낸 다음 손바닥으로 플런저plunger*를 누르면서 압력을 가해 커피를 추출한다. 에어로프레스로 추출한 커피는 진하고 바디가 좋다.

8 모카포트 Mokapot

모카포트는 가정용 에스프레소 추출도구로 이탈리아에서 널리 사용되는 브루잉 도구다. 분쇄원두를 바스켓에 넣고 보일러boiler*에 물을 넣은 후 주전자 모양의 컨테이너에 보일러를 끼워 통째로 가스레인지 위에 올려 가열해 내부 증기압으로 커피를 추출한다.

9 사이폰 Siphon

사이폰은 물을 끓일 때 발생하는 수증기의 움직임을 이용해 커피를 추출하는 브루잉 도구다. 아래쪽의 플라스크flask에 물을 넣고 램프로 가열하면 진공관을 통해 물이 이동하며 커피가 추출된다. 사이폰 커피는 진한 풍미와 바디가 좋고, 커피가 식은 뒤에도 향미가 오랫동안 지속된다는 특징이 있다.

10 프렌치프레스 french press

분쇄원두를 물에 우리는 원리로 추출하는 브루잉 도구로 미분을 완벽히 거르지는 못하지만 커피의 오일 성분이 녹아 나와 바디가 좋다. 커피 이외에 티를 우리거나 밀크폼을 만들 때도 활용한다.

11 콜드 브루 cold brew

콜드 브루와 더치 커피dutch coffee는 둘 다 차가운 물이나 상온의 물로 천천히 추출한 커피로, 나라마다 부르는 명칭이 다를 뿐이다. 추출법은 찬 물에 분쇄원두를 넣고 하루 정도 냉장 숙성시킨 후 필터에 거르는 침출식과 분쇄원두에 일정 간격으로 물을 떨어뜨려 커피를 추출하는 드립식으로 나뉜다. 드립식으로 내린 커피는 원액에 가까울 정도로 진해 물이나 우유에 희석해 마신다. 에스프레소나 일반 브루잉 커피보다 커피오일이 적게 추출돼 맛이 깔끔한 편이다.

---

* 플런저 : 에어로프레스의 본체 윗부분.
* 보일러 : 모카포트의 하단 부분에 물을 담는 공간.

잔

추출된 커피가 최종적으로 손님에게 제공되기 위해서는 반드시 잔이 필요하다. 하지만 잔의 역할은 단순히 음료를 담는 용도에 그치지 않는다. 잔의 두께는 음료 온도를 유지하는 데 큰 역할을 하고, 잔이 입에 닿는 순간의 촉감은 커피의 향미를 효과적으로 전달하는 데 영향을 끼치기도 한다. 게다가 카페의 분위기와 어울리는 디자인도 고려해야 하므로 다양한 요소를 따져봐야 한다.

1 데미타세 demitasse

에스프레소를 담는 잔으로 보통 60~90㎖ 용량이다. 적은 용량의 커피가 빨리 식는 것을 늦추기 위해 잔의 두께가 두꺼운 편이다.

2 카푸치노 잔

카푸치노를 담는 잔으로 데미타세보다는 크고 일반 머그잔보다는 용량이 적다.

3 카페라떼 잔

카푸치노 잔보다 크기가 조금 더 큰 편이다. 카페라떼 이외에 브루잉 커피를 담을 때도 많이 쓰인다. 다양한 모양과 크기가 있으며 최근에는 작은 유리잔에 카페라떼나 플랫화이트를 담기도 한다. 라떼아트를 할 때는 표현하고자 하는 패턴에 따라 잔의 크기나 용량이 달라지기도 한다.

4 머그잔

가장 일반적인 잔으로 다양한 음료를 담을 수 있어 활용도가 좋다. 크기와 디자인도 각양각색이라 개인의 기호에 맞춰 선택할 수 있다.

커피 메뉴

5 카페오레 잔

카페라떼 잔보다 지름이 넓은 잔으로, 크기가 스프를 담는 그릇처럼 큰 경우도 있다.

6 아이스 음료 잔

주로 유리로 된 긴 잔을 사용한다. 얼음이 들어가는 경우가 많아 일반 잔보다 용량이 크다. 베리에이션 음료를 투명한 잔에 담으면 재료들이 혼합되면서 색이 변하는 과정을 눈으로 관찰할 수 있고, 얼음이나 기타 재료들을 잘 섞어 마실 수 있도록 빨대를 함께 제공하기도 한다. 최근에는 유리가 아닌 스테인레스로 된 잔에 아이스 음료를 담는 경우도 많은데, 깨지기 쉬운 유리잔의 단점을 보완하고 메탈의 느낌이 한층 시원해 보이는 시각적 효과도 준다.

7 테이크아웃 잔

테이크아웃 잔은 종이와 플라스틱으로 되어 있는데, 음료의 양에 따라 잔의 크기가 다르다. 대개 따뜻한 음료는 230~385㎖(8~13oz) 용량의 종이 잔을, 아이스 음료의 경우는 295~475㎖(10~16oz) 용량의 투명한 플라스틱 잔에 담아 제공한다. 손잡이가 없기 때문에 컵홀더를 끼워 사용한다. 최근에는 대용량 사이즈로 1ℓ 용량의 테이크아웃 잔도 심심치 않게 볼 수 있다.

3　　　　　　6　　　　　　7

2

추출

CHAPTER 1

커피향미

향미 트렌드

⌄

커피의 맛은 음식처럼 개인의 기호가 중요하다. 스페셜티 커피의 영향으로 산뜻한 산미와 꽃향기, 달콤한 과일향이 커피향미의 트렌드이자 품질을 평가하는 기준이 되었지만 최근에는 생두의 개성을 유지하면서 밸런스balance*와 단맛이 좋은 커피를 추구하는 곳이 늘고 있다. 이러한 흐름은 소비자들의 반응에 따른 자연스러운 결과인데, 스페셜티 커피를 충분히 이해하고 받아들이는 소비자도 있지만 여전히 산미를 부정적인 신맛이라 여기는 사람들이 많기 때문이다. 결국 모두가 만족할 수 있는 방향인 어느 한쪽에 치우치지 않는 밸런스와 단맛이 중요해진 것이다. 이에 바리스타가 표현하고 소비자가 선택할 수 있는 커피향미의 폭이 넓어졌는데, 매일 마셔도 부담 없는 커피와 개성 강한 캐릭터를 드러내는 커피까지 다채로운 원두 리스트를 갖춘 곳이 늘고 있다.

원하는 맛 찾기

⌄

사실 매장에서 사용할 커피의 맛을 결정하는 것은 생두 선택에서부터 로스팅, 추출방식, 손님의 취향 등 복합적인 요소를 모두 고려해야 한다. 우선 여러 커피샘플을 커핑cupping*해서 클린컵clean cup*, 바디와 마우스필body/mouthfeel*, 애프터테이스트aftertaste*를 포함한 다양한 향미 요소와 질감을 분석하는 것이 기본 바탕이 되어야 한다. 이후 로스팅 포인트를 조절해 원하는 향미를 강조하거나 추출과정에서 추출수 온도나 원두량, 추출시간 등 여러 변수를 조절해 원하는 맛을 끌어낼 수 있는 추출 레시피를 설정한다.

모든 음식의 맛에 절대적인 기준이 없는 것처럼 커피 역시 많이 마셔 보고 평가하며 경험을 쌓아 자신만의 기준을 정립하면 된

---

* **밸런스** : 각 향미 요소들간의 균형감.

* **커핑** : 분쇄한 커피에 물을 부어 향미를 평가하는 과정으로, 커피샘플의 생산 이력과 고유의 향미를 확인하는 작업이다.

* **클린컵** : 커피의 깔끔한 정도를 나타내는 것으로, 잡미와 같은 방해 요소가 있는지 확인한다.

* **바디와 마우스필** : 입안에서 느껴지는 커피의 촉감을 나타내며, 혀를 굴렸을 때 느껴지는 액체의 저항성이나 커피를 마시고 남은 물리적인 느낌을 의미하는 애프터필(after-feel)도 함께 느낀다.

* **애프터테이스트** : 커피를 목으로 넘긴 후 남은 향미의 여운.

다. 이 과정에서 미각과 후각을 단련하여 표현하고자 하는 맛에 대한 기준을 분명히 세우고 나면, 로스팅을 진행하거나 납품받을 원두를 결정하고 커피를 추출할 때 원하는 맛을 끌어내는 데 큰 도움이 될 것이다.

상권 분석

카페에서 일하는 바리스타라면 손님의 입맛을 무시할 수 없다. 자신의 취향에 딱 맞는 완벽한 커피지만 손님들이 외면하면 결국에는 소비할 수 없는 커피를 만든 셈이기 때문이다. 모든 고객의 입맛에 맞추기는 어렵지만 카페가 위치한 상권이나 손님들의 연령대별로 선호하는 맛과 음료를 어느 정도 구분할 수 있다.

오피스 상권

오피스 상권에는 커피를 테이크아웃을 하는 직장인이 많다. 이들은 주로 일에 집중하기 위해 진한 커피를 마시거나 하루 종일 마시려 용량이 큰 커피를 찾는다. 커피를 자주 마시는 만큼 캐릭터가 뚜렷한 커피보다는 무난한 맛의 커피를 선호하는 경향을 보인다. 에너지를 얻고 스트레스를 해소하기 위한 카페라떼나 달콤한 베리에이션 음료도 많이 판매되는 편이다.

대학, 번화가 상권

대학가나 번화가의 경우 젊은 연령의 인구가 많아 트렌디한 음료에 많은 관심을 지니고 있다. 독특한 맛은 물론이고 음료의 비주얼도 중요하게 여긴다. 산미가 있는 커피에도 다른 연령대에 비해 거부감이 덜 한 편이다.

주거지 상권

동네 카페에서는 맛의 밸런스를 중심으로 기본 메뉴에 충실하는 것이 가장 중요하다. 단골손님이 대부분이라 고정된 메뉴가 많이 판매되지만, 가끔 매일 마시는 메뉴 대신 색다른 맛을 찾는 손님이 있어 시즌 메뉴나 이색 메뉴 등을 갖춰 놓는 것이 좋다.

상권 특성에 따른 메뉴 전략

파이브 브루잉

단골 확보를 위한 이색 메뉴 개발

파이브 브루잉의 경우는 홍대라는 거대 상권에 있어 유동인구는 많지만, 이곳이 브루잉 커피 전문점인지 모르고 방문하는 손님들이 대다수였다. 이에 카페를 방문하는 손님들이 브루잉 커피를 쉽게 이해할 수 있도록 '시그니처 브루잉' 메뉴를 개발했다. 시그니처 브루잉은 두 가지 브루잉 도구를 사용해 티와 함께 내추럴과 워시드로 가공방식만 다른 두 가지 원두를 블랜딩해 추출한 음료다. 다른 카페에서는 찾아보기 힘든 메뉴인데다 브루잉 커피라는 것에 관심을 가질 수 있도록 흥미로운 방식을 적용해 만든 메뉴라 손님들의 이목을 끌었고, 지금은 이 메뉴를 맛보기 위해 카페를 방문하는 손님이 늘었다.

카페 컴플렉스

오피스 상권 공략법

수많은 회사가 모여 있는 서울 삼성동에 위치한 카페 컴플렉스는 손님들에게 커피에 대한 사소한 편견도 주지 않으려 노력한다. 이를 위해 카페를 처음 방문하거나 나이가 지긋한 분, 혹은 평소와 다른 메뉴를 주문하는 손님들에게 그들이 주문한 커피가 어떤 커피인지 미리 설명하지 않는다. 물론 손님이 물어본다면 친절히 안내하지만, 고정관념 없이 손님들이 직접 맛을 보고 판단하길 바라는 것이다. 그렇게 카페 컴플렉스의 커피에 신뢰를 지니고 오는 손님들은 대부분 새로운 메뉴를 맛보는 것에도 주

프릳츠 커피 컴퍼니

저하지 않는 편이다. 바리스타들도 신메뉴가 나오면 우선 단골손님들에게 시음을 권하고, 그들의 반응을 적극 반영하여 메뉴로 구성한다. 실제 시음을 한 대부분의 손님들은 메뉴가 출시된 이후에도 다시 맛을 보러온다. 독특한 메뉴를 선보여 손님들의 관심을 끄는 것도 필요하지만, 결국 카페의 기본은 커피다. 매일 만나는 손님들에게 맛과 신뢰를 바탕으로 꾸준한 모습을 보이는 것도 최고의 전략이 된다.

상권을 특정하기 어려운 카페

마포에 위치한 프릳츠 커피 컴퍼니를 방문하는 손님층은 다양하다. 직장인을 비롯해 카페 주변에는 오피스텔 같은 주거 공간이 많아 동네 주민도 많다. 여기에 더해 커피를 직업으로 삼는, 이른바 커피인들도 자주 방문한다. 다양한 성향의 손님들이 방문하는 만큼 그들의 니즈도 천차만별이다. 스페셜티 커피에 대한 정보가 많은 사람부터 소위 '신 커피'에는 질색을 하는 사람들까지 모두 모인다. 이에 프릳츠 커피 컴퍼니는 자신들만의 색을 분명히 정했다. 모두를 만족시킬 수 있는 방법은 없으니 확실한 정체성을 드러내고자 한 것이다. 특정한 사람들의 기호에 맞추기보다 손님들에게 '직업윤리가 철저한 곳'이라는 점을 내세워 스페셜티 커피가 지닌 맛의 다양함을 알리고 손님들과 소통하며 카페를 운영한다.

CHAPTER 2

커피추출

커피는 같은 원두라 해도 바리스타의 추출법과 장비 등 여러 요소에 따라 다른 향미가 발현된다. 자신이 추출하고자 하는 커피맛을 찾았다면, 추출 시 발생하는 다양한 변수를 고려해 자신만의 레시피를 터득해야 한다. 그전에 우선 기본적인 커피 추출법을 알아본다.

에스프레소 추출

기본 추출 과정

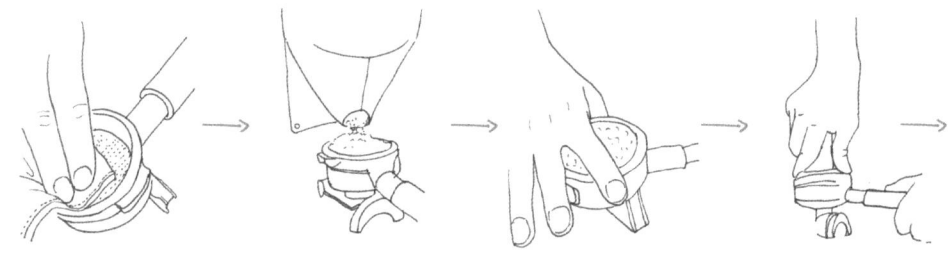

건조
린넨으로 포터필터의 물기를 제거한다.

도징 dosing
그라인더로 분쇄한 원두를 포터필터에 담는다. 원두량은 7~10g 정도가 일반적이다.

레벨링 leveling
분쇄원두가 포터필터 안에 고르게 담기도록 손이나 레벨링 툴 tool로 정리한다.

탬핑
탬퍼로 포터필터에 담긴 분쇄원두를 평평하게 다진다.

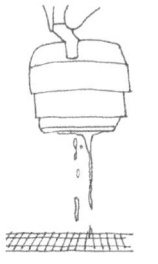 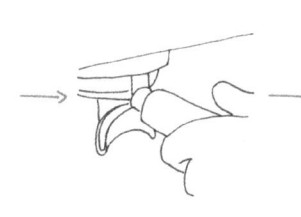 

열수 흘리기
머신의 그룹헤드 부분에 90~96℃로 설정한 물을 흘려준다.

포터필터를 그룹헤드에 장착한다.

추출
샷글라스나 잔을 추출구 밑에 놓고 버튼(혹은 패들이나 레버)을 사용해 미리 설정한 세팅값으로 에스프레소를 추출한다. 뜨거운 물로 분쇄원두를 살짝 불리는 인퓨전을 한 후 본격적인 추출을 진행하기도 한다.

추출을 마친 에스프레소 싱글은 보통 30㎖ 내외다.

에스프레소 타입

에스프레소 싱글/솔로
single/solo

에스프레소 더블/도피오
double/doppio

가장 일반적인 타입의 에스프레소다. 원두량과 추출량, 추출시간 등은 원두의 컨디션에 따라 다르고 바리스타의 스타일에 따라서도 다르다. WBC World Barista Championship, 월드바리스타챔피언십에서 권장하는 에스프레소 싱글의 기준은 90.5~96℃의 물로 9bar의 압력을 가해 20~30초 동안 추출한 약 30㎖의 커피다.

에스프레소 싱글 두 잔 분량이다. 싱글의 두 배 용량인 만큼 맛이 진하고 여운도 길게 남는다.

리스트레또
ristretto

룽고
lungo

에스프레소 싱글과 같은 원두량을 사용하지만 더 적은 양의 물로 짧게 추출한다. 추출량은 적지만 맛은 싱글보다 진한 편이다. 최근 바리스타들이 많이 적용하는 에스프레소 타입이다. 리스트레또의 두 배 용량은 더블 리스트레토라 한다.

에스프레소 싱글보다 추출시간이 길고, 추출량도 많은 커피다. 싱글에 비해 농도는 묽지만 많은 커피성분을 뽑아내기 때문에 카페인 함량은 더 높다.

아메리카노
americano

에스프레소에 물을 섞은 커피로, 희석하는 물의 양으로 농도를 조절할 수 있다. 한국에서는 가장 대중적인 커피다.

브루잉 커피 추출

⌄

브루잉 커피는 도구마다 추출법이 다르기 때문에 여기서는 기본적인 준비 과정을 중심으로 추출법을 소개한다.

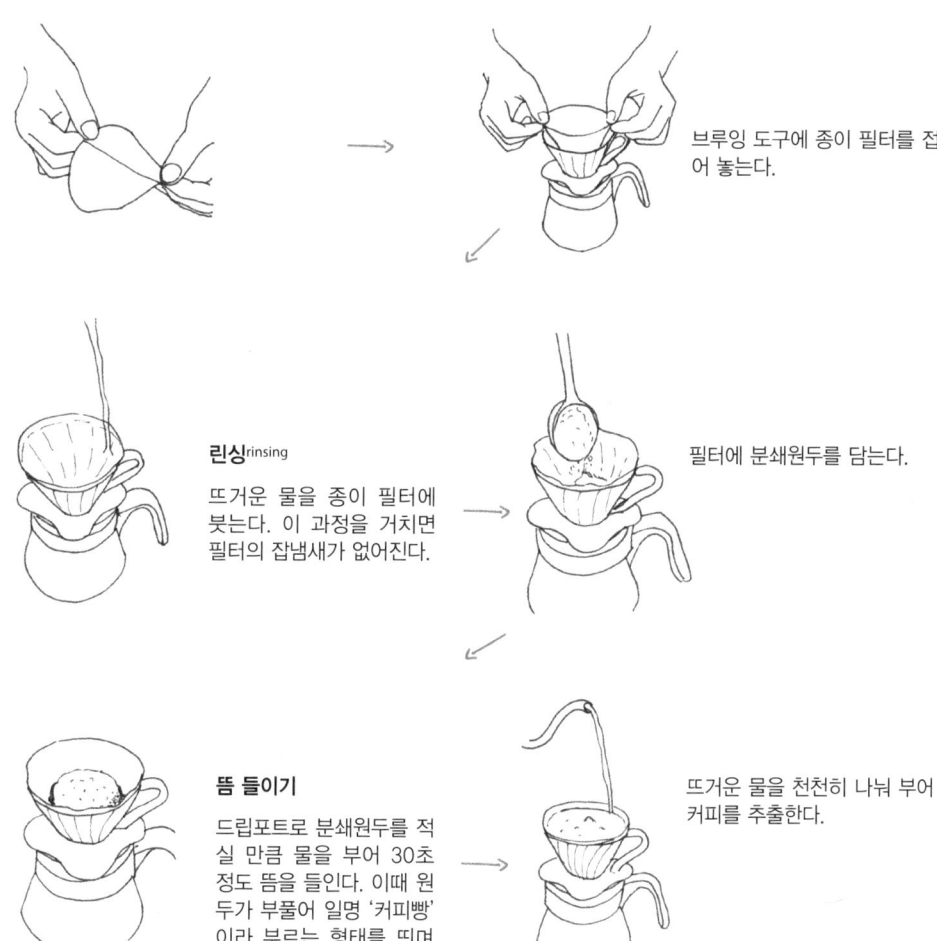

CHAPTER 3

밀크 스티밍

밀크 스티밍 하는 법

⌄

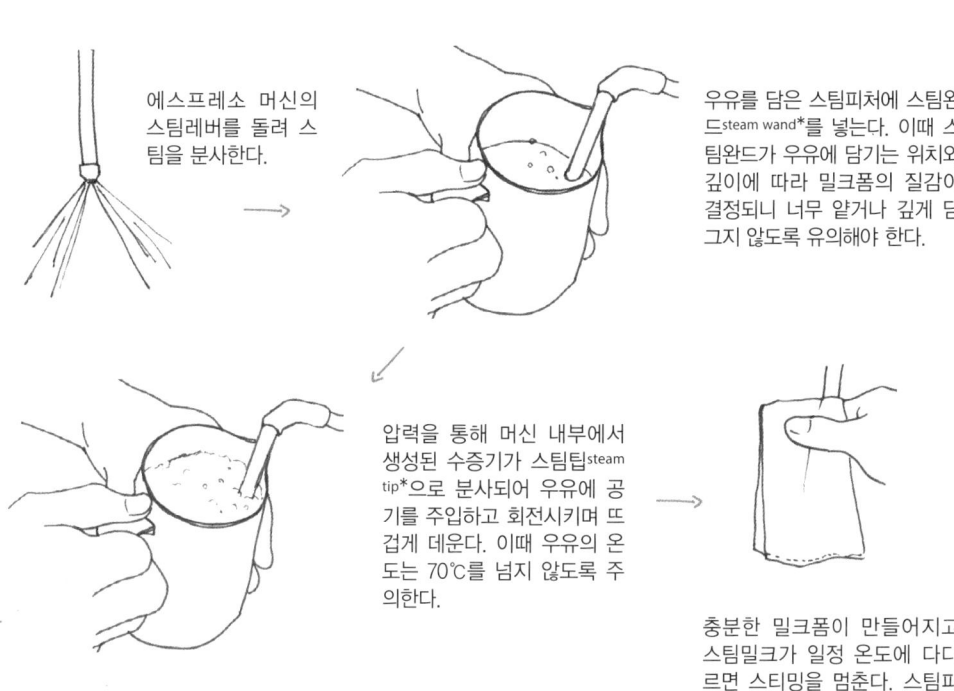

에스프레소 머신의 스팀레버를 돌려 스팀을 분사한다.

우유를 담은 스팀피처에 스팀완드steam wand*를 넣는다. 이때 스팀완드가 우유에 담기는 위치와 깊이에 따라 밀크폼의 질감이 결정되니 너무 얕거나 깊게 담그지 않도록 유의해야 한다.

압력을 통해 머신 내부에서 생성된 수증기가 스팀팁steam tip*으로 분사되어 우유에 공기를 주입하고 회전시키며 뜨겁게 데운다. 이때 우유의 온도는 70℃를 넘지 않도록 주의한다.

충분한 밀크폼이 만들어지고 스팀밀크가 일정 온도에 다다르면 스티밍을 멈춘다. 스팀피처에 담가 스티밍했던 스팀완드를 닦아 마무리한다.

카페라떼와 카푸치노의 차이

⌄

에스프레소에 스팀밀크와 밀크폼을 섞으면 카페라떼나 카푸치노가 된다. 두 메뉴의 차이는 스팀밀크와 밀크폼의 비율로 결정되는데, 일반적으로 카푸치노가 카페라떼에 비해 스팀밀크의 양이 적고 밀크폼의 두께가 두껍다.

***스팀완드** : 에스프레소 머신에 달린 부품으로 스팀이 분출되는 부분이다.

***스팀팁** : 스팀완드 끝부분에 있는 구멍.

3

카페 메뉴

커피 프랜차이즈

스타벅스커피코리아

스타벅스커피코리아(이하 스타벅스)는 기본 메뉴뿐 아니라 커스터마이징customizing 음료로도 유명하다. 커스터마이징 음료는 손님이 직접 원두부터 에스프레소 샷의 수, 우유, 드리즐(시럽), 크림 등을 선택해 바리스타에게 각자의 취향대로 제조를 부탁해 만드는 것이다. 때로는 독특한 커스터마이징 음료가 인터넷을 통해 입소문을 타고 별명까지 얻는 인기 레시피로 탄생하기도 한다.

커스터마이징 음료 외에 사람들의 발길을 잡는 것은 시즌 메뉴다. 스타벅스에서는 계절마다 새로운 메뉴를 출시하는데, 스타벅스의 신메뉴는 출시 10개월 전에 이미 레시피가 완성된다. 미국 본사의 승인을 받는 과정이 상당히 까다롭기 때문에 미리 메뉴 개발과 테스트를 진행해야 하기 때문이다. 장기적인 안목을 가지고 꼼꼼히 메뉴를 계획하는 것을 바탕에 두고 낸 아이디어로 회의를 진행하거나 품평회를 진행한다. 그 과정에서 시장, 잡지, 경쟁사 조사를 통해 아이템을 찾고, 다음 해의 캘린더 회의를 통해 개발할 메뉴를 최종 결정한다. 커피 프랜차이즈 전문점은 분기별로 신메뉴를 출시하는 경우가 대부분이나 스타벅스는 1년에 7~9번 신메뉴 프로모션을 진행해 신제품 출시 주기가 2개월 정도로 짧은 편이다. 또한 스타벅스의 신메뉴는 글로벌 스타벅스(본사 시애틀)에서 출시한 메뉴와 스타벅스 로컬에서 개발한 메뉴로 분류된다. 로컬 개발 메뉴는 현지의 원재료 사용을 원칙으로 한다는 것이 특징이다.

TIP 스타벅스커피코리아의 메뉴개발팀이 개인 카페에게 전하는 TIP

개인 카페에서 메뉴를 개발하고자 한다면 기존 음료 레시피에 시판 시럽이나 파우더가 아닌 카페만의 핸드메이드 원재료를 개발해 차별화를 두는 것을 추천한다.

탐앤탐스 커피

탐앤탐스 커피(이하 탐앤탐스)는 시즌마다 출시되는 신메뉴 4가지를 기본으로 시즌 중간에 2~4번 정도 컨셉 메뉴를 출시한다. 트렌드를 빠르게 반영하는 것이 강점인 탐앤탐스에서는 아이템 선정 후 출시까지 빠르면 3주 정도의 시간이 소요된다.

우선 탐앤탐스아카데미에서 메뉴 아이디어를 제안하면, 본사에서 메뉴를 관리하는 부서별로 인원을 선정해 메뉴운영위원회를 열어 논의한다. 위원회에서 결정된 메뉴는 내부 직원뿐 아니라 일반인 대상의 시식을 거친 다음 최종 메뉴로 선정된다.

탐앤탐스아카데미에서 메뉴를 개발할 때 가장 신경 쓰는 부분은 소비자들의 기호다. 탐앤탐스를 찾는 고객의 기호가 하나면 좋겠지만 고객마다 취향이 달라 최대한 많은 사람을 충족시킬 수 있는 메뉴를 끌어내는 것이 핵심이다. 하지만 모든 사람들이 맛있다고 해도 트렌드에 뒤처진 메뉴가 나오는 것은 경계한다. 젊은 사람들은 쇼케이스를 먼저 보고, 독특하다고 생각하면 서슴없이 주문하기 때문에 그들의 관심사를 반영하는 것을 중요하게 여긴다.

TIP 탐앤탐스아카데미에서
개인 카페에게 전하는 TIP

개인 카페에서는 운영상 메뉴 개발에만 집중할 수 없기 때문에, 효율적으로 메뉴를 개발하는 것을 추천한다. 예를 들어 카페를 운영하는 점주가 잘 알고, 자신 있는 기존 메뉴를 한층 더 업그레이드하는 과정을 통해 메뉴를 개선하는 방법이 있다. 또한 단골손님의 취향에 맞는 메뉴를 개발하고, 그들의 반응을 즉각적으로 반영하는 것도 좋다.

점을 대상으로 고객에게 시음회를 거치는 등 철저하고 꼼꼼한 과정을 거쳐 신메뉴를 출시한다.

TIP 이디야 커피 R&D팀이
개인 카페에게 전하는 TIP

상권이나 연령층 같은 매장의 특성을 파악해 그에 맞는 메뉴를 만드는 것을 추천한다. 수많은 매장을 일정하게 관리해야 하는 프랜차이즈와 비슷한 메뉴로 경쟁하기보다는 프랜차이즈가 다룰 수 없는 메뉴를 개발하는 것이 중요하다. 예를 들어 신선도가 중요한 음료는 유통상의 문제로 인해 프랜차이즈에서 구현하기 힘들다. 그렇기 때문에 개인 카페에서는 원재료에 과감한 투자를 하기를 추천한다. 또한 매장을 꾸려가는 입장에서는 힘든 일이겠지만 많은 곳을 다니면서 맛보고, 경험하는 것을 추천한다. 많이 공부하는 것도 중요하지만 많은 것을 맛본 사람이 좋은 메뉴를 만들 수 있다.

EDIYA COFFEE

이디야 커피

국내 커피 프랜차이즈 업계에서 꾸준히 규모를 확장하고 있는 이디야 커피는 매번 다채로운 메뉴를 선보여 좋은 반응을 얻고 있다. 신메뉴는 R&D팀에서 담당하는데, 관련 업무를 세분화하고 해당 인력을 배치해 전문성을 발휘하는 데 집중한다. 메뉴 개발 과정은 팀원들의 아이디어를 바탕으로 1년 기획을 구성한 후, 메뉴당 2개월 정도 기간을 두고 본격적인 개발에 돌입한다. 신메뉴가 완성되면 R&D팀을 비롯해 커피연구소에서 내부 품평회를 진행한 후 임원 보고를 마친다. 이후 직원들을 대상으로 블라인드 품평회를 진행하고, 직영

일반 카페

카페 아이두

메뉴 개발 과정

카페 아이두에서는 여름과 겨울로 나눠 1년에 2번, 대대적으로 메뉴를 개발하고 교체한다. 이때는 카페의 바리스타들이 전부 모여 일종의 '메뉴 컨테스트'를 진행하는데, 올해의 트렌드로 판단되는 재료는 미리 정해 놓고 이를 활용해 바리스타들이 커피메뉴 혹은 논커피메뉴를 개발하는 것이다. 명칭은 '컨테스트'지만 만드는 과정에서는 서로 의견을 주고받으며 완성도 높은 결과가 나오도록 함께 머리를 맞댄다. 이러한 과정을 거치면 거의 모든 아이디어가 채택되는 편이다.

메뉴 개발의 키포인트

카페 아이두에서 메뉴를 개발할 때 가장 중점을 두는 부분은 재료다. 우선 철저한 시장조사를 통해 이번 시즌의 메인 재료를 결정한다. 메인 재료는 항상 최상의 품질로 수급할 수 있어야 하기 때문에 주로 제철 재료를 선택하는 편이다. 선택된 재료로 커피를 만들거나 논커피음료를 만드는 것은 개발자들의 역량이다.

재료 선택이 끝나면 그 다음으로 중요한 것은 '맛'이다. 이때 맛의 기준은 무조건 소비자의 취향을 기준으로 한다. 맛이 지나치게 전문적이거나 마니아적이어서 대부분의 손님들이 공감하지 못한다면 메뉴로 채택하지 않는다. 커피의 경우 산미가 매우 강한 것이 대표적이다. 음료를 통해 고객과 공감대를 형성하고 소통하는 동시에 다른 곳에서는 경험하기 힘든 독특한 음료를 만드는 것을 목표로 한다.

메뉴 홍보 방안

메뉴 개발은 단순히 새로운 메뉴를 만드는 것에서 끝나지 않는다. 그 메뉴를 실제 소비자들이 맛보려면 신메뉴의 존재를 알려야 하기 때문이다. 카페 아이두에서는 신메뉴가 나올 때마다 작은 스튜디오를 빌려 메뉴 촬영을 진행한다. 촬영한 사진들은 각종 소셜 미디어에 업로드하고, POP나 엽서와 같은 홍보물이나 MD 상품을 제작하는 데 활용한다.

이와 더불어 카페에서는 '소통 서비스'라는 프로젝트를 진행한다. 바리스타 한 명이 손님 한 명을 전담하는 시스템으로, 주문부터 메뉴 설명, 음료를 마시는 법 등을 세세히 전하며 손님과 일대일로 소통하는 서비스다. 이는 메뉴 홍보의 장으로도 활용되는데, 손님과 소통하는 과정에서 취향에 맞는 음료를 추천하고 신메뉴를 제안하곤 한다.

이러한 과정을 통해 신메뉴는 출시되면서 항상 매출 상위권에 오른다.

CHAPTER **2**

메뉴판 디자인

메뉴판은 카페를 대표하는 얼굴이자 명함과도 같은 존재다. 메뉴판 안에는 이곳에서 다루는 커피메뉴와 맛 표현, 원두 리스트와 그에 대한 설명 등 여러 정보가 담겨 있기 때문이다. 메뉴판의 구성과 디자인은 전국의 카페 수만큼이나 다양한데, 여기서는 카페의 개성이 확연히 드러나거나 메뉴 구성이 잘 정리된 것을 소개한다.

1 원더 커피 깔끔한 은색과 검은색의 메뉴판은 모던한 원더 커피의 분위기와 잘 어울린다. 영국의 자동차 전문 버라이어티 쇼인 '탑기어Top Gear'에서 랩 타임을 적어 올리는 코너를 보고 아이디어를 얻었다고 한다. 떼었다 붙였다 할 수 있는 자석 위에 수성 마커펜으로 글씨를 써서 시트지나 종이로 만든 메뉴판에 비해 유동적으로 메뉴를 고칠 수 있다.

2 콩밭 커피 로스터 메뉴판을 받아서 펼치고 메뉴를 읽는 내내 지루할 틈이 없는 콩밭 커피 로스터의 메뉴판은 회사에서나 볼 법한 결재판을 활용해 만들었다. 손님과 카페 주인의 관계를 다시 한 번 생각하게 하는 재치 있는 메뉴판이다.

3 러스티드 아이언 러스티드 아이언의 메뉴판은 '러스티드 아이언 페이퍼'라는 별명으로 불린다. 단순히 신문이라는 컨셉만 특이한 것이 아니라 실제 메뉴 구성과 내용도 알차다. 계절별로 다양하게 출시하는 메뉴를 알리기 위해 메뉴판의 상단에 크게 신메뉴의 사진을 넣는다. 하단에는 현재 카페에서 전시하고 있는 작품의 소식을 넣거나 러스티드 아이언의 소셜 미디어 주소 등을 공개해 정보를 전달하고 손님들과 소통하고자 하는 마음을 담았다. 또한 POP나 포스터, 외부 입간판을 통해 이색 메뉴나 게스트 빈guest bean을 손님들에게 홍보한다.

4
에스프레소 레시피

에스프레소는 추출과정에서 발생하는 사소한 변화에도 큰 영향을 받는 커피다.
에스프레소 머신과 그라인더는 물론이고, 원두의 블랜드 구성. 인퓨전 여부와 추출시간, 추출량 등
모든 면에서 동일한 방법으로 에스프레소를 추출하는 카페는 없을 만큼
어느 카페나 개성 있는 에스프레소를 선보인다.
스페셜티 커피를 다루는 카페의 에스프레소 추출 레시피와 더불어
바리스타 대회 파이널리스트들이 실제로 대회에서 추출한 에스프레소 레시피도 공개한다.

일러두기
· 이어 소개되는 모든 커피와 티의 프로파일과 레시피는 취재 당시 내용을 기준으로 작성했으며 추후 변동될 수 있습니다.
· 프로파일과 레시피에 소개된 측정 단위는 각 카페와 바리스타가 사용하는 방식을 기준으로 표기했습니다.

CHAPTER 1

프릳츠 커피 컴퍼니
FRITZ COFFEE COMPANY

PROFILE 프로파일

- 에스프레소 머신 Slayer 3그룹
- 그라인더 Mahlkonig K30 Twin
- 파츠 풀문 플랫 탬퍼 58.4mm, VST 필터 바스켓 20g
- 원두명, 블랜드 구성

  서울 시네마 Seoul Cinema – 코스타리카 페를라 델 카페(플로르 델 카페) 비야 사르치 골든 허니, 코스타리카 라스 라하스 카투라 펠라 네그라 내추럴, 엘살바도르 피나레스 버번 워시드(비율 1:1:1)

  잘 되어 가시나 Everything Good – 코스타리카 라스 라하스 카투라 블랙 허니 30%, 코스타리카 페를라 델 카페(플로르 델 카페) 비야 사르치 골든 허니 30%, 엘살바도르 라 플로리다 버번 워시드 20%, 인도 칼레데 바라푸라 워시드 20%

- 블랜딩 방식, 로스팅 포인트 선블랜딩, 2차 크랙 직전 혹은 직후 배출
- 에스프레소 타입 에스프레소 더블
- 원두량 약 20~21g
- 추출수 온도 93.5℃
- 인퓨전 시간, 총 추출시간 약 10~15초, 약 30초
- 최종 추출량 38~45g
- TDS, 추출수율 약 9.5~9.8, 19~19.5%
- 향미

  서울 시네마 – 잘 익은 과일향, 산미, 시럽 같은 단맛

  잘 되어가시나 – 초콜릿, 묵직한 단맛

RECIPE 만드는 법

1 바스켓을 마른 천으로 깨끗하게 닦은 후 포터필터에 정확한 양의 분쇄원두를 도징한다.
2 ①을 레벨링하고 탬핑한다.
3 열수 흘리기를 한다.
4 포터필터를 머신에 장착한다.
5 그룹헤드 아래 잔을 놓는다.
6 패들로 유량을 조절해 10~15초가량 인퓨전을 진행한다.
7 인퓨전 후 패들을 조절해 15~20초 동안 추출을 진행한다.

STORY 스토리

프릳츠 커피 컴퍼니는 산지와 다이렉트 트레이드를 통해 들여온 생두의 향미를 최대한 끌어내는 데 중점을 두고 로스팅과 에스프레소 추출을 진행한다. 그래서 뉴크롭new crop*이 들어오는 시점에는 블렌드의 원두 구성이 조금씩 변하기도 한다. 슬레이어 머신은 유량 조절로 충분한 인퓨전 시간을 확보해 추출수율을 끌어올리는 데 유리해서 선택했다. 인퓨전 시 포터필터에 담긴 분쇄원두 전체가 물에 적셔지는 시간은 14~15초 정도로 유지한다. VST 필터 바스켓은 바닥에 뚫려 있는 구멍의 크기가 균일하고 개수도 많으며 바스켓 전체의 추출면적이 넓어 추출 시 발생하는 반작용을 최소화하고, 원두의 분쇄도가 가늘어도 추출이 빠르게 진행될 수 있어 사용한다. 최종 추출된 에스프레소는 19~20%의 추출수율을 유지해 원두가 지닌 개성을 충분히 표현하고자 한다. 주로 마시기 편한 농도와 함께 밸런스가 좋고 여운이 긴 커피를 선호하기에 추출을 진행할 때도 이와 같은 특징이 잘 구현되는지에 집중한다.

프릳츠 커피 컴퍼니를 운영하는 초반에는 소주잔과 같은 독특한 잔에 에스프레소를 담아 카페의 개성을 드러냈지만, 지금은 여러 브랜드의 데미타세를 번갈아가며 사용하고 있다. 에스프레소는 스푼으로 잘 저어서 마시는 것을 추천한다.

시연 박근하, 송성만 바리스타

* **뉴크롭**: 올해 생산된 생두.

대회 레시피

박근하 바리스타
(2014 WBC 출전 레시피)

- **머신** Nuova Simonelli Aurelia II T3
- **그라인더** Mahlkonig K30 Vario
- **원두** 과테말라 엘 소코로 이 아네소스 마라카투라 워시드
- **파츠** VST 필터 바스켓 20g, 고릴라 플랫 탬퍼 58.4mm
- **원두량** 약 21g
- **추출량** 약 38g
- **TDS, 추출수율** 9~10, 19.5~20%

송성만 바리스타
(2016 KNBC 출전 레시피)

- **머신** Victoria Arduino VA388 Black Eagle Air
- **그라인더** Mahlkonig K30 Vario Air
- **원두** 코스타리카 페를라 델 카페 SL-28 워시드
- **파츠** 고릴라 플랫 탬퍼 58.4mm
- **원두량** 18.5g
- **추출량** 38g
- **TDS, 추출수율** 약 9.5, 19.5%

CHAPTER 2

모모스 커피
MOMOS COFFEE

PROFILE 프로파일

- 에스프레소 머신 Victoria Arduino VA388 Black Eagle 3그룹
- 그라인더 Victoria Arduino Mythos One
- 파츠 IMS 컴페티션 샤워 스크린 SI-200IM, IMS 컴페티션 필터 바스켓 18g
- 원두명, 블랜드 구성

  에스 쇼콜라^{ES Chocolate} - 과테말라 라 마라비야 카투라 워시드 35%, 코스타리카 로스 히라솔레스 레드 카투아이 화이트 허니 25%, 엘살바도르 라스 브루마스 버번 워시드 20%, 브라질 코카리브 옐로우 카투아이 펄프드 내추럴 20%

- 블랜딩 방식, 로스팅 포인트 선블랜딩, 2차 크랙 후 20초에 배출
- 에스프레소 타입 에스프레소 더블
- 원두량 17.5~18g
- 추출수 온도 91.5~92℃
- 인퓨전 시간, 총 추출시간 7초, 28초
- 최종 추출량 45~50g
- TDS, 추출수율 9.5~10.5, 18~19%
- 향미 다크 초콜릿, 흑설탕, 건체리, 헤이즐넛

RECIPE 만드는 법

1 바스켓을 마른 천으로 깨끗하게 닦은 후 포터필터에 정확한 양의 분쇄원두를 도징한다.
2 ①을 레벨링하고 탬핑한다.
3 열수 흘리기를 한다.
4 포터필터를 머신에 장착한다.
5 버튼을 눌러 7초가량 인퓨전을 진행하는 것과 동시에 포터필터의 추출구 아래에 잔을 놓는다.
6 인퓨전 후 21초 동안 추출을 진행한다.

STORY 스토리

부산에 위치한 모모스 커피는 매번 안정적이고 균일한 에스프레소를 추출하기 위해 노력한다. 이를 위해 머신 내 온도 유지가 뛰어나고, 에스프레소의 무게를 데이터로 저장해 일정한 값을 유지하며 추출할 수 있는 빅토리아 아르두이노 VA388 머신을 사용한다. 미토스 원 그라인더는 분쇄도를 미세하게 조정할 수 있고, 분쇄편차가 적은 편이어서 사용한다.

에스프레소를 추출할 때는 다양한 향미를 강조하는 것보다 클린컵을 바탕으로 부드러운 바디나 마우스필이 표현되는 것에 중점을 둔다. 매장에서 사용하는 세 가지 에스프레소 블랜드 가운데 에스 쇼콜라는 가장 많은 사람들이 선호하는 블랜드다. 다른 블랜드에 비해 로스팅 포인트가 높은 편임에도 워시드나 허니 프로세스를 거친 커피가 주로 선별되어 뛰어난 클린컵을 자랑한다. 로스팅 과정에서 열을 많이 흡수해 원두의 조직이 팽창되었기 때문에 입자가 굵어도 섬세하게 추출할 수 있는 IMS 필터 바스켓을 사용한다. 추출의 마지막 과정은 항상 스파웃에서 나오는 첫 추출액의 색상과 점도를 확인하는 것이다. 로스팅 포인트가 높은 원두라 오일감이 부족하면 쓴맛이 도드라질 수 있기 때문이다. 마찬가지로 추출량이 많아져도 쓴맛이 강해져 양 조절에도 각별한 주의를 기울인다.

모모스 커피는 손님들이 에스프레소 자체를 부담스럽게 여기지 않고 편하게 마시길 바라는 마음에서 부드러운 촉감과 농도를 지닌 에스프레소를 제공한다. 추출된 에스프레소는 안캅Ancap 베로나Verona 혹은 안캅 팔레르모Palermo 데미타세 잔에 담는다. 안캅 잔은 커피를 마실 때 혀의 가운데 부분으로 액체가 자연스럽게 흘러 들어올 수 있도록 설계되어 있어 에스프레소의 단맛에 집중할 수 있다.

시연 전주연 바리스타

대회 레시피

전주연 바리스타
(2015 KNBC 출전 레시피)

- **머신** Nuova Simonelli Aurelia II T3
- **그라인더** Mahlkonig K30 Vario
- **원두** 볼리비아 라린다 자바 워시드 / 니카라과 라스 골론드리나스 카투라 워시드
- **원두량** 약 19g / 약 18g
- **추출시간** 25초 / 25초
- **추출량** 각각 20g씩 추출한 후 블랜딩해 총 40g
- **TDS, 추출수율** 8.5~9, 18% / 8.5, 18.5%

CHAPTER 3

커피 렉 코리아
COFFEE LEC KOREA

PROFILE 프로파일

- 에스프레소 머신 La Marzocco GS3 1그룹
- 그라인더 Mazzer Robur Electronic
- 파츠 CBSC 렌즈 핸들리스 탬퍼, IMS 컴페티션 필터 바스켓 티타늄 18g
- 원두명, 블랜드 구성

  먹구름Dark Cloud – 케냐 키움부 AA 워시드 70%, 브라질 세라도 펄프드 내추럴 30%
- 블랜딩 방식, 로스팅 포인트 선블랜딩, 풀시티
- 에스프레소 타입 에스프레소 더블
- 원두량 19.8g
- 추출수 온도 93℃
- 인퓨전 시간, 총 추출시간 2초, 25초
- 최종 추출량 48.3g
- TDS, 추출수율 7.79, 19.3%
- 향미 라임, 포도, 블랙커런트, 딸기, 무게감 있는 바디, 긴 애프터테이스트

RECIPE 만드는 법

1 바스켓을 마른 천으로 깨끗하게 닦은 후 포터필터에 정확한 양의 분쇄원두를 도징한다.
2 ①을 레벨링하고 탬핑한다.
3 열수 흘리기를 한다.
4 포터필터를 머신에 장착한다.
5 패들로 유량을 조절해 2초가량 인퓨전을 진행하는 것과 동시에 포터필터의 추출구 아래에 잔을 놓는다.
6 인퓨전 후 패들을 조절해 23초 동안 추출을 진행한다.

STORY 스토리

현재 오픈형 커피 랩lab의 형태로 운영하는 커피 렉 코리아는 일반 카페에 비해 손님들과 마주하는 일의 비중이 적은 편이라 정체성을 드러낼 수 있고 특색 있는 커피를 선보이는 데 집중한다. 기본적으로 에스프레소를 추출할 때는 항상 도징양과 최종 추출량을 저울로 정확히 측정한다. 바리스타가 직접 패들로 추출 과정을 섬세히 조절할 수 있다는 장점이 있어 라마르조꼬 GS3 머신을 사용한다. 특히 패들을 이용해 인퓨전 시간을 섬세히 조절하는데, 커피의 캐릭터는 충분히 끌어내지만 자극적인 맛은 추출되지 않도록 인퓨전을 2초 정도로 짧게 진행한다. 바텀리스 포터필터를 이용해 품질이 좋은 원두의 향미를 고스란히 느낄 수 있도록 에스프레소 더블로 추출한다. 실제 추출된 양은 50g에 가깝다. 에스프레소 싱글보다 양이 많은 편이어서 평소처럼 두세 번에 나눠 마시는 것보다 네다섯 번 정도로 더 많이 끊어 나눠 마시길 추천한다. 여러 번에 나눠 마신 에스프레소는 커피의 풍미가 더 진하게 느껴지고, 향미도 오랫동안 즐길 수 있다.

커피 렉 코리아의 에스프레소 레시피는 랩의 성격상 변동이 많기 때문에, 에스프레소 잔 역시 정해진 것이 없다. 똑같이 추출된 에스프레소여도 다양한 잔에 담아내고, 당시의 원두 상태에 따라서 잔을 바꿔 가며 사용한다. 이는 자주 마시는 에스프레소라도 잔에 따라 변하는 질감과 맛을 손님들이 직접 경험하기를 바라는 마음에서 선택한 방식이기도 하다.

시연 안재혁 바리스타

대회 레시피

안재혁 바리스타
(2010 WBC 레시피 출전 레시피)

- **머신** Nuova Simonelli Aurelia II T3
- **그라인더** Mahlkonig K30 Vario
- **원두** 에티오피아 예가체프 G1 내추럴 70%, 에티오피아 리무 G1 워시드 30%
- **로스팅 포인트** 미디엄
- **원두량** 약 20g
- **추출량** 44g
- **향미** 꽃향기, 오렌지, 레몬

CHAPTER 4

커피 그래피티
COFFEE GRAFFITI

PROFILE 프로파일

- 에스프레소 머신 Faema E61 Legend Limited 3그룹
- 그라인더 Victoria Arduino Mythos One, Ditting Peak
- 파츠 IMS 샤워 스크린, VST 필터 바스켓 18g, 말굿 Mahlgut 디스트리뷰터, CBSC 렌즈 핸들리스 탬퍼
- 원두명, 블랜드 구성

  라벨 태깅 Tagging Label - 코스타리카 라 로카 레드 카투아이 옐로우 허니 50%, 에티오피아 예가체프 G1(베켈레 쿠레세 워카) 에티오피안 에어룸 내추럴 50%
- 블랜딩 방식, 로스팅 포인트 선블랜딩, 2차 크랙 전 배출
- 에스프레소 타입 에스프레소 싱글
- 원두량 약 18g
- 추출수 온도 93℃
- 인퓨전 시간, 총 추출시간 약 5초, 약 25초
- 최종 추출량 30~35g
- 추출수율 10% 내외로 유지
- 향미 자몽, 시트러스, 아몬드, 블랙 슈가, 카카오의 향과 에프터테이스트

RECIPE 만드는 법

1 바스켓을 마른 천으로 깨끗하게 닦은 후 포터필터에 정확한 양의 분쇄원두를 도징한다.
2 ①을 레벨링하고 탬핑한다.
3 열수 흘리기를 한다.
4 포터필터를 머신에 장착한다.
5 레버(전동 펌프)를 올려 5초가량 인퓨전을 진행하는 것과 동시에 포터필터의 추출구 아래에 잔을 놓는다.
6 인퓨전 후 20초 동안 추출을 진행한다.

STORY 스토리

로스팅 공간을 넓혀 서울 양평동으로 옮긴 커피 그래피티는 인근 주민들이나 커피인들이 주로 방문한다. 로스팅 공장으로 활용하는 동시에 숍의 개념으로 카페를 운영하는 곳이라 블랜드 구성이나 추출에 다양한 테스트를 진행하는데, 훼마 E61은 유량과 압력에 변화를 주기 쉬워 테스트용 머신으로 사용하기 좋아 선택했다. 그라인더는 비교적 분쇄도가 일정한 미토스 원을 사용하지만, 원두의 상태에 따라 디팅 피크를 사용하기도 한다. 샤워 스크린은 머신의 유지 보수와 청결을 위해 테프론 코팅 제품을 사용한다. 또한 여러 바리스타가 함께 일하는 매장인 만큼 추출의 균일성을 유지하기 위해 디스트리뷰터와 핸들리스 탬퍼를 이용한다. 특히 말굿 디스트리뷰터는 베이스의 커팅이 잘 되어 있어 레벨링 시 묻어 나오는 분쇄원두가 적어서 선택했다.

에스프레소 블랜드는 구성이 자주 바뀌는 편인데, 기본적으로 밸런스와 단맛이 좋은 것을 지향한다. 대회 기간이나 생두가 새로 들어오는 시즌에는 싱글 오리진으로 에스프레소를 제공하기도 한다. 커피 그래피티에서는 블랜드 구성과 원두 상태에 따라 데미타세도 다르게 제공한다. 로스팅 포인트가 높아 단맛이 강한 경우 안캅 토리노Torino에 제공하고, 라이트 로스팅된 원두 혹은 에티오피아나 게이샤처럼 화사한 향미를 지닌 커피는 안캅 베로나에 제공한다. 튤립 형태의 토리노 잔은 입술에 닿는 표면적이 넓어 한입에 들어오는 양이 많아 단맛을 충분히 느낄 수 있지만, 화려한 향미의 커피를 담으면 오히려 자극적으로 느껴질 수 있기 때문이다.

추출된 에스프레소는 자유롭게 마시면 된다. 설탕을 한 스푼 정도 넣으면 에스프레소의 향이 도드라지고, 맛의 밸런스도 좋아지니 취향대로 선택하기를 권한다.

시연 이종훈, 이유진 바리스타

대회 레시피

이종훈 바리스타
(2015 WBC 출전 레시피)

- 머신 Victoria Arduino VA388 Black Eagle
- 그라인더 Mahlkonig Peak
- 원두 코스타리카 라 로카 레드 카투아이 레드 허니
- 원두량 18g
- 추출시간 25초
- 추출량 35g

이유진 바리스타
(2016 KNBC 출전 레시피)

- 머신 Victoria Arduino VA388 Black Eagle
- 그라인더 Mahlkonig V30 Vario Air
- 원두 과테말라 엘 인헤르토 에티오피아 게이샤 내추럴
- 원두량 20g
- 추출시간 25초
- 추출량 38g

CHAPTER **5**

파이브 익스트랙츠
FIVE EXTRACTS

PROFILE 프로파일

- 에스프레소 머신 Synesso Hydra 3그룹
- 그라인더 Mahlkonig EKK43
- 원두명 코스타리카 몬테 코페이 엘 알토 화이트 허니
- 로스팅 포인트 2차 크랙 직전 배출
- 에스프레소 타입 에스프레소 싱글
- 원두량 21g
- 추출수 온도 90℃
- 인퓨전 시간, 총 추출시간 인퓨전 없음, 약 40초
- 최종 추출량 50㎖
- 향미 캐러멜, 플럼, 그레이프, 미디엄 바디, 부드러운 마우스필

RECIPE 만드는 법

1. 바스켓을 마른 천으로 깨끗하게 닦은 후 포터필터에 분쇄원두를 도징한다.
2. ①을 레벨링하고 탬핑한다.
3. 열수 흘리기를 한다.
4. 포터필터를 머신에 장착한다.
5. 그룹헤드 아래 잔을 놓는다.
6. 패들을 사용해 인퓨전 없이 40초가량 추출을 진행한다.

STORY 스토리

파이브 익스트랙츠는 외국인을 비롯해 다양한 성향을 지닌 사람들이 오가는 이태원 상권에 자리했다. 모든 사람의 입맛을 만족시킬 수는 없기에 커피향미는 캐릭터가 강한 것보다 밸런스에 집중한다. 또한 손님들이 에스프레소에 접근하기 쉽도록 오히려 커피에 대한 정보는 많이 공개하지 않는 편이다. 커피는 각자의 취향과 문화권에 따라 접근 방식이 다르기 때문에 공식처럼 짜여진 틀이나 정보에 의존하지 않고 다양한 시각으로 커피를 바라보고 즐길 수 있도록 하기 위해서다. 에스프레소를 추출할 때도 변수가 될 수 있는 요소는 최대한 줄이고 생략해 원두의 상태에 따라 분쇄도, 추출수 온도, 추출량 정도만 조절한다. 바리스타의 개성과 기술보다는 원두의 특성 자체를 끌어내는 것이 중요하다고 생각하기 때문이다. 그라인더의 경우 상대적으로 원두 손실이 적은 편인 말코닉 EKK43을 사용한다. 추출 시 인퓨전은 진행하지 않는데, 9bar의 압력에서 최상의 컨디션으로 추출이 이뤄지도록 원두를 분쇄했기 때문에 추출 초반에 저기압으로 미리 분쇄원두를 적시면 변수가 발생한다. 대신 추출 전 포터필터에 남은 커피 찌꺼기를 제거하는 것을 중요시한다. 기본적인 과정이지만 이전의 커피가 제대로 제거되지 않으면 추출에 큰 영향을 미치기 때문이다.

추출된 에스프레소는 애크미Acme 데미타세에 담는다. 색을 바꿔가며 다양하게 활용할 수 있고, 보온성도 좋아 선택했다. 게다가 잔 안쪽이 둥글어서 크레마를 안정적으로 보존하고, 안쪽 면이 흰색이라 정확한 에스프레소의 색도 드러낼 수 있다.

에스프레소는 온도에 민감한 음료이기 때문에 받은 즉시 향을 느끼고 마시는 것을 추천한다.

시연 최현선 바리스타

CHAPTER 6

펠트
FELT

PROFILE 프로파일

· 에스프레소 머신 Slayer 2그룹
· 그라인더 Mazzer Robur Electronic
· 파츠 VST 필터 바스켓 18g
· 원두명, 블렌드 구성
  시즈널Seasonal 블렌드 – 엘살바도르 라 플로리다 워시드 40%, 코스타리카 치스피타 레드 허니 20%, 콜롬비아 산 호세 워시드 40%
· 블렌딩 방식, 로스팅 포인트 선블렌딩, 미디엄 다크
· 에스프레소 타입 에스프레소 더블
· 원두량 18.5~19.5g
· 추출수 온도 93.4℃
· 인퓨전 시간, 총 추출시간 10초, 38초
· 최종 추출량 40g
· TDS, 추출수율 8.7, 19.5%
· 향미 말린 오렌지, 캐러멜, 캐슈넛, 부드러운 마우스필

RECIPE 만드는 법

1 바스켓을 마른 천으로 깨끗하게 닦은 후 포터필터에 정확한 양의 분쇄원두를 도징한다.
2 ①을 레벨링하고 탬핑한다.
3 열수 흘리기를 한다.
4 포터필터를 머신에 장착한다.
5 패들로 유량을 조절해 10초가량 인퓨전을 진행하는 것과 동시에 포터필터의 추출구 아래에 잔을 놓는다.
6 인퓨전 후 유량을 조절해 28초 동안 추출을 진행한다.

STORY 스토리

에스프레소 판매 비율이 높은 펠트에서는 슬레이어 머신으로 에스프레소를 추출한다. 패들식 머신이라 컨트롤하는 것이 불편하지만, 그만큼 추출과정에 여러 변화를 시도할 수 있다는 매력이 있어 선택했다. 코니컬 버가 장착된 메저 로버 그라인더는 플랫 버에 비해 분쇄도를 미세하게 조절하기 어려워 추출수율을 높이는 데 유리한 조건은 아니지만, 추출수율이 높다고 무조건 좋은 커피라고 생각하지 않기에 오래전부터 사용해 익숙한 메저 로버를 사용한다. 파츠는 머신 사양에 맞는 것을 사용하는 편이지만 처음 머신을 구매했을 당시의 기본 바스켓은 추출구가 좁아 추출면적이 넓은 VST 필터 바스켓으로 바꿨다.

펠트에는 고정적인 원두 리스트가 없다. 특히 시즈널 블렌드는 같은 원두가 들어가도 구성 비율이 달라질 때가 있는가 하면, 같은 생두여도 가공방식이 다른 원두를 활용하기도 한다. 다이렉트 트레이드를 통해 들여온 생두의 수급 상태에 따라 원두 리스트에 변화를 주는 것이다. 기본적으로 에스프레소는 매일 마셔도 부담 없이 즐길 수 있도록 화려한 플레이버나 임팩트 있는 맛보다 누구에게나 편안한 단맛을 추구한다.

추출한 에스프레소는 애크미 데미타세에 담는데, 카페의 전체적인 분위기와 어울리는 회색 잔을 선택했다. 에스프레소를 마시는 팁은 특별히 없다. 취향대로, 편하게 즐기기를 추천한다.

시연 송대웅 바리스타

CHAPTER 7

좀비 커피 로스터스
ZOMBIE COFFEE ROASTERS

PROFILE 프로파일

- 에스프레소 머신 La Marzocco FB80 3그룹
- 그라인더 Mazzer Robur Electronic
- 파츠 풀문 플랫 탬퍼, IMS 샤워 스크린
- 원두명, 블랜드 구성

    노 피어 No Fear — 과테말라 엘 카르멘 워시드 60%, 코스타리카 돈 오스카 옐로우 허니 40%

- 블랜딩 방식, 로스팅 포인트 선블랜딩, 1차 크랙과 2차 크랙 사이 배출
- 에스프레소 타입 에스프레소 더블
- 원두량 19~20g
- 추출수 온도 94℃
- 인퓨전 시간, 총 추출시간 인퓨전 없음, 25초
- 최종 추출량 32~35g
- 향미 과일의 산미, 몰티 malty, 단맛

RECIPE 만드는 법

1 바스켓을 마른 천으로 깨끗하게 닦은 후 포터필터에 분쇄원두를 도징한다.
2 ①을 레벨링하고 탬핑한다.
3 열수 흘리기를 한다.
4 포터필터를 머신에 장착한다.
5 그룹헤드 아래 잔을 놓는다.
6 버튼을 눌러 인퓨전 없이 25초가량 추출을 진행한다.

STORY 스토리

좀비 커피 로스터스는 다양한 직업군과 연령층의 손님이 방문하는 곳이라 밸런스가 좋은 커피를 추구한다. 항상 모든 추출과정을 세심하게 컨트롤하는데, 에스프레소 머신의 경우 여러 변수를 줄 수 있는 머신보다는 온도 유지와 제어가 편한 라마르조꼬 FB 80을 사용한다. 또한 추출 시 포터필터에 담긴 분쇄원두에 물을 골고루 분사하기 위해 IMS 샤워 스크린을 사용하고, 채널링 channeling*이나 다른 잘못된 부분들을 추출액을 통해 바로 확인할 수 있도록 바텀리스 포터필터를 이용한다. 추출방식은 기본적인 순서에서 크게 벗어나지 않지만, 원두의 로스팅 정도와 매장에서 사용하는 물의 상태에 최적화된 방향으로 진행한다. 최종적으로는 산미와 단맛이 잘 어우러져 밸런스가 좋고 질감이 부드러운 에스프레소를 추출한다.

때때로 손님에게 에스프레소를 제공하기 전에 바리스타가 먼저 향을 맡아 추출상태를 확인한 후 비로소 잔받침에 올려 내기도 한다. 좀비 커피 로스터스의 에스프레소는 마시기 전에 먼저 향을 맡은 다음, 스푼으로 충분히 저어 마시는 것을 권한다.

시연 이상훈 바리스타

*채널링 : 포터필터에 분쇄원두가 고르게 담기지 않거나 부족할 시 에스프레소가 한쪽으로 쏠려서 추출되는 현상.

CHAPTER **8**

키쏘 커피 컴퍼니
KISSO COFFEE COMPANY

PROFILE 프로파일

- 에스프레소 머신 La Marzocco GB5 3그룹
- 그라인더 Compak K8 Fresh Red Speed
- 파츠 VST 필터 바스켓 17g
- 원두명, 블랜드 구성
  보스Boss – 브라질 세라도 펄프드 내추럴 26%, 과테말라 안티구아 워시드 32%, 케냐 AA 워시드 17%, 엘살바도르 SHG 워시드 15%, 코스타리카 따라주 워시드 10%
- 블랜딩 방식, 로스팅 포인트 후블랜딩, 브라질, 과테말라, 엘살바도르 – 미디엄 다크 / 케냐 – 미디엄 / 코스타리카 – 미디엄 라이트
- 에스프레소 타입 에스프레소 싱글
- 원두량 18~19g
- 추출수 온도 98℃
- 인퓨전 시간, 총 추출시간 2초, 28~32초
- 최종 추출량 30㎖
- TDS, 추출수율 9.1, 21.18%
- 향미 아몬드, 다크 초콜릿, 토피, 오렌지, 마일드한 산미, 중후한 바디

RECIPE 만드는 법

1 바스켓을 마른 천으로 깨끗하게 닦은 후 포터필터에 분쇄원두를 도징한다.
2 ①을 레벨링하고 탬핑한다.
3 열수 흘리기를 한다.
4 포터필터를 머신에 장착한다.
5 버튼을 눌러 2초가량 인퓨전을 진행하는 것과 동시에 포터필터의 추출구 아래에 샷글라스와 잔을 놓는다.
6 인퓨전 후 버튼을 눌러 26~30초 동안 추출을 진행한다.

STORY 스토리

20~30대 여성 회사원들이 주로 방문하는 키쏘 커피 컴퍼니에서는 부드럽고 마일드한 커피를 찾는 손님들의 입맛에 맞춰 편하게 즐길 수 있는 커피를 추구한다. 진득하고 다크한 이탈리아 정통 에스프레소를 한국인의 정서에 맞게 재구성해 추출하는 것이다. 이를 위해 추출수 온도를 비교적 높은 98℃로 설정하고 높아진 추출수율을 통해 보스 블랜드의 다양한 향미를 표현한다. 파츠는 구멍의 위치와 형태가 일정한 VST 필터 바스켓을 사용하고, 바스켓 구경에 꼭 맞는 탬퍼를 사용해 추출의 일관성을 유지한다. 또한 매일 담당 바리스타가 시간대별로 추출 테이스팅을 진행하는 등 다방면으로 에스프레소 품질관리QC, Quality Control에 신경을 쓴다. 최종 추출된 에스프레소는 먼저 바리스타가 샷글라스에 담긴 것을 맛본 후 의도한 대로 추출이 이뤄졌다면 데미타세에 담긴 에스프레소를 손님에게 제공한다. 에스프레소 파츠Espresso Parts의 데미타세에 담긴 에스프레소는 이탈리아 에스프레소의 특징을 그대로 느낄 수 있도록 스푼으로 잘 저은 후 마시기를 권한다. 크레마의 지용성 성분과 추출액의 수용성 성분이 섞이면 부드러운 풍미를 느낄 수 있기 때문이다.

시연 김가예 바리스타

CHAPTER 9

아스트로노머스 커피
ASTRONOMERS COFFEE

PROFILE 프로파일

- 에스프레소 머신 La Marzocco GS3 1그룹
- 그라인더 Compak K10 Fresh
- 파츠 VST 트리플 바스켓 22g, 렉바버 US 커브 탬퍼 58.4mm
- 원두명, 블랜드 구성

  플루토Pluto – 과테말라 우에우에테낭고 워시드 40%, 에티오피아 예가체프 내추럴 30%, 케냐 니에리 워시드 30%

- 블랜딩 방식, 로스팅 포인트 후블랜딩, 과테말라 – 미디엄 라이트 / 에티오피아 – 미디엄 / 케냐 – 미디엄
- 에스프레소 타입 트리플 리스트레또
- 원두량 24~25g
- 추출수 온도 92~93℃
- 인퓨전 시간, 총 추출시간 3초, 28~30초
- 최종 추출량 35~40㎖
- TDS, 추출수율 12.57, 17.60%
- 향미 자몽, 베리류의 산미와 단맛, 은은한 자스민 향, 깔끔한 애프터테이스트

RECIPE 만드는 법

1 바스켓을 마른 천으로 깨끗하게 닦은 후 포터필터에 분쇄원두를 도징한다.
2 ①을 레벨링하고 탬핑한다.
3 열수 흘리기를 한다.
4 포터필터를 머신에 장착한다.
5 패들로 압력을 조절해 10.5bar의 압력으로 3초가량 인퓨전을 진행하는 것과 동시에 포터필터의 추출구 아래에 잔을 놓는다.
6 인퓨전 후 25~27초 동안 추출을 진행한다.

STORY 스토리

아스트로노머스 커피는 손님들의 니즈가 다양한 홍대 상권에 있지만 유행을 쫓지 않고 아스트로노머스 커피만의 커피를 선보이는 것에 집중한다.

에스프레소에 사용하는 플루토 블랜드는 전체적으로 산미가 풍부하지만, 그 맛이 자극적으로 느껴지지 않도록 밸런스를 고려해 단맛이 강한 에티오피아 내추럴을 섞어 블랜드를 구성했다. 에스프레소를 추출할 때는 무엇보다 원두의 분쇄상태에 가장 많은 신경을 기울인다. 로스팅 포인트가 약한 편이라 향미를 섬세하게 표현하기 위해 분쇄 시 비교적 커피성분을 잘 유지하는 코니컬 버를 장착한 콤팍 K10을 사용한다. 자동 그라인더가 바쁜 시간대에는 큰 도움이 되지만, 도징양에서 약간의 오차가 발생하는 경우가 있어 추출 전 항상 분쇄원두의 무게를 측정한다. 카페의 규모를 고려해 큰 에스프레소 머신 대신 라마르조코 GS3 1그룹을 사용하는데, 1그룹임에도 힘이 좋고 연속 추출에 뛰어난 것이 장점이다.

추출한 에스프레소는 에스프레소 파츠의 튤립형 데미타세에 담는다. 잔이 두꺼워 보온성이 좋아 선택했다. 에스프레소는 취향에 따라 편하게 마시길 권한다.

시연 백길웅 바리스타

CHAPTER **10**

커피점빵
COFFEE JUMBBANG

PROFILE 프로파일

- 에스프레소 머신 La Marzocco Strada EP 3그룹
- 그라인더 Mahlkonig EK43
- 파츠 플랫 / C–플랫 탬퍼 58㎜, VST 필터 바스켓 18g
- 원두명, 블랜드 구성

  샴페인Champagne — 케냐 키구타 워시드 50%, 엘살바도르 로스 나랑호스 워시드 50%

- 블랜딩 방식, 로스팅 포인트 후블랜딩, 미디엄(1차 크랙 후 1분에 배출)
- 에스프레소 타입 리스트레또
- 원두량 19.2g
- 추출수 온도 91.8℃
- 인퓨전 시간, 총 추출시간 8초, 30초
- 최종 추출량 25~30g
- 향미 포도, 체리, 스파클링 와인의 마우스필

RECIPE 만드는 법

1. 바스켓을 마른 천으로 깨끗하게 닦은 후 포터필터에 정확한 양의 분쇄원두를 도징한다.
2. ①을 레벨링하고 탬핑한다.
3. 열수 흘리기를 한다.
4. 포터필터를 머신에 장착한다.
5. 패들로 압력을 조절해 약 6bar의 압력으로 8초가량 인퓨전을 진행하는 것과 동시에 포터필터의 추출구 아래에 샷글라스 놓는다.
6. 인퓨전 후 압력을 조절하면서 22초 동안 추출을 진행한다.
7. ⑥을 잔에 옮겨 담는다.

STORY 스토리

커피점빵이 위치한 서울 광장동은 번화가도, 역세권도 아니다. 근처 신학대학교 학생들이 자주 방문하는데, 학생들의 관심이 술 대신 커피와 티에 집중되어 아메리카노를 통해 커피의 향과 맛을 알아가기 시작하고 시간이 지나면 에스프레소를 마시기 시작한다. 이들을 위해 독특한 방식의 에스프레소를 제공하려 샴페인 블랜드를 만들었다. 이름처럼 실제 샴페인의 특징을 살려 임팩트가 강한 과일향과 짧지만 깔끔한 애프터테이스트를 느낄 수 있도록 에스프레소를 추출한다.

원두의 좋은 성분들을 최대로 끌어내기 위해 비교적 많은 양의 분쇄원두를 포터필터에 담고 원활한 추출을 위해 분쇄도는 굵게 조정한다. 추출량은 최대 30g를 넘지 않도록 한다. 이러한 방식으로 인해 추출수율은 다소 낮아질 수 있으나 마시기 편한 느낌에 중점을 두었다.

추출한 에스프레소는 240㎖ 용량의 얇은 크리스탈 재질로 된 샴페인 잔에 담는다. 데미타세가 아닌 샴페인 잔을 사용하는 이유는 샴페인 같은 체리와 포도의 향미를 고스란히 전달하기 위해서다. 게다가 샴페인 잔은 다른 와인잔에 비해 크레마의 형태도 잘 보존한다. 잔의 90%가 향으로 채워진 빈 공간이기에 먼저 1~2초 정도 향을 음미한 후 마시기를 권한다. 한 번에 다 마시기보다 반 정도 마시고, 15~20초 정도 시간이 흐른 후 남은 에스프레소를 마시며 맛을 확인하는 것을 추천한다. 시간이 흐르면서 복합적인 향과 맛의 조화를 경험할 수 있기 때문이다.

시연 노찬영 대표

5

브루잉 커피 레시피

이 파트는 스페셜티 커피를 다루는 카페에서 브루잉 커피를 추출할 때
자주 사용하는 도구를 중심으로 레시피를 소개한다.
원두의 로스팅 상태와 향미적 특성에 따라 어울리는 브루잉 도구를 선택한 곳이 있는가 하면,
에스프레소와 달리 브루잉 커피는 사람의 손으로 직접 추출하기 때문에 바리스타의 취향과 개성으로
브루잉 도구를 선택하는 곳도 있다.
브루잉 도구의 특징과 바리스타의 추출법에 초점을 맞춰 다양한 추출방식을 살펴본다.

CHAPTER 1

칼리타 **KALITA**

나무사이로 커피
NAMUSAIRO COFFEE

PROFILE 프로파일

- 브루잉 도구 Kalita 101D (플라스틱)
- 그라인더 Ditting KR804
- 필터, 서버, 드립포트 칼리타 FP101 백색 종이 필터, 칼리타 300N 서버, 다카히로 900㎖
- 원두명, 블랜드 구성

  봄의 제전 Rite of Spring — 에티오피아 예가체프 아다도 워시드 50%, 에티오피아 예가체프 콩가 세데 내추럴 25%, 케냐 가차타 워시드 25%
- 블랜딩 방식, 로스팅 포인트 후블랜딩, 미디엄
- 원두량 15g
- 물의 양 약 160㎖(추출 후 40~50㎖ 추가)
- 물 온도 92℃
- 뜸 들이는 시간, 총 추출 시간 30~40초, 약 2분
- 최종 추출량 130㎖
- TDS, 추출수율 1.74, 15%
- 향미 청포도, 꿀, 은은하고 향긋한 꽃향기, 산뜻한 산미, 체리와 무화과의 묵직한 단맛

RECIPE 만드는 법

1 잔에 뜨거운 물을 담아 예열한다.
2 온도계를 사용해 측정한 92℃의 물을 드립포트에 담고, 브루잉 도구와 서버에 물을 부어 헹군다.
3 필터를 접어 브루잉 도구에 놓고, 그 안에 분쇄원두를 넣는다.
4 ③에 30㎖의 물을 부어 30~40초 동안 뜸을 들인다.
5 ④에 100㎖의 물을 원두의 중앙에서 바깥으로 소용돌이 모양을 그리면서 부어 1차 추출을 진행한다.
6 물이 어느 정도 빠진 후 30㎖의 물로 1차 추출과 마찬가지로 2차 추출을 진행한다.
7 추출된 130㎖ 가량의 커피에 드립포트에 남은 물 40~50㎖를 서버에 부어 희석한다.
8 추출이 끝나면 ①에 있던 물을 버리고 잔에 ⑦을 옮겨 담는다.

STORY 스토리

오피스 상권에 있는 나무사이로 커피를 방문하는 손님들은 너무 시거나 쓴 커피를 부담스러워하는 경향이 있다. 이에 나무사이로 커피는 균형감 있는 산미와 깔끔한 맛을 내는 커피를 추구하면서 동시에 원두가 지닌 향미를 커피에 충분히 표현하려 한다. 브루잉 커피를 추출할 때는 추출수율을 높이기 위해 비교적 높은 온도의 물을 사용하는데, 약하게 로스팅된 원두가 많아 낮은 온도에서는 커피성분이 온전히 추출되지 않는 경우가 있기 때문이다. 여러 브루잉 도구들 가운데 칼리타는 봄의 제전 블랜드가 지닌 깔끔한 산미와 단맛을 균형감 있게 추출할 수 있어 사용한다. 도자기나 다른 재질에 비해 플라스틱은 예열 시간이 빨라 원하는 추출온도로 바로 추출이 가능하고, 그만큼 바쁜 시간대에도 유용하다.

물 빠짐이 느려 추출 자체가 오래 진행되면 맛이 떨어지거나 써지기 때문에 항상 주의하고, 반대로 추출이 덜 진행되어 밋밋한 맛이 나오지 않도록 경계한다. 추출된 커피에는 뜨거운 물을 희석하고 잔에 따르고 서버에 남은 커피를 바리스타가 먼저 마셔 최종 마우스필이 부드러운지 확인한 후 손님에게 낸다.

추출된 커피는 일명 '돌잔'으로 불리는 약 180㎖ 용량의 시라쿠스 Syracuse 잔에 담는다. 한 번 예열하면 잘 식지 않아서 손님이 마지막 한 방울까지 따뜻함을 느끼며 커피향미를 오래 즐길 수 있다.

시연 현민선 바리스타

CHAPTER 2

칼리타 웨이브 KALITA WAVE

엘카페 커피 로스터스
ELCAFE COFFEE ROASTERS

PROFILE 프로파일

- 브루잉 도구 Kalita Wave 185 (스테인레스)
- 그라인더 Mahlkonig EK43
- 필터, 서버, 드립포트 칼리타 웨이브 185 필터, 칼리타 800N 서버, 유키와 1L
- 원두명 엘살바도르 델리시아스 버번(레드, 오렌지, 옐로우) 워시드
- 로스팅 포인트 1차 크랙 종료 직후 배출
- 원두량 23g
- 물의 양 360㎖
- 물 온도 93~95℃
- 뜸 들이는 시간, 총 추출시간 약 25초, 약 1분 30초
- 최종 추출량 300㎖
- TDS, 추출수율 1.37~1.42, 18~19%
- 향미 청사과, 사탕수수, 깔끔함, 단맛, 밸런스

RECIPE 만드는 법

1 드립포트에 93~95℃로 설정된 온수기의 물을 담고, 드립 스탠드에 엎어 놓은 서버에 물을 부으며 예열한다.
2 필터를 브루잉 도구에 놓고, 그 안에 분쇄원두를 넣는다.
3 ②에 40~45㎖의 물을 부어 약 25초 동안 뜸을 들인다.
4 ③에 150~160㎖의 물을 원두의 중앙에서 바깥으로 크게 소용돌이 모양을 그리면서 부어 1차 추출을 진행한다.
5 물이 어느 정도 빠진 후 150~160㎖의 물로 1차 추출과 마찬가지로 2차 추출을 진행한다.
6 추출이 끝나면 잔에 ⑤를 옮겨 담는다.

STORY 스토리

생두 다이렉트 트레이드를 진행하는 엘카페 커피 로스터스의 원두 리스트는 시즌별로 다르다. 그만큼 추출 레시피에도 변동이 많은데, 기본적으로는 깔끔함과 밸런스를 지닌 커피를 추구한다. 커피의 쓴맛을 배제하기 위해 주로 로스팅 포인트는 낮게 진행하는 편인데, 이로 인해 도드라지는 산미는 추출수율을 높여 단맛과의 밸런스를 맞춘다.

브루잉 도구는 위생과 디자인, 편의성을 고려해 칼리타 웨이브를 선택했지만, 사실 로스팅 포인트나 분쇄도 등 다른 추출조건을 조절해서 맛을 유지할 수 있기 때문에 도구 자체에는 큰 의미를 두지 않는다. 뜸을 들일 때는 원두 사용량 대비 2배에 가까운 물을 붓는다. 이후 본격적인 추출을 진행할 때는 분쇄원두 전체에 물을 고르게 부어 커피가 한쪽으로 쏠리며 추출되지 않도록 주의한다. 또한 커피에서 어떤 특정한 맛이 과하게 드러나거나 부족하지 않도록 전체적인 맛의 조화를 고려해 추출을 진행한다.

추출을 마친 커피는 안캅 잔에 담아 손님에게 낸다. 커피의 온기를 비교적 잘 유지한다는 기능적인 측면에서 안캅 잔을 선택하긴 했지만, 청백색의 무늬 없는 잔을 선호하는 개인적인 취향에도 부합했다. 칼리타 웨이브로 추출된 커피를 마시는 특별한 팁은 없지만, 커피를 마시는 시간 자체를 즐기기를 바란다. 심신이 편안한 상태에서 무의식중에 잔을 비우게 되는 커피야말로 정말 맛있는 커피라 생각하기 때문이다.

시연 양진호 대표

CHAPTER **3**

융 **FLANNEL**

헬카페
HELL CAFE

PROFILE 프로파일

- 브루잉 도구 Hario Nell
- 그라인더 Fuji Royal R-220
- 필터, 서버, 드립포트 하리오 융 필터, 칼리타 서버 300N 서버, 유키와 0.7ℓ
- 원두명, 블랜드 구성

  드립 블랜딩 브라질, 게이샤, 탄자니아, 과테말라, 콜롬비아(비율 1:1:1:2:2)
- 블랜딩 방식, 로스팅 포인트 선블랜딩, 2차 크랙 종료 후 배출
- 원두량 약 30g
- 물의 양 약 600㎖
- 물 온도 약 80℃
- 뜸 들이는 시간, 총 추출시간 뜸 들이기 없음, 약 3분 30초~4분
- 최종 추출량 진하게 60㎖, 중간 120㎖, 연하게 150㎖
- TDS, 추출수율 4.5, 18%
- 향미 묵직한 바디, 쓴맛과 단맛의 밸런스, 약한 산미

RECIPE 만드는 법

1. 잔에 뜨거운 물을 담아 예열한다.
2. 온도계를 사용해 측정한 약 80℃의 물을 드립포트에 담고 서버에 물을 부어 헹군다.
3. 융 필터를 끼운 브루잉 도구에 분쇄원두를 넣는다.
4. 필터를 거친 커피가 서버에 한두 방울씩 떨어지기 전까지(약 2분 30초~3분) 점 드립*으로 천천히 추출을 진행한다. 이때는 드립포트를 움직이는 대신 브루잉 도구를 손에 들고 원을 그리듯이 돌려가며 물을 원두의 중앙에서 바깥으로 소용돌이 모양을 그리면서 붓는다.
5. 점 드립 이후 2~3초간 잠시 쉬었다가 얇은 물줄기로 원두의 중앙에서 바깥으로 소용돌이 모양을 그리면서 천천히 1차 추출을 진행한다.
6. 1차 추출 후 2~3초간 잠시 쉬었다가 1차 추출과 마찬가지로 2차 추출을 진행한다.
7. 서버를 불에 올려 추출된 커피를 10초 정도 데운다.
8. ①에 있던 물을 버리고 잔에 ⑦을 옮겨 담는다.

STORY 스토리

헬카페에서는 드립용 블랜드를 만들어 융으로만 추출한 커피를 제공한다. 로스팅 포인트가 높은 원두를 사용하기 때문에 잡맛은 거르고 깊은 향미와 바디를 강조할 수 있는 융을 선택했고, 원추형의 하리오 융 필터는 깊이가 깊어 진한 맛을 끌어내는 데 유리해 사용한다. 종이 필터에 비해 융 필터로 커피를 추출하면 향이 극대화되는데, 그 향의 매력에 빠져 융을 택한 이유도 있다.

추출 초반에는 점 드립으로 물이 원두에 최대한 천천히 스며들게 해 오로지 중력에 의해서만 자연스럽게 커피가 추출되도록 신경을 쓴다. 이때 드립포트에서 떨어지는 물의 속도를 세심히 조절할 수 있도록 드립포트의 주둥이를 좁혀서 사용한다.

헬카페에서 드립용 블랜드 커피를 주문하면 손님이 원하는 커피농도에 맞춰 추출량을 조절한다. 보통은 다크 로스팅된 원두의 깊은 맛과 긴 여운을 느낄 수 있도록 진하게 마시기를 추천한다. 진한 커피로 나갈 때는 조상권 도자문화재단에 제작을 부탁해 만든 80㎖ 용량의 두꺼운 잔에 담는다.

시연 권요섭 바리스타

*점 드립 : 포트의 주둥이에서부터 서서히 물방울을 분쇄원두에 떨어뜨리는 추출방식.

CHAPTER 4

케멕스 CHEMEX

파이브 브루잉
FIVE BREWING

PROFILE 프로파일

- 브루잉 도구 Chemex 8 cup (글라스 핸들)
- 그라인더 Mahlkonig Guatemala Lab
- 필터, 드립포트 케멕스 삼각형 흰색 필터, 스팀피처
- 원두명 에티오피아 내추럴
- 로스팅 포인트 미디엄
- 원두량 20g
- 물의 양 320㎖
- 물 온도 90~96℃
- 뜸 들이는 시간, 총 추출시간 뜸 들이기 없음, 약 2분 30초~3분
- 최종 추출량 약 290㎖
- TDS, 추출수율 1.15~1.22, 19.2%
  (추출비율Brewing Ratio, 0.062)
- 향미 체리, 라즈베리, 블루베리, 깔끔한 애프터테이스트

RECIPE 만드는 법

1 스팀피처에 90~96℃로 설정된 온수기의 물을 담는다.
2 필터를 브루잉 도구에 놓고, 물을 부어 린싱한다.
3 에어채널로 물이 흘러나오도록 손잡이를 잡고 본체를 기울여 린싱한 물을 버린다.
4 필터 안에 분쇄원두를 넣는다.
5 ④에 터뷸런스turbulance*를 주면서 푸어오버pour-over* 방식으로 물을 한 번에 붓는다.
6 추출이 끝난 후 필터는 버리고 잔에 커피를 옮겨 담는다.

STORY 스토리

서울 연희동에서 시작해 홍대로 자리를 옮긴 파이브 브루잉은 브루잉 커피 전문점으로, 손님들이 브루잉 커피에 친숙하게 다가올 수 있도록 메뉴나 인테리어를 구성했다. 하리오 V60이나 칼리타 웨이브, 케멕스, 에어로프레스, 사이폰을 이용해 브루잉 커피를 추출하는데, 부드러운 커피를 찾는 손님이 많아 케멕스를 자주 사용한다. 입구가 넓은 8 cup 사이즈의 케멕스로 커피를 추출할 때는 푸어오버 방식으로 진행하는데, 이때는 입구가 좁고 긴 드립포트 대신 주둥이가 넓은 스팀피처를 사용해 물을 한 번에 붓는다. 다른 종이 필터에 비해 케멕스 전용 필터는 종이 재질이 두꺼워서 한 번에 물을 부어도 어느 정도 추출속도를 제어할 수 있다. 그만큼 맛의 일관성도 유지할 수 있다. 추출시간은 로스팅 날짜나 원두의 로스팅 포인트에 따라 조금씩 다른데, 로스팅한 지 이틀 이상 지났거나 로스팅 포인트가 약하면 추출 자체가 평소보다 길어지는 편이다. 추출 후에는 필터에 분쇄원두가 전체적으로 고르게 붙어 있는지를 확인해 추출 상태를 가늠한다.

케멕스로 추출한 커피는 400㎖ 용량의 일반 머그잔에 담는다. 두께가 두꺼워서 보온성이 좋고, 서버에서 여러 번 덜어 마시는 것보다 한 잔에 전부 부어 마시면 향미를 조금 더 오래 느낄 수 있다. 첫 모금에서는 향을 음미하고, 시간이 지나면서 변하는 맛도 함께 즐기기를 권한다.

시연 도형수 바리스타

*터뷸런스 : 난류라는 뜻으로 브루잉 커피 추출에서는 물을 빠르게 부어 필터 안에 인위적인 소용돌이를 만들면서 커피가 원활히 추출되도록 하는 것을 일컫는다.

*푸어오버 : 천천히 세심하게 물을 붓는 정드립과 달리 빠르고 자유롭게 물을 붓는 추출방식이다.

CHAPTER 5

하리오 HARIO

메쉬 커피
MESH COFFEE

PROFILE 프로파일

- 브루잉 도구 Hario V60 (유리)
- 그라인더 Mahlkonig EK43
- 필터, 서버, 드립포트 하리오 V60 02 갈색 종이 필터, 하리오 VCS-01 서버, 보나비타 구즈넥 1.0L 전기포트
- 원두명 콜롬비아 로스 나랑호스 워시드
- 로스팅 포인트 미디엄
- 원두량 16g
- 물의 양 280g
- 물 온도 98℃
- 뜸 들이는 시간, 총 추출시간 30초, 3분 10초
- 최종 추출량 253g
- TDS, 추출수율 1.35, 21%
- 향미 오렌지, 복숭아, 자몽, 블랙커런트, 카라멜, 밀크 초콜릿, 쥬시, 부드러운 애프터테이스트

RECIPE 만드는 법

1 잔에 뜨거운 물을 담아 예열한다.
2 온도 조절이 가능한 전기포트를 98℃로 세팅한다.
3 포트에 담긴 물로 브루잉 도구와 서버를 헹군다.
4 필터를 접어 브루잉 도구에 놓고, 뜨거운 물을 부어 린싱한다.
5 필터 안에 분쇄원두를 넣는다.
6 ⑤에 40g의 물을 부어 약 30초 동안 뜸을 들인다.
7 ⑥에 40g의 물을 원두의 중앙에서 바깥으로 소용돌이 모양을 그리면서 부어 1차 추출을 진행한다.
8 물이 어느 정도 빠진 후 40g씩 1차 추출과 같은 방식으로 5회 정도 더 추출을 진행한다.
9 추출이 끝나면 ①에 있던 물을 버리고 잔에 ⑧을 옮겨 담는다.

STORY 스토리

자유로운 분위기를 지닌 성수동에 위치한 메쉬 커피에는 일상에서 편하게 마실 커피를 찾는 손님이 많다. 그들을 위해 부드러운 향을 잘 살려 추출하는 하리오로 브루잉 커피를 추출한다.

메쉬 커피는 원두의 긍정적인 캐릭터를 최대한 끌어내고 자극적이지 않은 커피를 추구한다. 이를 위해 비교적 높은 온도의 물을 사용해 추출수율을 높여 단맛과 산미의 균형감을 유지하고, 분쇄도 역시 가늘게 설정해 커피성분을 최대한 끌어낸다. 항상 저울과 온도계, VST 굴절계를 사용해 추출 레시피를 세심히 조절한다. 잘 익은 과일의 산미와 밀크 초콜릿의 달콤함이 돋보이도록 미디엄 포인트로 로스팅한 콜롬비아 로스 나랑호스 원두는 VST 굴절계를 사용해 한 잔 분량에 맞는 원두량을 설정했다.

추출하는 동안에는 커피층이 마르지 않게 유지하고 채널링이 발생하지 않도록 주의하면서 일정한 양의 물을 분쇄원두에 고르게 부으면, 부드럽고 풍부한 향미를 지닌 커피가 완성된다. 정상적으로 추출을 마친 커피층은 평평한 상태로 남는다.

추출한 커피는 에스프레소 파츠의 튤립 라떼 잔에 담는데, 라떼 잔이 주는 편안한 이미지와 유려한 곡선이 마음에 들어 선택했다. 커피를 마실 때는 온도가 변할수록 달라지는 향미를 느끼면서 마시길 권한다.

시연 김현섭 바리스타

CHAPTER 6

하리오 HARIO

왕창상회
WANGCHANG CO.

PROFILE 프로파일

- 브루잉 도구 Hario V60 (스테인레스)
- 그라인더 Mahlkonig EK43
- 필터, 서버, 드립포트 하리오 V60 02 갈색 종이 필터, 칼리타 300N 서버
- 원두명, 블랜드 구성

  하우스 블랜딩 - 인도네시아 로율라 워시드 30%, 에티오피아 예가체프 리무 내추럴 30%, 콜롬비아 카우카 워시드 40%

- 블랜딩 방식, 로스팅 포인트 선블랜딩, 풀시티
- 원두량 26~30g
- 물의 양 약 300㎖
- 물 온도 90~94℃
- 뜸 들이는 시간, 총 추출시간 30초, 1분 40초~50초
- 최종 추출량 220㎖
- TDS, 추출수율 2.04, 15%
- 향미 밸런스, 묵직한 바디, 은은한 단맛과 산미

RECIPE 만드는 법

1 끓인 물을 90~94℃ 정도로 식혀 드립포트에 담아 물로 서버를 헹군다.
2 필터를 접어 브루잉 도구에 놓고, 그 안에 분쇄원두를 넣는다.
3 ②에 분쇄원두를 적실 만큼 물을 부어 약 30초 동안 뜸을 들인다.
4 ③에 물을 원두의 중앙에서 바깥으로 소용돌이 모양을 그리면서 부어 1차 추출을 진행한다.
5 이후 물이 차오르고 빠지는 모습을 관찰하며 1차 추출과 같은 방식으로 4~5회 정도 더 추출을 진행한다. 이때 물 빠짐이 느려지면, 과추출로 이어지는 것을 방지하고자 굵은 물줄기로 빠르게 부으면서 필터 안에 인위적인 터뷸런스를 만들어 물 빠짐이 원활히 이뤄지도록 한다.
6 추출이 끝나면 잔에 ⑤를 옮겨 담는다.

STORY 스토리

왕창상회에서 브루잉 커피를 찾는 손님은 대부분 상권 내 인구가 아닌 외부에서 유입된 사람들이다. 주로 커피를 매개로 소통하려는 경우가 많아 왕창상회에서는 그들에게 이곳만의 개성이 확실히 드러나는 커피를 선보이고, 그 퀄리티를 유지하려 노력한다.

브루잉 커피에 사용하는 분쇄원두는 입자가 가늘고, 필터에 담는 원두량도 비교적 많은 편이다. 이러한 방식이 자칫 과추출로 이어져 쓰고 떫은 맛이 표현될 수 있는데, 이를 방지하고자 추출구가 커서 물 빠짐이 좋고, 원두가 지닌 캐릭터를 표현하기에도 좋은 하리오 V60을 이용해 추출 자체를 빠르게 진행한다. 브루잉 도구의 재질 자체는 추출에 크게 영향을 주지 않는다고 생각해 유리나 플라스틱에 비해 관리가 쉽고 내구성이 좋은 스테인레스 재질의 하리오를 사용한다.

추출된 커피는 옛날 다방의 느낌이 물씬 풍기는 180㎖의 흰색 잔에 담는다. 잔에 따르고 서버에 남은 커피를 바리스타가 직접 맛보고 난 다음 손님에게 제공하기도 한다. 산지나 품종, 가공방식에 따른 커피의 특징이 충분히 표현되었는지 확인하기 위해서다. 왕창상회에서는 강력한 임팩트를 지닌 커피를 선호하는 편인데, 일반적으로 매장에서는 홈 바리스타보다 더 좋은 장비와 풍부한 재료를 사용할 기회가 많기 때문에 카페의 개성이 확실히 드러나야 한다고 생각하기 때문이다.

CHAPTER 7

사이폰 SIPHON

그린마일 커피
GREEN MILE COFFEE

PROFILE 프로파일

- 브루잉 도구 Hario Siphon TCA-2
- 그라인더 Mahlkonig EK43
- 필터, 서버 하리오 융 필터, 본막 할로겐 빔히터
- 원두명 콜롬비아 로스 나랑호스 워시드
- 로스팅 포인트 시티 초반
- 원두량 17g
- 물의 양 180㎖
- 물 온도 96℃(뜸 들이는 온도 86℃)
- 뜸 들이는 시간, 총 추출시간 30초, 약 50초
- 최종 추출량 165㎖
- TDS, 추출수율 1.45~1.5, 18%
- 향미 밀크 초콜릿, 오렌지, 와인, 부드러운 마우스필

RECIPE 만드는 법

1. 잔에 55~65℃ 정도의 물을 담아 예열한다.
2. 로드load*에 융 필터를 끼워 드립 스탠드에 둔다.
3. 뜨거운 물로 플라스크를 살짝 헹군다.
4. 플라스크에 뜨거운 물을 채우고 램프에 올린 후 물이 약 96℃가 될 때까지 데운다.
5. ②에 뜨거운 물을 부어 필터를 린싱한다.
6. ④를 램프에서 잠시 분리한 후 ⑤를 비스듬히 끼워 다시 램프에 올린다.
7. 로드에 분쇄원두를 담고 똑바로 세운다.
8. 물이 끓어 진공관을 통해 물이 로드로 올라오면 스틱을 사용해 분쇄원두와 물을 한 방향으로 10번 정도 저은 후 86℃가 될 때까지 불을 줄인다.
9. 첫 번째 패들링(뜸 들이기) 후 약 30초가 지나면 불을 끄고 스틱을 사용해 커피층을 한 방향으로 5~6번 정도 살짝 젓는다.
10. 로드의 커피가 필터를 거쳐 플라스크로 내려가면 바로 로드를 분리한다.
11. 잔에 ⑩를 옮겨 담는다.

STORY 스토리

그린마일 커피의 브루잉 커피는 사이폰으로만 추출해 제공한다. 사이폰 특유의 깔끔하고 깊은 맛이 매력적이고 독특한 추출법 덕분에 시각적인 효과도 뛰어나기 때문이다. 게다가 바쁜 시간대에는 다른 브루잉 도구보다 빠르게 커피를 추출할 수 있다.

그린마일 커피의 사이폰 커피는 로드에 분쇄원두를 넣은 후 진공관을 통해 올라온 물로 추출하는 저온 추출 방식을 이용하는데, 고온으로 인한 과추출을 피하기 위해 선택한 방식이다. 또한 묵직한 바디와 부드러운 마우스필을 느낄 수 있도록 융 필터를 사용한다. 융 필터는 초미세분을 걸러주지 못한다는 단점이 있어 갓 볶은 커피를 제외하고 어느 정도 가스를 지닌 원두를 선택한다. 적당한 탄산가스는 초미세분에 엉겨 붙어 추출을 마친 후 로드에 남기 때문이다. 분쇄원두와 물의 비율도 1대 10 정도로 맞추는데, 이 비율에서는 사이포니스트의 스킬로 패들링을 조절해 추출 후 분쇄원두가 돔 형태로 남아 초미세분을 걸러 주고 부드러운 질감을 완성한다. 추출된 콜롬비아 커피는 묵직하면서도 밸런스가 좋아 이와 어울리는 색의 웨지우드Wedgwood 잔에 담는다. 커피는 식어감에 따라 변하는 향과 풍미를 즐기며 마시기를 추천한다.

시연 최창해 사이포니스트

***로드** : 사이폰의 상단부로, 원두와 물이 섞이면서 추출이 일어나는 공간이다.

CHAPTER **8**

에어로프레스 AEROPRESS

루하 커피
RUHA COFFEE

PROFILE 프로파일

- 브루잉 도구 Aerobie Aeropress
- 그라인더 Comandante C40
- 필터, 서버, 포트 비다스테크 레티나 헥사 필터, 에어로비 마이크로 종이 필터 3장, 킨토 슬로우 커피 300㎖ 서버, 칼리타 호소구치 700㎖ 포트
- 원두명 에콰도르 올린카벨레즈 워시드
- 로스팅 포인트 미디엄
- 원두량 27g
- 물의 양 65㎖(추출 후 165㎖ 추가)
- 물 온도 95℃
- 뜸 들이는 시간, 총 추출시간 약 20초, 약 1분 20초
- 최종 추출량 약 35㎖
- TDS, 추출수율 1.13, 23%
- 향미 체리, 살구, 사과, 긴 애프터테이스트

RECIPE 만드는 법

1 95℃로 맞춘 물을 드립포트에 담는다.
2 필터 캡에 헥사 필터와 종이 필터 1장을 올리고, 드립포트의 물을 부어 린싱한다.
3 ② 위에 종이 필터 1장을 더 올린다.
4 체임버에 필터 캡을 돌려 끼우고 아래에 잔을 받친다.
5 체임버 안에 분쇄원두를 넣는다.
6 종이 필터 1장을 뜨거운 물에 살짝 적신 후 탬퍼 위에 올린다.
7 체임버 안의 분쇄원두를 탬퍼로 눌러 종이 필터가 분쇄원두 위에 붙게끔 탬핑한다. 이 과정에서 필터가 떨어지더라도 원두에 평평하게 올린다.
8 탬핑한 종이 필터 위로 물을 천천히 붓는다.
9 플런저를 체임버에 삽입한다.
10 플런저를 부드럽게 누르다가 필터 캡에 커피가 한 두 방울 모일 때쯤 잠시 멈춰 뜸을 들인다.
11 20초 정도 지난 후에 다시 천천히 압력을 가하며 플런저를 끝까지 누른다.
12 추출된 35㎖가량의 커피에 70~80℃ 정도의 물 165㎖를 부어 희석한다.

STORY 스토리

에어로프레스나 클레버로 추출하는 루하 커피의 싱글 오리진 커피는 일주일에 한 번씩 원두 리스트를 바꿔 가며 다양한 스페셜티 커피를 선보인다. 특히 에어로프레스는 크기가 작아도 다양한 추출법을 시도할 수 있다는 점에 흥미를 느껴 사용한다.

루하 커피의 에어로프레스 커피는 원두를 가늘게 분쇄하고 금속 필터와 종이 필터 3장을 사용하는 것이 특징이다. 여러 장의 필터로 압력을 높여 에스프레소처럼 추출하기 위해서다. 강한 압력을 가해 추출하는 만큼 일반 브루잉 커피와 에스프레소의 중간 정도의 질감을 느낄 수 있으며 단맛도 풍부하다. 에어로프레스로 추출할 때는 탬핑 후 항상 필터의 중앙으로 물을 붓는 것에 신경을 기울이는데, 물이 중앙이 아닌 체임버 벽을 타고 흐르면 종이 필터가 뜨기 때문이다. 이후 플런저를 누르며 압력을 가할 때는 공기가 밖으로 새지 않게 유의하는 것도 중요하다.

추출된 에어로프레스 커피는 파사바체Pasabahce의 카사블랑카Casablanca 잔에 담는다. 잔 위에 브루잉 도구를 올려 압력을 가하는 만큼 단단한 잔이 필요했고, 추출되는 모습을 눈으로 관찰하기 위해 투명한 재질의 유리 잔을 선택했다.

시연 이종화 바리스타

6

카페라떼 및 카푸치노 레시피

에스프레소에 우유를 혼합한 카페라떼와 카푸치노. 두 음료를 구분하는 것은 스팀밀크와 밀크폼의 비율이다.
이 단순한 차이를 만드는 과정은 절대 간단하지 않다.
우유량, 밀크 스티밍 방식과 온도 등 여러 요소의 변화에 따라
완성된 스팀밀크와 밀크폼의 질감과 향미가 달라진다.
이는 추출된 에스프레소와의 밸런스에 영향을 끼쳐 완성된 커피맛을 결정한다.
이어 소개하는 카페라떼와 카푸치노 레시피를 통해 커피와 우유의 조화로
최적의 맛을 고안한 카페들의 고심을 엿볼 수 있다.

CHAPTER 1

카페라떼 CAFE LATTE

팩토리 670
FACTORY 670

PROFILE 프로파일

- 에스프레소 머신 Synesso Hydra 3그룹
- 그라인더 Mazzer Robur Electronic
- 원두명, 블랜드 구성
  넘버 파이브 No.5 에티오피아 치레 워시드 40%, 온두라스 프란시스코 알바라도 워시드 35%, 콜롬비아 산 어거스틴 워시드 25%
- 블랜딩 방식, 로스팅 포인트 후블랜딩, 미디엄
- 원두량 20g
- 에스프레소 추출방식 인퓨전 3초, 총 28~30초 동안 추출, 에스프레소 더블 40㎖
- 스팀피처 600㎖, V자형 스파웃
- 우유 제주 풀먹은 우유(지방함량 6.5%) 250㎖
- 스티밍 온도 65℃
- 거품의 정도 웻폼
- 최종 음료량 약 290㎖
- 향미 복숭아, 오렌지, 귤, 풍부한 단맛, 부드러운 마우스필

RECIPE 만드는 법

1 포터필터에 분쇄원두를 담아 잔에 에스프레소를 추출한다.
2 추출과 동시에 스팀피처에 우유를 담아 밀크 스티밍을 진행한다.
3 65℃에 맞춰 스티밍이 끝나면 ①에 스팀밀크를 푸어링pouring*한다.

STORY 스토리

생두 다이렉트 트레이드를 진행하며 로스팅 공장을 운영하는 한국커피의 카페 브랜드인 팩토리 670은 생두만 엄격히 선별하는 것이 아니다. 우유도 마찬가지로 목장에서부터 바리스타의 손을 거쳐 손님의 입에 들어가는 순간까지 모든 과정에 세심한 주의를 기울인다. 우유는 단일 목장에서 공급 받는데, 유기농 건초와 곡식을 먹고 자란 젖소의 원유를 고온에서 단기간 살균해 영양소는 그대로 유지되고 신선한 맛과 향이 도드라진다. 지방함량이 낮은 탓에 밀크 스티밍을 진행하기 쉽지 않아 밀크폼의 지속력이 약하다는 단점이 있지만 커피향미와 잘 어우러져 시너지 효과가 크다. 특히 카페라떼는 에스프레소와 우유가 서로 조화를 이루면서 각자의 개성은 잃지 않도록 일정한 비율을 유지한다. 스티밍 온도는 음료가 완성된 시점을 기준으로 하지 않고, 손님이 카페라떼를 처음 마실 때의 순간을 고려해 65℃에 맞춰 끝낸다.

완성된 카페라떼는 애크미 라떼 잔에 담는다. 두께가 두꺼워 보온성이 좋고, 잔 안쪽의 둥근 면이 라떼아트를 표현할 때도 유용하다. 카페라떼는 과일의 산미와 단맛의 밸런스가 돋보이는데, 팩토리 670에서 직접 제조한 유기농 설탕을 약간 넣어 마시면 조금 더 진한 풍미를 느낄 수 있다.

시연 안성민 바리스타

***푸어링** : 우유를 부어서 커피표면에 패턴을 만드는 라떼아트 방식.

CHAPTER 2

진한 카푸치노 CAPPUCCINO

김약국 커피 컴퍼니
KIMYAKGUK COFFEE COMPANY

PROFILE 프로파일

- 에스프레소 머신 Rocket Espresso R8 2그룹
- 그라인더 Mazzer Kony Electronic
- 원두명, 블랜드 구성

  허쉬 초콜릿 Hush Chocolate — 콜롬비아 수프리모 워시드 60%, 에티오피아 예가체프 내추럴 40%
- 블랜딩 방식, 로스팅 포인트 후블랜딩, 풀시티
- 원두량 18~19g
- 에스프레소 추출방식 인퓨전 3~4초, 총 25~30초 동안 추출. 더블 리스트레또 25~30g
- 스팀피처 홈아트 350㎖
- 우유 서울우유 밀크마스터(지방함량 16%) 200㎖
- 스티밍 온도 55~60℃
- 거품의 정도 1~1.5㎝의 정도의 벨벳 밀크폼
- 최종 음료량 250㎖
- 향미 다크 초콜릿, 묵직한 바디, 크림치즈, 부드러운 마우스필

RECIPE 만드는 법

1. 포터필터에 분쇄원두를 담아 잔에 에스프레소를 추출한다.
2. 추출과 동시에 스팀피처에 우유를 담아 스팀밀크의 회전에 집중하면서 밀크 스티밍을 진행한다.
3. 55~60℃에 맞춰 스티밍이 끝나면 ①에 스팀밀크를 푸어링한다.

STORY 스토리

김약국 커피 컴퍼니의 진한 카푸치노는 일반 카페라떼나 카푸치노와 달리 에스프레소의 맛을 더 강조하고 싶어 개발한 메뉴다. 에스프레소를 추출할 때는 원두가 지닌 좋은 성분만 뽑아내고 과다추출은 피하기 위해 25~30g으로 추출량을 지킨다. 추출량으로 맛의 밸런스를 조절한 에스프레소의 퀄리티를 매번 일정하게 유지하기 위해 스팀 보일러와 커피 보일러가 독립되어 있어 머신 내부의 온도를 안정적으로 유지하는 로켓 R8 머신을 선택했다. 그라인더는 분쇄 시 발열을 줄이기 위해 코니컬 버가 장착된 메저 코니를 사용한다.

에스프레소 추출과 동시에 진행되는 밀크 스티밍은 진한 카푸치노 제조에서 가장 중요한 부분이다. 스팀밀크의 회전이 원활하게 진행되지 않거나 스티밍 온도가 너무 높아지면 밀크폼과 스팀밀크가 분리되기 때문에 항상 주의를 기울인다. 정상적으로 스티밍을 마친 스팀밀크는 쫀득한 질감을 지닌다.

에스프레소에 스팀밀크를 부어 완성한 진한 카푸치노는 높이가 높은 잔에 담는다. 높이가 낮고 폭이 넓은 잔은 커피가 빠르게 식기 때문이다. 카푸치노를 주문한 손님에게는 잔을 받자마자 한두 모금 정도 먼저 마셔 커피 자체의 맛을 충분히 느낀 후 남은 것을 마시기를 추천한다. 최대 3분 안에 다 마시는 것을 추천하는데, 시간이 지날수록 스팀밀크와 밀크폼이 분리되어 부드러운 맛을 느끼기 어렵기 때문이다. 한두 모금 마신 후 카푸치노에 갈색 설탕을 한 스푼 정도 넣어 마시면 꿀처럼 달콤한 맛도 경험할 수 있다.

시연 김현호 바리스타

CHAPTER 3

카푸치노 이탈리안 CAPPUCCINO ITALIAN

카페 컴플렉스
CAFFE KAMPLEKS

PROFILE 프로파일

- 에스프레소 머신 La Marzocco Linea Classic 2그룹
- 그라인더 Mazzer Major Manual
- 원두명, 블랜드 구성

  수드Sud – 브라질 펄프드 내추럴 베이스 + 아프리카와 중남미의 원두 8종 배합

- 블랜딩 방식, 로스팅 포인트 선 & 후블랜딩, 미디엄
- 원두량 18.5g
- 에스프레소 추출방식 인퓨전 약 2~3초, 총 10~16초 동안 추출, 더블 리스트레또 27㎖
- 스팀피처 누보 600㎖(테프론)
- 우유 매일우유 오리지널(지방함량 14%) 150㎖
- 스티밍 온도 60℃
- 거품의 정도 웻폼과 벨벳 밀크폼의 중간
- 부재료 바리 엑스트라 브륏트 카카오 파우더 0.5g
- 최종 음료량 200㎖
- 향미 너티, 초콜릿, 코코넛, 묵직한 바디, 부드러운 마우스필

RECIPE 만드는 법

1. 포터필터에 분쇄원두를 담아 잔에 에스프레소를 추출한다.
2. 추출과 동시에 스팀피처에 우유를 담아 밀크 스티밍을 진행한다. 스티밍 초반에는 공기 주입을 통해 밀크폼을 충분히 만들고, 밀크폼의 양이 많기 때문에 폼이 거칠어 지지 않도록 회전 시간도 충분히 확보한다.
3. 60℃에 맞춰 스티밍이 끝나면 ①에 카카오 파우더를 뿌린다.
4. ③에 스팀밀크를 푸어링한다.

STORY 스토리

오피스 상권에 위치한 카페 컴플렉스는 진한 커피를 찾는 회사원들이 많아 에스프레소 블랜드는 전체적으로 향미가 강하고 중후한 바디를 유지한다.

카페 컴플렉스는 출근시간과 점심시간에 손님들이 몰리기 때문에 연속 추출에도 보일러의 온도가 안정적으로 유지되는 라마르조꼬 리네아 머신을 사용한다. 그라인더의 경우 분쇄 시 발열량을 최소화하고자 일반적인 사이즈(64mm)의 플랫 버보다 약간 큰 사이즈(83mm)의 버를 사용해 원두의 마찰 횟수를 줄인다. 빠르고 정확한 도징을 위해 수동식 그라인더를 사용한다.

카푸치노 이탈리안을 제조할 때는 에스프레소가 사전에 세팅한 대로 추출되었는지 먼저 확인한다. 그 다음 밀크 스티밍 시 형성되는 밀크폼의 양을 살핀다. 카페라떼와 카푸치노의 구분은 밀크폼의 양이기 때문에 카푸치노다운 풍부한 밀크폼이 만들어지지 않았다면 손님에게 제공하지 않는다. 또한 스팀밀크의 질감을 쫀득하게 만들어 스푼으로 저어도 밀크폼이 오래 유지된다.

완성된 음료는 에스프레소 파츠의 카푸치노 잔에 담는다. 밀크폼의 양이 많아 비교적 용량이 큰 잔이 필요했고 풍성한 느낌을 내기에도 적절해 선택했다. 카푸치노 이탈리안은 스푼으로 섞지 않고 먼저 향을 즐긴 후 마시는 것을 권한다. 또한 진한 풍미를 전하기 위해 한 입에 밀크폼과 스팀밀크, 에스프레소가 동시에 들어가도록 깊게 마시는 것을 추천한다. 여기에 설탕을 살짝 추가하면 향미가 더 잘 전달되니 취향대로 선택해 마셔도 좋다.

시연 유승수 바리스타

CHAPTER 4

덤보치노 DUMBOCCINO

러스티드 아이언
RUSTED IRON

PROFILE 프로파일

- 에스프레소 머신 La Marzocco GB5 2그룹
- 그라인더 Mazzer Kony Electronic
- 원두명, 블랜드 구성

  블랙 포레스트 Black Forest – 브라질 산타이네스 펄프드 내추럴 35%, 콜롬비아 안티오키아 워시드 40%, 과테말라 엘 파노라마 워시드 25%
- 블랜딩 방식, 로스팅 포인트 후블랜딩. 브라질 – 시티 / 콜롬비아, 과테말라 – 풀시티
- 원두량 20g
- 에스프레소 추출방식 인퓨전 5초, 총 23~28초 동안 추출, 에스프레소 더블 40g
- 스팀피처 모타 350㎖
- 우유 매일우유 새벽목장(지방함량 16%) 320㎖
- 스티밍 온도 60~63℃
- 거품의 정도 4㎝ 정도의 벨벳 드라이폼
- 최종 음료량 320㎖
- 향미 다크 초콜릿, 브라운 슈가, 로스티드 너츠, 묵직한 바디, 부드러운 마우스필, 긴 애프터테이스트

RECIPE 만드는 법

1 포터필터에 분쇄원두를 담아 잔에 에스프레소를 추출한다.

2 추출과 동시에 스팀피처에 우유를 담아 밀크 스티밍을 진행한다. 스티밍 초반에는 공기 주입과 회전을 동시에 하고, 이후에는 회전 상태와 온도를 확인하며 벨벳 밀크를 완성한다.

3 60~63℃에 맞춰 스티밍이 끝나면 ①에 스푼으로 잔의 가운데부터 밀크폼을 올린다.

4 잔의 반까지 밀크폼을 올린 후 잔의 중앙으로 남은 스팀밀크를 붓는다. 이때는 잔 위로 밀크폼이 1㎝ 이상 올라오도록 붓는다.

5 시나몬 파우더는 기호에 맞춰 가운데에 살짝 뿌린다.

STORY 스토리

러스티드 아이언의 시그니처 메뉴는 덤보치노로, 에스프레소에 스푼으로 밀크폼을 올린 후 스팀밀크를 푸어링하는 방식으로 만든 드라이 카푸치노다. 드라이 카푸치노의 풍성함은 유지하고, 부드러운 질감의 밀크폼을 만들기 위해 일반 카푸치노보다 많은 양의 우유를 사용한다. 실제 사용하는 밀크폼은 약 40㎖ 정도다. 또한 모타 스팀피처는 몸통 가운데에 한 번 꺾어지는 부분이 있어 다른 제품보다 스팀밀크의 회전이 빠르게 이뤄져 부드러운 스팀밀크를 만드는 데 큰 도움이 된다.

스티밍 온도는 62℃보다 너무 낮아지거나 높아지면 고소함과 단맛이 줄어들고, 에스프레소와의 밸런스도 깨지기 때문에 항상 기준 온도를 맞추려 노력한다. 에스프레소는 단맛과 묵직한 바디가 특징인 블랙 포레스트 블랜드로 추출한다.

완성된 덤보치노는 밀크폼의 두께를 잘 보여줄 수 있는 280㎖ 용량의 넓은 머그잔에 담는다. 우선 베어 물듯이 밀크폼을 마셔 부드러운 질감을 느낀 후 입을 크게 벌려 에스프레소와 스팀밀크를 한입 가득 마시면 달콤하고 묵직한 카푸치노의 맛을 온전히 느낄 수 있다.

CHAPTER 5

카페런던 CAFE LONDON

카페 아이두
CAFE IDO

PROFILE 프로파일

- 에스프레소 머신 Slayer 2그룹
- 그라인더 Mazzer Robur Electronic
- 원두명, 블랜드 구성

  다크 나이트 Dark Night – 브라질 이르마스 페레이라 35%, 에티오피아 시다모 사키소 30%, 과테말라 벨라 까르모나 25%, 케냐 니에리 테구 AB 10%

- 블랜딩 방식, 로스팅 포인트 선블랜딩, 미디엄
- 원두량 21.5g
- 에스프레소 추출방식 인퓨전 없음, 18~20초 동안 추출, 더블 리스트레또 14~16㎖
- 스팀피처 350㎖
- 우유 매일우유 오리지날(지방함량 14%) 120㎖
- 스티밍 온도 55℃
- 거품의 정도 1㎝ 이하의 실키한 밀크폼
- 최종 음료량 약 135㎖
- 향미 자스민, 초콜릿, 레드 와인, 허브, 캐러멜, 바닐라, 시나몬

RECIPE 만드는 법

1. 포터필터에 분쇄원두를 담아 잔에 에스프레소를 추출한다.
2. 추출과 동시에 스팀피처에 우유를 담아 조밀한 밀크폼을 만들며 밀크 스티밍을 진행한다.
3. 55℃에 맞춰 스티밍이 끝나면 ①에 밀크폼의 두께가 1㎝를 넘지 않도록 유의하며 스팀밀크를 푸어링한다.

STORY 스토리

홍대에 위치한 카페 아이두는 유행에 민감한 젊은 손님들이 많아 매번 다양하고 색다른 메뉴를 개발해 선보이고 있다. 그중 카페런던은 카페 아이두에서 판매 상위권에 손꼽힐 만큼 인기 있는 메뉴다. 카페런던은 카페라떼를 작은 유리잔에 담아 제공하는 유럽식 글라스 라떼를 소개하기 위해 개발한 메뉴다. 장현우 바리스타가 런던에 방문했을 당시 마셨던 고소하고 깊은 맛을 지닌 카페라떼를 추억하며 만들었다. 양이 많고 뜨거운 카페라떼에 익숙한 한국 소비자들이 부드럽고 향이 좋은 에스프레소와 우유의 밸런스를 잘 느낄 수 있도록 최적의 비율과 양을 맞췄다.

카페런던은 우유량이 적은 만큼 에스프레소가 자극적으로 느껴지지 않도록 리스트레또로 짧게 추출한다. 추출 전 매번 저울에 포터필터를 올려 영점을 맞춘 뒤 분쇄원두가 담긴 채로 무게를 재서 정량을 확인한다. 더블 리스트레또로 추출된 에스프레소에 부드러운 스팀밀크를 푸어링하면 카페런던이 완성된다. 카페런던은 리비 Libbey 글라스 잔에 담는데, 손님들이 커피맛에만 집중할 수 있도록 화려한 잔 대신 심플한 잔을 선택했다. 글라스에 제공되는 만큼 너무 뜨겁지 않고 따뜻할 정도의 온도라 식기 전에 가급적 빨리 마시는 것을 권한다.

시연 장현우 바리스타

CHAPTER 6

챔프커피 CHAMP COFFEE

챔프 커피 로스터스
CHAMP COFFEE ROASTERS

PROFILE 프로파일

- 에스프레소 머신 La Marzocco GB5 2그룹
- 그라인더 Mazzer Robur Electronic
- 원두명, 블랜드 구성

  에스프레소 토크 Espresso Talk — 콜롬비아 마이크로 랏 40%, 온두라스 마이크로 랏 20%, 브라질 과페수 모지아나 20%, 케냐 레드 마운트 20%
- 블랜딩 방식, 로스팅 포인트 선블랜딩, 풀시티
- 원두량 24~26g
- 에스프레소 추출방식 인퓨전 6~8초, 총 35~40초 동안 추출, 에스프레소 더블 40㎖
- 스팀피처 350㎖, V자형 스파웃
- 우유 서울우유 나 100%(지방함량 16%) 200㎖
- 스티밍 온도 63~65℃
- 거품의 정도 7mm 정도의 벨벳 밀크폼
- 최종 음료량 240㎖
- 향미 블랙베리, 아몬드, 다크 초콜릿

RECIPE 만드는 법

1 포터필터에 분쇄원두를 담아 잔에 에스프레소를 추출한다.
2 추출과 동시에 스팀피처에 우유를 담아 밀크 스티밍을 진행한다.
3 63~65℃에 맞춰 스티밍이 끝나면 ①에 스팀밀크를 푸어링한다.

STORY 스토리

삼형제가 운영하는 챔프 커피 로스터스에는 지역 주민을 포함해 골목을 오가는 다양한 성향의 손님들이 방문한다. 챔프커피는 손님들이 챔프 커피 로스터스의 에스프레소에 조금 더 편하게 다가올 수 있도록 만든 메뉴로 카페 이름에서 메뉴명을 따왔다. 삼형제의 배려로 탄생한 챔프커피는 큰 호응을 얻어 어느덧 챔프 커피 로스터스를 대표하는 시그니처 메뉴가 되었다.

챔프커피는 에스프레소와 우유의 조합으로만 이뤄진 단순한 커피다. 제조 자체는 간단하지만 커피향미는 분명히 전하기 위해 원두의 퀄리티 컨트롤에 항상 신경을 쓴다. 블랜드에 사용하는 생두의 물리적, 향미적 밸런스를 고려해 로스팅하고, 산미와 단맛, 바디가 조화롭게 표현되는 에스프레소를 추출한다. 이때는 최대한 추출의 편차가 없도록 주의한다. 다만 기온과 습도가 변함에 따라 분쇄도와 원두량 등이 미세하게 달라지는 경우도 있다.

챔프커피를 제조할 때는 진한 에스프레소와 우유의 풍미가 함께 어우러지는 것이 가장 중요한데, 맛의 밸런스만큼 시각적인 부분도 중요하게 여긴다. 에스프레소와 스팀밀크가 섞이는 모습에서 맛이 눈으로도 전달되길 원하기 때문이다. 이를 위해 챔프커피는 투명한 듀라렉스Duralex 잔에 담아 제공된다. 완성된 챔프커피는 섞지 말고 최대한 빨리 마시기를 권장한다. 첫 모금에는 깊은 에스프레소의 향미를 느끼고, 다음에는 마실 때마다 변하는 스팀밀크와 에스프레소의 맛을 즐기면 된다.

시연 하동준 대표

CHAPTER **7**

플랫화이트 FALT WHITE

리사르 커피 로스터스
LEESAR COFFEE ROASTERS

PROFILE 프로파일

- 에스프레소 머신 Faema Legend E61 2그룹
- 그라인더 Mazzer Robur Electronic
- 원두명, 블랜드 구성

    딜리 클래식 Dilly Classic — 브라질 세라도 내추럴 50%, 과테말라 산타이사베 워시드 50%
- 블랜딩 방식, 로스팅 포인트 선블랜딩, 다크
- 원두량 15~16g
- 에스프레소 추출방식 인퓨전 없음, 25~35초 동안 추출, 에스프레소 더블 총 20~30g
- 스팀피처 홈아트 300㎖, V자형 스파웃
- 우유 매일우유 오리지널(지방함량 14%) 130㎖
- 스티밍 온도 60~80℃
- 거품의 정도 0.5~1㎝ 정도의 벨벳 밀크폼
- 최종 음료량 약 180㎖
- 향미 너티, 다크 초콜릿, 캐러멜, 약간의 산미, 묵직한 바디

RECIPE 만드는 법

1 VST 바스켓 15g을 장착한 포터필터에 분쇄원두를 담아 잔에 에스프레소를 추출한다.
2 추출과 동시에 스팀피처에 우유를 담아 밀크 스티밍을 진행한다.
3 60~80℃에 맞춰 스티밍이 끝나면 ①에 스팀밀크를 푸어링한다.

STORY 스토리

리사르 커피 로스터스를 오픈할 때는 라이트 로스팅된 원두로 플랫화이트를 만들었는데, 커피의 산미를 부담스러워 하는 손님이 많아 다크 로스팅한 원두를 사용해 플랫화이트의 레시피를 바꿨다. 이러한 변화에 손님들은 반가워했고, 최근에는 플랫화이트를 찾는 손님도 늘었다.

플랫화이트에 사용되는 원두는 먼저 손님의 취향에 따라 딜리 클래식 블랜드와 스페셜 빈 중 하나를 선택한 후 에스프레소로 추출한다. 일반 카페라떼와 달리 우유의 비중을 줄이고 커피맛을 강조한 플랫화이트만의 특징을 전달하기 위해 주로 진한 향미의 딜리 클래식 블랜드를 추천하는 편이다. 딜리 클래식 블랜드에서 브라질 원두는 항상 고정으로 사용되지만, 나머지는 중미 국가를 위주로 다크 로스팅을 견딜 수 있을 만큼 밀도가 높은 생두를 골라 블랜드에 변화를 주기도 한다. 이처럼 플랫화이트는 무엇보다 에스프레소의 품질을 가장 중요하게 여기는데, 추출의 일관성을 유지하기 위해 매번 저울로 도징양과 추출량을 확인한다. 우유는 나트륨 함량이 타사 제품보다 높아 단맛을 잘 끌어낼 수 있는 매일우유 오리지널을 선택해 풍미가 가득하고 부드러운 스팀밀크를 만든다. 스티밍 온도는 날씨와 손님의 취향을 반영해 60~80℃의 범위 안에서 적당히 조절하는 편이다.

플랫화이트는 듀라렉스 피카디Picardie 잔에 담는데, 세라믹 소재의 잔을 사용하는 카페라떼나 카푸치노와 외형적으로 구분해 같은 우유가 들어간 메뉴라도 플랫화이트 만의 특성을 보여주기 위해 선택했다. 플랫화이트는 각자가 원하는 방식대로 마시면 된다. 설탕을 2.5g 정도 섞어 마시는 것도 추천한다.

시연 이민섭 바리스타

CHAPTER 8

라떼 리이슈 LATTE REISSUE

리이슈
REISSUE

PROFILE 프로파일

- 에스프레소 머신 Faema E61 2그룹
- 그라인더 Anfim Super Caimano
- 원두명, 블랜드 구성

    와일드 캣 Wild Cat – 브라질 펄프드 내추럴 33%, 코스타리카 워시드 27%, 과테말라 워시드 25%, 에티오피아 시다모 워시드 15%

- 블랜딩 방식, 로스팅 포인트 선 & 후 블랜딩, 미디엄
- 원두량 총 36~37g(한 잔 기준 18~18.5g)
- 에스프레소 추출방식 더블 리스트레토 두 번 추출. 각각 인퓨전 없이 18~20초 동안 추출, 더블 리스트레토 15㎖, 총 30㎖
- 우유 덴마크 클래식 우유(지방함량 14%) 120㎖
- 얼음양 약 70~75g
- 최종 음료량 약 200㎖
- 향미 버터, 캐러멜, 밀크 초콜릿, 꽃향기, 부드러운 마우스필

RECIPE 만드는 법

1. 잔에 얼음과 우유를 먼저 담는다.
2. 포터필터에 분쇄원두를 담아 샷글라스에 첫 번째 에스프레소를 추출한다. 이때는 인퓨전 없이 18~20초동안 15㎖의 더블 리스트레또를 추출한다.
3. ②와 같은 방식으로 한 번 더 에스프레소를 추출한다.
4. ①에 ②와 ③을 천천히 붓는다.

STORY 스토리

올드 패션 old fashioned 스타일의 클래식 에스프레소를 선호하는 리이슈에서는 에스프레소와 우유만으로도 베리에이션 음료의 다채로움을 선보이며 메뉴를 구성했다. 그중 하나가 라떼 리이슈로, 산미가 적고 고소한 맛과 바디가 특징인 아이스 카페라떼 메뉴다. 라떼 리이슈에는 리이슈의 와일드 캣 블랜드를 사용해 추출한 에스프레소가 들어간다. 로스팅 포인트가 너무 낮거나 독특한 향미의 원두가 많이 블랜딩 되면 자칫 향미가 너무 강해 커피 자체를 부담스럽게 느낄 수 있어 미디엄 포인트로 로스팅을 진행한다.

라떼 리이슈를 제조할 때는 무엇보다 에스프레소 추출에 공을 들인다. 더블 리스트레또가 두 번이나 들어가는 만큼 원두의 상태에 맞는 정확한 추출량을 지키고, 첫 번째 에스프레소를 추출한 후 두 번째 에스프레소 추출로 넘어갈 때 시간이 지체되지 않도록 빠르게 진행해야 한다. 완성된 커피는 화려한 향보다는 고소하고 진한 캐러멜과 초콜릿 향미가 돋보인다.

라떼 리이슈는 약 300㎖ 용량의 투명한 듀로보 Durobor 잔에 담아 에스프레소와 우유가 층을 이뤄 흐르는 모습을 감상할 수 있다. 젓지 않고 마시면 첫 모금에서는 크레마의 향을 느끼고 이후에는 에스프레소와 우유가 어우러지는 매끄러운 질감을 느낄 수 있다. 소량의 설탕 시럽이나 칼루아를 첨가해 마셔도 좋다.

시연 성지현 바리스타

CHAPTER **9**

노 아이스 라떼 NO ICE LATTE

에픽 에스프레소
더 커피 바
EPIC ESPRESSO
THE COFFEE BAR

PROFILE 프로파일

- 에스프레소 머신 La Marzocco FB80 3그룹
- 그라인더 Mazzer Robur Electronic
- 원두명, 블랜드 구성

  레트로Retro(스티머스 커피 팩토리) — 에티오피아 모모라 워시드 30%, 인도 칼레데바라푸라 워시드 30%, 과테말라 엘 플라타나르 워시드 20%, 브라질 세라도 내추럴 20%

- 블랜딩 방식, 로스팅 포인트 선블랜딩, 시티
- 원두량 19g
- 에스프레소 추출방식 인퓨전 없음, 28~32초 동안 추출, 에스프레소 더블 38~42g
- 우유 덴마크 클래식 우유(지방함량 14%) 200g
- 최종 음료량 240㎖
- 향미 비터 스위트, 다크 초콜릿, 견과류

RECIPE 만드는 법

1. 냉동실에서 보관한 잔에 우유를 붓는다.
2. 쟁반에 ①을 올린다. 음료를 완성하기 전에 미리 쟁반에 잔을 놓는 이유는 잔의 흔들림을 줄여 에스프레소와 우유의 층을 최대한 오래 보존하기 위해서다.
3. 포터필터에 분쇄원두를 담아 예열한 샷에 에스프레소를 추출한다.
4. ②에 스푼을 이용해 추출된 에스프레소를 천천히 흘려준다.

STORY 스토리

대단지 아파트 상가 내에 위치한 에픽 에스프레소 더 커피 바는 얼음을 싫어하는 고객들을 위해 노 아이스 라떼 메뉴를 개발했다. 사실 노 아이스 라떼는 일부 바리스타들 사이에서 스탭 밀staff-meal처럼 편하게 만들어 먹던 음료에서 착안한 메뉴다. 스팀을 가해 시간이 지나면 밀크폼이 꺼지거나, 아이스의 경우 얼음이 녹으면서 맛이 변하는 일반 카페라떼에 비해 첫 맛을 오래 유지할 수 있다는 것이 특징이다.

노 아이스 라떼의 핵심은 에스프레소와 우유의 비율이다. 우선 에스프레소는 추출의 일관성을 유지하기 위해 기본적인 성능에 충실하고 변수를 통제하기 쉬운 라마르조꼬 FB80 머신을 선택했고, 추출수 온도는 94℃에 세팅해 추출을 진행한다. 그라인더는 커피성분의 손실이 적어 폭넓은 향미를 발현하는 데 유리한 코니컬 버가 장착된 메저 로버를 사용한다. 추출된 에스프레소는 커피의 향미를 방해하지 않고 신선함을 유지하기에 좋은 4℃ 상태의 우유에 부어 최종 18℃의 노 아이스 라떼를 완성한다. 이 온도는 우유곽 모양과 더불어 어린 시절의 향수를 불러일으키기에도 좋은데, 학창시절 배급된 우유를 바로 마시지 않고 어느 정도 시간이 지난 후에 먹었을 때 느꼈던 온도를 추억할 수 있기 때문이다. 스팀이나 얼음으로 인해 우유에 물이 희석되는 것을 방지한 덕분에 우유와 에스프레소만으로 만든 카페라떼 고유의 맛을 온전히 느낄 수 있다.

250㎖ 용량의 잔은 전경은 바리스타가 오래전부터 모아 온 잔 컬렉션 가운데 하나다. 층이 나뉜 음료의 비주얼을 감상한 후 그대로 마시거나 스푼으로 저어 마시면 된다.

시연 전경은 바리스타

7

베리에이션 음료 레시피

베리에이션 음료는 각 카페의 특징이 드러나는 시그니처 메뉴를 위주로 레시피를 소개한다.
잘 만든 베리에이션 음료 하나는 수많은 손님을 끄는 원동력이 되어 카페의 경쟁력을 키우기도 한다.
다른 곳에서는 맛볼 수 없는 음료 혹은 같은 이름을 지닌 음료라도
절대 같을 수 없는 그 맛의 차이를 소개한다.

CHAPTER 1

샤커레또 SHAKERRATO

플라츠 커피
PLATZ COFFEE

PROFILE 프로파일

- 에스프레소 머신 La Marzocco GS3 1그룹
- 그라인더 Mahlkonig K30 Twin
- 원두명, 블랜드 구성

  플라츠 시그니처Platz Signature — 과테말라 엘 파노라마 워시드 50%, 콜롬비아 우일라 워시드 30%, 코스타리카 베르디 알토 레드 허니 20%

- 블랜딩 방식, 로스팅 포인트 선블랜딩, 미디엄
- 원두량 24g
- 에스프레소 추출방식 인퓨전 포함 총 35초 동안 추출, 더블 리스트레또 25g
- 부재료 콜롬비아 유기농 설탕 ½스푼, 모닝 바닐라 시럽 15㎖, 물 90㎖, 각얼음 5~6개, 원두 3개
- 기타 도구 셰이커 500㎖, 스트레이너
- 최종 음료량 140㎖
- 향미 오렌지, 캐러멜, 밀크 초콜릿, 카카오, 바닐라, 밸런스

RECIPE 만드는 법

1 잔에 얼음을 담아 예랭한다.
2 셰이커에 설탕과 바닐라 시럽, 물을 넣는다.
3 포터필터에 분쇄원두를 담아 잔에 에스프레소를 추출한다. 인퓨전은 원두 상태에 따라 다르게 진행하는데, 인퓨전을 포함 총 35초 동안 에스프레소를 추출한다.
4 ②에 ③과 각얼음 2~3개를 넣고 뚜껑을 닫아 흔든다. 이때는 원 형태로 셰이킹을 진행해야 각얼음에 가해지는 충격이 적어, 얼음의 형태를 오래 유지할 수 있고 음료의 농도도 묽어지지 않는다.
5 ①에 담긴 얼음을 버리고 새로 각얼음 2~3개를 담는다.
6 ⑤에 ④를 스트레이너로 거르면서 부은 다음 원두 3개를 올려 장식한다.

STORY 스토리

수원 광교에만 두 곳(웰빙타운점, 광교숲속마을점)을 운영하는 플라츠 커피는 스페셜티 커피의 실용적인 측면을 강조한 로스터리 숍이다. 대중의 취향을 수용하면서도 자신만의 색깔을 입힌 커피로 소비자들과의 공존을 꾀하는데, 그 특징이 고스란히 담긴 것이 샤커레토다. 플라츠 커피의 샤커레토는 에스프레소에 바닐라 시럽, 유기농 설탕을 넣어 한층 더 풍부해진 커피의 향미를 느낄 수 있다. 커피마니아가 아니어도 에스프레소를 편하고 달콤하게 즐길 수 있다.

샤커레토를 제조할 때는 셰이커 안의 내용물을 잘 섞어주는 하드 셰이킹hard shaking을 진행하는 것이 가장 중요한데, 셰이킹 강도에 따라 음료의 농도와 폼의 질감이 결정되기 때문이다. 셰이커를 앞뒤로 흔들지 않고 원 형태를 그리며 흔들어야 얼음이 깨지지 않고 음료 본연의 맛을 유지할 수 있다. 게다가 풍성한 폼을 만드는 데도 영향을 미쳐 셰이킹을 마친 후 잔에 커피를 부으면 거품이 1cm 정도 올라와 부드러운 맛을 더한다.

샤커레토는 아코록Arcoroc의 레드 스피로 마티니Red Spyro Martini 잔에 담는다. 일상에서 편하게 마실 수 있는 커피지만 특별한 매력을 전하기 위해 선택했고, 마티니 잔의 심플함이 모던한 플라츠 커피의 분위기와도 잘 어울린다. 샤커레토는 테이크아웃하는 것보다 커피 바에 앉아 잠시의 여유를 즐기며 마시길 권한다.

시연 데이비드 바리스타

CHAPTER 2

바닐라 라떼 VANILLA LATTE

모나드 커피 로스터스
MONAD COFFEE ROASTERS

PROFILE 프로파일

- 에스프레소 머신 La Marzocco Strada EE 2그룹
- 그라인더 Victoria Arduino Mythos One
- 원두명, 블랜드 구성

  아몬드 블러썸 Almond Blossom – 에티오피아 예가체프 워시드 30%, 콜롬비아 우일라 워시드 20%, 과테말라 우에우에테낭고 워시드 50%

- 블랜딩 방식, 로스팅 포인트 선블랜딩, 시티
- 원두량 19.8~20g
- 에스프레소 추출방식 인퓨전 없음, 25~28초 동안 추출, 에스프레소 더블 35g
- 스팀피처 600㎖
- 우유 매일우유 오리지널(지방함량 14%) 190g
- 스티밍 온도 70℃
- 거품의 정도 5mm 정도의 벨벳 밀크폼
- 부재료 수제 바닐라 시럽 20g
- 최종 음료량 260㎖
- 향미 캐러멜, 오렌지, 바닐라 시럽의 달콤함, 밸런스

RECIPE 만드는 법

1. 잔에 냉장 보관된 바닐라 시럽을 넣는다.
2. 포터필터에 분쇄원두를 담아 잔에 에스프레소를 추출한다.
3. ①에 ②를 넣고 젓는다.
4. 스팀피처에 우유를 담아 밀크 스티밍을 진행한다.
5. 70℃에 맞춰 스티밍이 끝나면 ③에 스팀밀크를 푸어링한다.

STORY 스토리

모나드 커피 로스터스는 단골손님을 확보하기 위해 다른 카페와 차별화되는 메뉴를 만드는데, 그중 바닐라 라떼는 어느 카페에서나 볼 수 있는 기본 커피임에도 특별하게 느낄 수 있도록 레시피를 구성했다.

바닐라 라떼의 핵심이라고 할 수 있는 바닐라 시럽은 매장에서 직접 만들어 사용한다. 지인을 통해 공수한 유기농 설탕과 천연 바닐라빈을 사용해 사소한 과정 하나하나까지 정성을 기울여 만든다. 항상 일정한 상태와 맛을 유지하기 위해서는 무엇보다 신선한 바닐라빈을 선별하는 것이 중요하다. 바닐라 라떼를 마실 때 처음 맡는 향은 좋은 바닐라빈을 사용하는 것에서 결정되기 때문이다. 이후 재료의 비율과 불 조절을 통해 시럽의 농도를 맞춰 시중 제품보다 농도가 진하고 풍미도 깊다. 에스프레소는 여러 바리스타들이 함께 일하는 매장인 만큼 일관성을 유지하는 데 중점을 두고 추출한다. 이를 위해 매번 저울로 정확히 도징양과 추출량을 측정해서 프로파일을 설정하고 공유한다.

완성된 바닐라 라떼는 안캅 베로나 잔에 담는다. 에스프레소와 스팀밀크, 바닐라 시럽이 한 데 담겼을 때 맛의 밸런스를 표현하기에 적절한 용량이라 선택했다. 특히 안캅 잔은 입이 닿는 부분의 촉감이 좋아 바닐라 라떼를 마시는 사람의 기분도 배려했다.

시연 김홍우 바리스타

CHAPTER 3

카바레 마키아토 CABARET MACCHIATO

카바레 마키아토
CABARET MACCHIATO

PROFILE 프로파일

- 에스프레소 머신 La Cimbali M27 2그룹
- 그라인더 Anfim Caimano
- 원두명, 블랜드 구성

  버티고Vertigo(커피 리브레) – 브라질 40%, 엘살바도르 20%, 에티오피아 예가체프 내추럴 20%, 인도 아자힌드 로부스타 20%

- 로스팅 포인트 미디엄 다크
- 원두량 18g
- 에스프레소 추출방식 인퓨전 없음, 18~25초 동안 추출, 더블 리스트레또 30㎖
- 우유 매일우유 오리지널(지방함량 14%) 175㎖
- 거품의 정도 2~2.5㎝의 부드러운 밀크폼
- 부재료 토라니 바닐라 시럽 20㎖, 각얼음 7개, 수제 생캐러멜 10g, 캐러멜 소스 약간
- 기타 도구 띠아모 거품기 200㎖/400㎖
- 최종 음료량 400㎖
- 향미 묵직한 초콜릿, 캐러멜, 고소한 너트

RECIPE 만드는 법

1 거품기에 차가운 우유를 담아 플런저를 위아래로 움직여 밀크폼을 만든 후 냉장고에 보관한다.
2 잔에 바닐라 시럽과 약간의 우유를 넣는다.
3 포터필터에 분쇄원두를 담아 샷잔에 에스프레소를 추출한다. 이때는 인퓨전 없이 18~25초 동안 에스프레소를 추출한다.
4 ②에 얼음을 넣고, 냉장고에서 ①을 꺼내 큰 스푼으로 밀크폼을 2~2.5㎝가량 올린다.
5 ④에 ③을 붓고 밀크폼을 약간 더 올린다.
6 ⑤에 캐러멜 소스를 소용돌이 모양으로 뿌리고, 생캐러멜을 올려 마무리한다.

TIP 카바레 마키아토의 생캐러멜 만드는 법

1 냄비에 우유(300㎖)와 설탕(300g)을 넣고 끓인다.
2 ①이 끓으면 생크림(600㎖), 버터(10g), 꿀(30g), 바닐라빈(⅓개)를 넣고 끓인다.
3 ②가 한 번 부풀어 오르면 불을 약불로 줄여 116℃가 될 때까지 끓인다. 이때 한 시간 정도 계속 저으며 원하는 질감이 될 때까지 졸인다.
4 ③을 불에서 내려 유산지를 깐 사각틀에 부어 굳힌다.

STORY 스토리

홍대 골목에 위치한 카바레 마키아토는 카페명에서 연상할 수 있는 '카바레 마키아토'를 시그니처 메뉴로 내세웠다. 직접 생캐러멜을 만들어 올린 담백한 캐러멜 마키아토다. 카바레 마키아토는 캐러멜 시럽 대신 바닐라 시럽을 넣어 캐러멜 맛에 질리지 않고 달콤함을 오래 즐길 수 있다. 기존의 캐러멜 마키아토가 너무 달아서 싫어했던 손님들도 카바레 마키아토는 부담스러워하지 않는다.

카바레 마키아토는 밀크폼 위에 생캐러멜을 올리기 때문에 탄력있는 밀크폼을 만드는 것이 필수다. 부드럽고 조밀한 밀크폼을 만드는 것은 기본이고, 음료 제조 시 밀크폼을 가장 먼저 만들고 냉장고에 보관해 거품층이 형성되는 시간을 확보한다. 우유에 밀크폼을 올릴 때도 한 번에 붓지 않고 천천히 올려 층을 다진다.

아이스 카바레 마키아토는 우유와 에스프레소, 그 위로 부드러운 밀크폼이 층층이 나뉜 그라데이션이 드러나도록 약 400㎖의 투명한 유리잔에 담는다. 먼저 밀크폼 위에 뿌려진 캐러멜 소스와 생캐러멜을 스푼으로 떠먹은 후에 빨대로 음료를 마시는 것을 추천한다.

시연 김미연 바리스타

CHAPTER 4

시트러스 카푸치노 CITRUS CAPPUCCINO

스티머스 커피 팩토리
STEAMERS COFFEE FACTORY

PROFILE 프로파일

- 에스프레소 머신 La Marzocco FB80 3그룹
- 그라인더 Mazzer Robur Electronic
- 원두명, 블랜드 구성

    다이나믹Dynamic - 에티오피아 모모라 워시드 40%, 과테말라 산타루시아 워시드 30%, 과테말라 라 프롤리다 워시드 30%
- 블랜딩 방식, 로스팅 포인트 선블랜딩, 1차 크랙과 2차 크랙 사이에 배출
- 원두량 19g
- 에스프레소 추출방식 인퓨전 포함 총 26~32초 동안 추출, 에스프레소 더블 35~40g
- 스팀피처 600㎖
- 우유 매일우유 오리지널(지방함량 14%) 약 160㎖
- 스티밍 온도 약 65℃
- 거품의 정도 5mm 정도의 웻폼
- 부재료 코인트로 리큐르 6㎖, 갈색 설탕 10g
- 최종 음료량 약 210㎖
- 향미 꽃향기, 시트러스 계열의 산미, 브라운 슈가

RECIPE 만드는 법

1 잔에 코인트로 리큐르와 갈색 설탕을 넣는다.
2 포터필터에 분쇄원두를 담아 샷글라스에 에스프레소를 추출한다. 이때는 인퓨전을 포함해 26~32초 동안 에스프레소를 추출한다.
3 ②를 ①에 넣고 섞는다.
4 스팀피처에 우유를 담아 스팀밀크의 회전에 주의하면서 밀크 스티밍을 진행한다. 특히 스티밍 초반에는 공기가 과하게 주입되지 않도록 주의한다.
5 65℃에 맞춰 스티밍이 끝나면 ③에 스팀밀크를 푸어링한다.

STORY 스토리

번화한 가로수길 끝자락에 위치한 스티머스 커피 팩토리에서는 참신한 아이디어를 바탕으로 다양한 메뉴를 선보인다. 시그니처 메뉴인 시트러스 카푸치노 역시 다른 카페들과 다른 차별화된 맛을 보여주기 위해 탄생한 커피다.

스티머스 커피 팩토리는 카푸치노의 생명이 스팀밀크와 에스프레소의 조화에서 비롯된다고 여겨 두 액체의 밀도와 질감을 최대한 비슷하게 만든다. 우선 에스프레소는 추출에서 발생하는 편차를 최대한 줄이고자 섬세한 조절이 필요한 패들식 머신 대신 버튼식인 라마르조꼬 FB80을 사용하고, 추출수 온도는 94℃에 맞춘다. 그라인더는 원두의 섬세한 향미를 잘 끌어낼 수 있는 메저 로버를 사용한다. 다이나믹 블랜드는 원두의 풍부한 향과 산미가 커피의 개성을 살리면서도 우유의 고소한 맛과도 잘 어울려 시트러스 카푸치노 제조에 사용한다. 밀크 스티밍은 시트러스 카푸치노 제조에서 가장 집중하는 단계인데, 스팀밀크의 온도가 40℃가 되기 전까지는 공기를 천천히 주입해 조밀하고 부드러운 밀크폼을 만든다.

완성된 시트러스 카푸치노는 8oz 용량의 두툼한 잔에 담는데, 커피와 오렌지 코인트로가 어우러진 달콤한 향과 맛을 함께 느끼며 마시길 추천한다.

시연 현재동 바리스타

CHAPTER 5

오렌지 카푸치노 ORANGE CAPPUCCINO

노아스 로스팅
NOAHS ROASTING

PROFILE 프로파일

- 에스프레소 머신 La Marzocco GB5 2그룹
- 그라인더 Mazzer Super Jolly Electronic
- 원두명, 블랜드 구성

    다크 벨벳 Dark Velvet - 케냐 니에리 가투리리 AA 워시드 30%, 브라질 세르타오지뇨 옐로우 버번 내추럴 30%, 에티오피아 알로 바리티 내추럴 허니 40%
- 블랜딩 방식, 로스팅 포인트 후블랜딩, 풀시티(숯불 로스팅)
- 원두량 18g
- 에스프레소 추출방식 인퓨전 4초, 총 21~23초 동안 추출, 더블 리스트레또 30㎖
- 스팀피처 350㎖
- 우유 매일우유 오리지널(지방함량 14%) 160㎖
- 스티밍 온도 60℃(여름), 68℃(봄, 가을, 겨울)
- 거품의 정도 5㎜ 정도의 벨벳 밀크폼
- 부재료 수제 오렌지 시럽 30㎖, 오렌지 슬라이스(반달형) 가니쉬 1개
- 최종 음료량 200㎖
- 향미 오렌지, 레몬, 캐러멜, 쥬시

RECIPE 만드는 법

1 잔 받침 위에 예열한 잔을 놓고 오렌지 시럽을 넣는다.
2 포터필터에 분쇄원두를 담아 잔에 에스프레소를 추출한다.
3 추출과 동시에 스팀피처에 우유를 담아 조밀한 밀크폼을 만들면서 밀크 스티밍을 진행한다.
4 60~68℃에 맞춰 스티밍이 끝나면 ②에 푸어링한다. 이때 밀크폼은 잔의 중앙에 붓는다.
5 ④에 오렌지 슬라이스 가니쉬를 올려 마무리한다.

STORY 스토리

오렌지 카푸치노는 노아스 로스팅에서 겨울을 맞아 출시한 메뉴다. 추운 날씨를 견딜 수 있도록 따뜻한 느낌의 색과 함께 새콤달콤한 맛으로 활력을 선사하고자 개발했다.

오렌지 카푸치노에 들어가는 에스프레소는 커피향미를 강하게 드러내고자 다크 로스팅된 다크 벨벳 블랜드를 사용한다. 추출상태를 일정하게 유지하기 위해 연속 추출에도 추출수 온도가 안정적으로 유지되는 라마르조꼬 GB5 머신을 선택했다. 에스프레소를 추출한 후에는 오렌지 시럽과 우유가 부드럽게 조화되도록 입자가 조밀한 밀크폼을 만들며 밀크 스티밍을 진행한다. 오렌지 시럽은 직접 만들어 사용하는데, 총 4번의 꼼꼼한 세척 과정을 거친 후 오랫동안 끓여 체에 거르고 다시 졸이는 과정을 반복하며 정성을 다해 만든다. 또한 오렌지 카푸치노는 가니쉬로 올라가는 오렌지 슬라이스의 향과 함께 즐기는 커피기 때문에 건조된 과일 슬라이스를 올리는 대신 신선한 오렌지를 바로 잘라 사용한다. 완성된 음료는 스튜디오 엠Studio M의 프렌드르Prendre 찻잔에 담는다. 겨울 시즌 메뉴로 개발된 만큼 따뜻한 색감의 잔으로 골랐고, 둥근 모양의 디자인이 오렌지와도 잘 어울려서 선택했다. 오렌지의 향을 맡으면서 마시는 음료여서 깊이가 깊은 테이크아웃 잔보다는 찻잔으로 마시면 향을 깊게 음미할 수 있다.

시연 전민 바리스타

CHAPTER 6

카페 사이공 CAFE SAIGON

카페 뮬
CAFE MULE

PROFILE 프로파일

- 브루잉 도구 Aerobie Aeropress
- 그라인더 Kalita KDM-300GR
- 필터, 서버, 드립포트 비다스테크 레티나 헥사 필터, 스팀피처 600㎖, 하리오 부오노 1.2L
- 원두명, 블랜드 구성
  뮬 컬러 레인지 화이트 Mule Colour Range-White – 브라질 CoE #19 파젠다 사오 파울로 내추럴 50%, 과테말라 메디나 워시드 30%, 케냐 오타야 이차마마 워시드 20%
- 블랜딩 방식, 로스팅 포인트 선블랜딩, 1차 크랙 직후 배출
- 원두량 28g
- 물의 양 140g
- 뜸 들이는 시간, 총 추출시간 약 30초, 총 1~2분
- 최종 추출량 약 100g
- 부재료 매일우유 휘핑크림 270g, 덴마크 생크림 90g, 설탕 10g, 바닐라 에센스 2~3방울, 서울우유 연유 30g
- 기타 도구 컨벡스 거품기
- 최종 음료량 160㎖
- 향미 밀크 캐러멜, 바닐라, 긴 애프터테이스트

RECIPE 만드는 법

1 볼에 휘핑크림과 생크림, 설탕과 바닐라 에센스를 넣고 거품기로 섞은 후 냉장고에 보관한다.
2 체임버 아래 플런저를 끼운 후 뜨거운 물을 부어 린싱한다.
3 잔에 연유를 넣는다.
4 체임버에 분쇄원두와 물 90g을 넣고 30초 동안 뜸을 들인다.
5 스틱을 사용해 10회 정도 물과 원두를 섞은(패들링) 후 물 50g을 더 붓는다.
6 필터 캡에 헥사 필터를 올리고 체임버에 끼운다.
7 체임버에 스팀피처를 받친 후 ⑥을 거꾸로 돌린다.
8 천천히 압력을 가하면서 플린저를 끝까지 누른다.
9 추출된 커피를 ③에 서서히 붓는다.
10 ①을 꺼내 잘 저은 후 스푼을 사용해 30g 정도만 ⑨ 위에 서서히 올려 마무리한다.

STORY 스토리

카페 뮬을 방문하는 손님들은 대부분 근처 직장인들로, 점심시간에 방문해 테이크아웃이 가능한 음료를 찾는 경우가 많다. 하지만 저녁에는 여유를 갖고 커피를 즐기다 가는 손님이 많은데, 주로 바리스타와 소통하는 것을 선호하며 새로운 음료에도 호기심이 많은 편이다. 그들을 위해 개발한 메뉴가 바로 카페 사이공이다. 손님들의 특성에 맞춰 개발된 만큼 다른 음료보다 특별한 비주얼과 맛을 선보이려 노력한다.

에어로프레스는 추출과정을 즐기며 볼 수 있는 퍼포먼스적인 요소가 있고, 추출 자체도 원두량과 물 온도를 조절하면 원하는 맛을 일정하게 추출하기 쉬운 편이라 사용한다. 완성된 카페 사이공은 투명한 잔에 담는데, 몸통에 비해 입구와 바닥 부분이 좁은 항아리처럼 생겨 연유와 생크림의 양을 커피의 양보다 적게 넣으면서도 상대적으로 재료들 간의 높이를 균형 있게 맞출 수 있어 선택했다. 스푼으로 저어 마시면 맨 위층의 생크림은 그대로 남고, 연유와 커피만 섞여 한층 부드럽고 달콤한 맛을 즐길 수 있다.

시연 강가람 바리스타

CHAPTER **7**

카페 브륄레 **CAFFE BRULEE**

원더 커피
WONDER COFFEE

PROFILE 프로파일

- 에스프레소 머신 La Marzocco FB80 2그룹
- 그라인더 Mazzer Royal Electronic
- 원두명, 블랜드 구성

  아로마Aroma(카페 바르베라) – 인도, 온두라스, 우간다, 카메룬, 베트남, 브라질
- 로스팅 포인트 다크
- 원두량 21g
- 에스프레소 추출방식 인퓨전 없음, 22~27초 동안 추출, 더블 리스트레또 30㎖
- 우유 매일우유 오리지널(지방함량 14%) 180~200㎖
- 거품의 정도 잔의 ⅔가량을 채우는 조밀한 밀크폼
- 부재료 설탕 시럽 15㎖, 얼음 15개, 백설탕 3g
- 기타 도구 카페 드 아모르 거품기 400㎖, 셰이커 400㎖, 스트레이너, 조리용 토치
- 최종 음료량 약 300㎖
- 향미 캐러멜, 묵직한 바디, 견과류, 부드러운 마우스필, 밸런스

RECIPE 만드는 법

1. 거품기에 차가운 우유를 담아 플런저를 위아래로 움직여 1분 동안 밀크폼을 만든 후 냉장고에 보관한다.
2. 셰이커에 설탕 시럽과 얼음을 넣는다.
3. 포터필터에 분쇄원두를 담아 샷잔에 에스프레소를 추출한다. 이때는 인퓨전 없이 22~27초 동안 에스프레소를 추출한다.
4. ②에 ③을 넣고 뚜껑을 닫아 흔든다.
5. 잔에 ④를 스트레이너로 거르면서 붓는다.
6. 냉장고에서 ①을 꺼내 큰 스푼으로 저은 후 떠서 잔의 벽을 따라 서서히 ⑤ 위에 올린다.
7. 잔 끝까지 밀크폼을 올린 후, 백설탕을 골고루 뿌린다.
8. 조리용 토치를 이용하여 설탕을 살짝 태운다는 느낌으로 커피윗면을 그을린다.

STORY 스토리

이태원에 위치한 원더 커피에는 여유롭게 커피를 즐기는 손님이 많다. 이들을 위해 시그니처 메뉴로 개발한 것이 카페 브륄레로, 음료의 특성상 일회용 잔 사용이 불가능해 매장 내에서만 즐길 수 있다.

카페 브륄레를 제조할 때는 무엇보다 조밀한 밀크폼을 만드는 것에 집중한다. 거품기를 사용해 차가운 우유로 비교적 오랫동안 밀크폼을 만들면 입자가 곱고 촘촘해져 밀크폼이 오래 지속된다. 이탈리아 에스프레소 스타일을 추구하는 원더 커피에서는 더블 리스트레또로 짧게 추출해 카페 브륄레를 제조한다. 에스프레소의 양이 많으면 커피향미가 너무 도드라져 밀크폼의 풍미를 방해하기 때문이다. 음료 제조의 마지막 단계에서는 밀크폼 위에 설탕을 뿌려 크림 브륄레처럼 토치로 그을인다. 이때 지나치게 설탕을 태워 탄맛이 나지 않도록 주의해야 한다.

완성된 카페 브륄레는 투명한 아코록 셔틀랜드Shetland 잔에 담아 제공하는데, 측면에서 바라보면 아랫부분의 커피와 윗부분의 밀크폼이 대비를 이뤄 시각적인 멋을 더한다. 우선 그을린 설탕층을 스푼으로 깨 맛보고, 중간 층의 부드러운 밀크폼을 떠먹은 후 맨 아래의 커피를 마시면 세 가지 식감을 다양하게 즐길 수 있다. 각 부분을 따로 맛보고 나서 스푼으로 섞어 마시면 아이스 카푸치노처럼 부드럽고 달콤한 향을 느낄 수 있다.

시연 유영걸 바리스타

CHAPTER 8

자몽밤 GRAPE FRUIT BOMB

커피 밤
COFFEE BOMB

PROFILE 프로파일

- 에스프레소 머신 La Marzocco FB80 3그룹
- 그라인더 Mazzer Robur Electronic
- 원두명, 블랜드 구성

  C4 - 브라질 세라도 내추럴 40%, 인도네시아 만델링 G1 마운틴 가요 위페삼 워시드 25%, 콜롬비아 수프리모 워시드 25%, 파나마 SHB EP 라에스메랄다 팔미라 에스테이트 RFA 워시드 10%

- 블랜딩 방식, 로스팅 포인트 선블랜딩, 미디엄 다크
- 원두량 21g
- 에스프레소 추출방식 인퓨전 3초, 총 40초 동안 추출, 트리플 리스트레또 60㎖
- 우유 빙그레 참맛우유 1A(지방함량 16%) 270㎖
- 부재료 자몽과육 30g, 자몽과육 시럽 10㎖, 얼음, 건자몽 슬라이스 가니쉬 1개
- 기타 도구 라떼마스터 거품기
- 최종 음료량 300㎖
- 향미 캐러멜, 견과류, 다크 초콜릿, 자몽, 산뜻한 산미, 묵직한 바디, 긴 애프터테이스트

RECIPE 만드는 법

1. 잔에 자몽과육과 자몽과육 시럽을 넣는다.
2. ①에 우유 100㎖를 부어 바 스푼으로 저은 후 우유 100㎖를 더 붓는다.
3. ②에 잔의 ½ 지점까지 얼음을 넣는다.
4. 전동 거품기에 우유 70㎖를 넣고 밀크폼을 만든다.
5. 포터필터에 분쇄원두를 담아 샷잔에 에스프레소를 추출한다.
6. ②에 ⑤를 부은 후 ④를 잔의 끝까지 붓는다.
7. ⑥에 건자몽 슬라이스 가니쉬를 올려 마무리한다.

TIP 자몽과육 & 자몽과육 시럽 만드는 법

1. 신선한 자몽을 골라 세척한다.
2. 자몽을 0.8cm 크기로 깍둑썰기한다.
3. 냄비에 ②와 1대1 비율로 설탕을 넣고 섞은 후 끓인다.
4. ③을 10분 이상 졸인 후 식힌다.
5. ④를 과육과 시럽으로 분리해 용기에 담아 냉장 보관한다.

STORY 스토리

오피스 상권에 위피한 커피 밤은 커피를 습관적으로 마시는 직장인들이 많이 방문한다. 가끔은 매일 마시는 아메리카노나 카페라떼 외에 색다른 커피를 찾곤 하는데, 이들을 위해 마련한 메뉴가 자몽밤이다. 바쁜 매장이라 수동이 아닌 자동 그라인더를 선택했고, 메저 로버에 장착된 플랫 버는 일정한 분쇄도를 유지하기에도 유용하다. 에스프레소는 달콤한 자몽과의 밸런스를 고려해 트리플 리스트레또로 진하게 추출한다. 에스프레소를 추출한 다음에는 무엇보다 자몽밤의 맛을 좌우하는 자몽과육을 만드는 데 많은 신경을 쓰는데, 신선한 자몽을 잘 세척한 후 설탕과 함께 졸여 탱글탱글한 식감이 살아 있도록 만든다.

자몽밤은 차갑게 마시기를 추천한다. 약 475㎖ 용량의 유리잔에 담아 자몽과육과 함께 에스프레소와 우유가 어우러지는 모습을 감상할 수 있기 때문이다. 섞지 말고 빨대로 잔 바닥에 깔린 자몽과육을 먼저 맛본 후 윗부분의 에스프레소와 우유를 조금씩 나눠 마시길 추천한다. 이후에는 서서히 섞이면서 변하는 음료의 맛을 즐기면 된다.

시연 김충현 바리스타

CHAPTER 9

비체린 BICERIN

콩밭커피 로스터
KONGBAT COFFEE ROASTER

PROFILE 프로파일

- 에스프레소 머신 Breville BES920
- 그라인더 Compak K10 Fresh
- 블랜드 구성 르완다 키림비 버번 워시드 60%, 브라질 산타이네스 내추럴 40%
- 블랜딩 방식, 로스팅 포인트 후블랜딩, 미디엄 다크
- 원두량 약 20g
- 에스프레소 추출방식 인퓨전 4~6초, 총 25~32초 동안 추출, 더블 리스트레또 40~50㎖
- 우유 서울우유 365 1등급(지방함량 16%) 150~200㎖
- 스팀피처 300㎖
- 스티밍 온도 약 60℃
- 거품의 정도 웻폼과 드라이폼 중간
- 부재료 리퍼블리카 델 카카오 62% 다크 초콜릿 커버추어 20g
- 최종 음료량 180㎖
- 향미 감초, 대추, 뿌리 식물의 쓴맛과 단맛, 초콜릿, 땅콩

RECIPE 만드는 법

1 잔에 뜨거운 물을 담아 예열한다.
2 작은 밀크팬에 다크 초콜릿 커버추어와 우유 50㎖를 넣고 거품기로 저으면서 약한 불에서 녹인다. 팬의 가장자리에 거품이 올라올 때쯤 불을 끈다.
3 ①의 물을 버리고 ②를 붓는다. 이때 실리콘 주걱을 사용해 바닥에 녹은 초콜릿까지 담는다.
4 포터필터에 분쇄원두를 담아 잔에 에스프레소를 추출한다.
5 추출과 동시에 스팀피처에 우유 100~150㎖를 담고, 초반에는 공기를 많이 주입하면서 밀크 스티밍을 진행한다.
6 60℃에 맞춰 스티밍이 끝나면 큰 스푼으로 밀크폼을 잔의 가운데로 떨어뜨리며 부어 잔 위로 봉긋하게 올라올 때까지 채운다.

STORY 스토리

콩밭 커피 로스터는 유동인구가 적은 상권에 위치해 있기 때문에, 한 번 카페를 찾은 손님이 다시 이곳을 방문하도록 하기 위해 다른 곳에서는 찾을 수 없는 독특한 메뉴를 선보여야 했다. 특히 이탈리아 토리노 지방의 전통 음료인 비체린은 초콜릿과 에스프레소의 개성이 각각 뚜렷이 드러난다.

비체린 제조는 핫 초콜릿을 만드는 것에서부터 시작한다. 커버추어 초콜릿은 싱글 오리진 카카오를 사용하는데, 붉은 과일의 향과 산미가 있는 페루 크리오요종 카카오로 초콜릿의 캐릭터를 드러낸다. 초콜릿을 녹일 때는 적절한 농도를 맞추기 위해 거품이 올라올 때쯤 불을 꺼야 덩어리가 생기거나 쓴맛이나 텁텁함이 생기지 않는다. 에스프레소는 이미 다크 초콜릿의 쓴맛이 충분하기에 더블 리스뜨레또로 짧게 추출했다. 밀크폼은 음료에 섞이기보다 부드러운 촉감을 더하는 것이라 드라이한 밀크폼을 만들어 올린다.

완성된 비체린은 음료의 층이 돋보이도록 반투명 재질의 듀라렉스 리스Lys 앰버Amber 잔에 담는다. 우선 잔에 담긴 밀크폼과 에스프레소, 초콜릿의 맛을 각각 음미한 후 마지막 몇 모금은 스푼으로 저어 달곰쌉쌀한 초콜릿의 맛을 진하게 느끼면서 마시기를 추천한다.

시연 김석 바리스타

CHAPTER 10

우바 밀크티 UVA MILK TEA

트리아농
TREEANON

PROFILE 프로파일

- 티   믈레즈나 우바 Melesna Uva
- 티의 양   6g
- 티 우리는 도구   스테인레스 밀크팬
- 물의 양   100㎖
- 물 온도   100℃
- 우리는 시간   5초
- 우유   서울우유 바리스타 밀크(지방함량 16%) 250㎖
- 부재료   라빠르쉐 설탕 8~12g
- 최종 음료량   300㎖
- 향미   깔끔하고 시원한 향, 진하고 고소한 맛

RECIPE 만드는 법

1 티팟과 잔에 뜨거운 물을 담아 예열한다.
2 밀크팬에 물을 넣고 100℃까지 끓인다.
3 물이 끓으면 티를 넣고 5초 정도 찻잎이 물을 흡수할 정도로만 우린다.
4 ③에 우유와 설탕을 넣고 다시 끓인다.
5 밀크팬의 가장자리에 거품이 올라올 때쯤 불을 끈다.
6 ①의 물을 버리고 티팟에 ⑤를 붓는다.

STORY 스토리

우바 티는 스리랑카 남동부 고지대(해발 1,200~1,800m)에서 생산되는 티로, 기문 keemun, 다즐링과 함께 세계 3대 홍차로 꼽힌다. 6~8월 남서풍 몬순이 스리랑카 남서지역에 비를 내리는 동안 그 반대편인 북동쪽에서는 온풍이 불어 우바 지역은 인근 지역과 기후 차이가 발생해 독특한 소기후를 띤다. 이 기후가 찻잎에 화학적 변화를 일으켜 멘톨향이 강한 시즈널 우바 티를 생산한다. 트리아농에서는 비시즌에도 우바의 특징이 잘 드러나는 믈레즈나의 우바 티를 선택했다.

한국은 물이 연수라 찻잎이 빨리 우러나는 경향이 있기 때문에 찻잎을 잘게 부숴 단시간에 티성분을 빠르고 진하게 뽑아낼 수 있는 BOP Broken Orange Pekoe* 등급의 티를 사용한다. 떫은 맛을 줄이고 좋은 성분만 추출하기 위해 짧은 시간 안에 티를 우리는 만큼 적은 양의 물을 사용한다. 또한 부드러운 감촉을 더하기 위해 초고온 살균방식을 거친 우유로 밀크티의 풍미를 살린다.

우바 밀크티는 고소한 맛과 영양소 보호를 위해 높은 온도로 끓이지 않는다. 대신 따뜻한 온도로 오랫동안 밀크티를 즐길 수 있도록 보온성이 좋은 세라믹 소재의 티팟을 사용한다. 트리아농에서는 티 문화의 특성상 디저트와 티의 마리아주도 중요하게 여긴다. 우바 밀크티에는 무스 케이크나 생과일 케이크와 같은 깔끔한 맛의 디저트보다 쿠키나 브라우니를 곁들이면 조금 더 풍부한 맛을 즐길 수 있다.

시연 정재용 대표

*BOP : 찻잎의 가공상태로 홍차의 등급을 나누는 표기법이다. OP 등급은 새싹 아래 붙어 있는 연한 어린잎을 말하며 고급 홍차를 의미한다. 잘게 부순 찻잎은 등급 앞에 브로큰(broken)의 B가 붙는다.

8
한국바리스타챔피언십 창작 메뉴 레시피

2003년부터 지금까지 수많은 프로페셔널 바리스타를 배출한
한국바리스타챔피언십|Korea Barista Championship, KBC.
치열한 경쟁을 거쳐 2015, 2016년 상위권에 오른 바리스타들의 시그니처 음료 레시피를 공개한다.

CHAPTER **1**

2015 KBC 1위
바이올렛 시그니처
VIOLET SIGNATURE

PROFILE 프로파일

- 에스프레소 머신 Rancilio Classe 11 x-celsius
- 그라인더 Rancilio Kryo 65 OP & ST
- 원두명, 블랜드 구성

  바이올렛Violet – 케냐 칭가-퀸 AA 60%, 에티오피아 짤바 G1 내추럴 30%, 과테말라 안티구아 10%,
  H.F.C. Hi-Fermented biotechnolgy Coffee **프로세싱 원두**

- 원두량 바이올렛 총 37g(한 잔 기준 18.5g), H.F.C. 프로세싱 25g
- 에스프레소 추출방식 에스프레소 두 번 추출. 각각 인퓨전 2초를 포함 총 24초 동안 추출, 에스프레소 23g, 총 46g
- 부재료 포도 주스 60g, 카카오 시럽 60g
- 기타 도구 클레버, 휘핑기, 스테인리스 아이스 큐브
- 최종 음료량 약 260g(4잔 분량)
- 향미 블루베리, 적포도, 다크 초콜릿, 크리미한 마우스필

RECIPE 만드는 법

1. 포터필터에 분쇄원두를 담아 샷글라스에 첫 번째 에스프레소를 추출한다.
2. ①과 같은 방식으로 한 번 더 에스프레소를 추출한다.
3. 휘핑기에 예랭한 스테인리스 아이스 큐브와 에스프레소를 넣고 식힌다.
4. 클레버를 이용하여 미리 만들어 놓은 H.F.C 프로세싱 원두로 커피를 추출한다.
5. ③에 포도 주스와 카카오 시럽을 넣고 질소를 주입한다.
6. 휘핑기를 충분히 흔든 후 포트에 담는다.
7. 잔에 ③과 ⑤를 차례로 붓는다.

TIP 포도 주스 만드는 법

묵직한 질감을 지닌 웰팜의 '갓짜낸 100% 머루포도'와 포도향이 돋보이는 델몬트의 '콜드 100% 그레이프'를 1:2의 비율로 섞어 만든다.

TIP 카카오 시럽 만드는 법

카카오닙, 백설탕, 비정제 설탕을 1:2:2의 비율로 준비한 후, 물과 함께 졸여 시럽으로 만든 후 숙성시킨다.

STORY 스토리

바이올렛 시그니처는 결선에서 사용한 바이올렛 블랜드를 활용해 고안한 메뉴다. 향미의 밸런스와 원두가 지닌 고유의 캐릭터를 표현하는 것에 중점을 두고 만들었다. 에스프레소에서 느낄 수 있는 적포도와 블루베리의 향미를 확장시키고자 포도 주스와 H.F.C. 프로세싱 원두로 추출한 커피를 사용했고, 카카오 시럽으로 초콜릿 향미의 긴 여운도 추가했다. 또한 커피에 질소를 주입해 독특한 질감도 더했다.

시연 송이슬 바리스타

*H.F.C. 프로세싱 : H.F.C. 프로세싱은 생두의 후처리 가공법 중 하나로 커피가 지니지 않은 천연향을 입혀줄 수 있다. 커머셜 원두를 가공원료로 활용하는 새로운 방식을 제시하여 커피 시장의 지속가능성 문제에 대한 하나의 대안을 보여준다.

CHAPTER **2**

2015 KBC 2위

오에스티 커피
O.S.T COFFEE

PROFILE 프로파일

- 에스프레소 머신 Rancilio Classe 11 x-celsius
- 그라인더 Rancilio Kryo 65 OP & ST
- 원두명, 블랜드 구성

  A렌지 A-range – 탄자니아 모시 40%, 에티오피아 코케 G.1 워시드 30%, 케냐 칭가-퀸 AA 30%

- 원두량 20g
- 에스프레소 추출방식 인퓨전 없음, 18~19초 추출, 리스트레또 22㎖
- 부재료 티 시럽 얼음 15g, 얼음 100g, 자몽 슬라이스 약간, 레몬 껍질 약간, 티 시럽 25㎖, 천연 아로마 오렌지 오일 1방울, 오렌지 향 증기
- 기타 도구 셰이커, 스퀴즈
- 최종 음료량 60㎖(얼음 제외)
- 향미 부드러운 바디, 밸런스, 시트러스, 허니, 긴 애프터테이스트

TIP 티 시럽 & 얼음 만드는 법

재료 물 300㎖, 리쉬티 블루베리 루이보스 1g, 리쉬티 피치 블라썸 0.5g, 다즐링 1g, 레몬그라스 0.5g, 비정제 설탕 75g

1. 냄비에 뜨거운 물과 모든 재료를 다 넣고 1시간 정도 우린다.
2. ①을 체에 걸러 일부는 시럽으로 사용하고, 일부는 냉동실에 얼려 얼음으로 만든다.

TIP 오렌지 향 증기 만드는 법

셰이커 안에 드라이아이스를 넣고 뜨거운 물을 부어 기체가 올라오기 시작하면 오렌지 즙을 짜 넣는다. 이때 물을 너무 많이 넣으면 잔에 기체를 채울 때 물이 흘러나오고, 반대로 너무 적게 넣으면 금방 냉각되므로 드라이아이스의 양에 맞춰 물의 양을 조절한다.

RECIPE 만드는 법

1. 작은 잔에 티 시럽 얼음을 담는다.
2. 포터필터에 분쇄원두를 담아 ①에 에스프레소를 추출한다. 이때는 인퓨전 없이 18~19초 동안 에스프레소를 추출한다.
3. 준비한 잔에 자몽 슬라이스와 레몬 껍질, 얼음을 넣는다.
4. ③에 ②와 티 시럽을 차례로 넣은 후 오렌지 오일을 첨가한다.
5. 셰이커에 담긴 오렌지 향 증기를 ④에 부어 잔을 채우고 입구를 막는다.
6. 재료가 섞이도록 살짝 흔든 다음 빨대를 꽂아 제공한다.

STORY 스토리

오에스티 커피는 잔이 포인트다. 2015 WBC 챔피언인 이종훈 바리스타가 타 대회 시연 시 사용한 잔을 보고 영감을 받아 선택했다. 잔 안에는 커피를 비롯해 과일과 오일, 증기 등 다양한 재료를 넣어 창의성을 발휘했다. 다른 잔으로 대체할 수 있지만 빨대는 필수로 사용해야 한다. 그냥 마실 경우 드라이아이스의 증기와 오렌지 오일이 음료의 맛을 방해할 수 있기 때문이다.

시연 김덕아 바리스타

CHAPTER — **3**

2015 KBC 3위

퍼즐
PUZZLE

PROFILE 프로파일

- **에스프레소 머신** Rancilio Classe 11 x-celsius
- **그라인더** Rancilio Kryo 65 OP & ST
- **원두명, 블랜드 구성**

  꼼비나 Combina – 과테말라 안티구아 40%, 에티오피아 짤비 G.1 내추럴 40%, 케냐 칭가-퀸 AA 20%

  2014 CoE #1 엘살바도르 산타로사 체낭고
- **원두량** 꼼비나 35g, 엘살바도르 35g
- **에스프레소 추출방식** 에스프레소 두 번 추출, 각각 인퓨전 5초 포함 총 25초 동안 추출, 에스프레소 50㎖, 총 100㎖
- **부재료** 티 아로마 미스트 약간
- **기타 도구** 스팀피처, 셰이커, 하리오 V60, 스프레이
- **최종 음료량** 50㎖(1잔 분량)
- **향미** 화사한 자스민, 탠저린 캔디, 솜사탕같은 여운, 묵직한 바디

RECIPE 만드는 법

1 포터필터에 분쇄원두를 담아 샷글라스에 첫 번째 에스프레소를 추출한다.
2 ①과 같은 방식으로 한 번 더 에스프레소를 추출하고 작은 스팀피처에 두 에스프레소를 붓는다.
3 엘살바도르 원두를 하리오로 추출하는데, 이때는 물 대신 ②를 부어 30초간 뜸을 들인다.
4 ③에 뜨거운 물 180~200㎖을 세 번에 나눠 부어 추출한다.
5 셰이커에 얼음을 가득 채운 다음 ④를 넣고 흔들어 식힌다. 이때 얼음이 녹아 커피가 연해지지 않도록 빠르고 짧게 흔든다.
6 ⑤를 잔에 붓고 잔 안쪽에 진하게 우려낸 티 아로마 미스트를 2번 뿌린다.

TIP 티 아로마 미스트 만드는 법

재료 TWG T6045 브라더스 클럽 티 5g, TWG T6008 티베탄 시크릿 티 5g, TWG T6168 위켄드 인 두바이 티 5g, 설탕 약간, 물 100㎖

냄비에 세 가지 티를 모두 넣고 설탕과 물을 넣어 함께 우린 후 냉장고에서 숙성시킨다. 이때는 마실 용도의 티가 아니고 아로마를 강조하기 위한 것이므로 진하게 우려낸다.

STORY 스토리

퍼즐은 커피의 바디와 산미, 단맛, 아로마가 그림 조각처럼 한 데 모여 완벽한 퍼즐이 된다는 뜻을 담아 개발한 창작 메뉴다. 특히 브루잉 커피를 추출할 때 물이 아닌 꼼비나 블랜드로 추출한 에스프레소로 뜸을 들이는 것이 특이한데, 이는 에스프레소의 향미를 극대화하는 동시에 엘살바도르 원두의 캐릭터를 더해 두 커피의 시너지 효과를 끌어냈다. 커피의 향을 한층 더 풍부하게 만드는 티 아로마 미스트는 세 종류의 티를 활용했다. 가향을 위한 것이므로 직접 음료에 첨가하지 않고 컵 안쪽에만 뿌려야 한다.

시연 이은주 바리스타

CHAPTER 4

2014 KBC 1위

오렌지 필 소 굿
ORANGE PEEL SO GOOD

PROFILE 프로파일

- 에스프레소 머신 Rancilio Classe 11 x-celsius
- 그라인더 Rancilio Kryo 65 OP & ST
- 원두명, 블랜드 구성 무세띠 미도리
- 원두량 16g
- 에스프레소 추출방식 인퓨전 6초, 총 18초 동안 추출, 리스트레또 15㎖
- 부재료 오렌지 껍질 3g, 레몬 청 3g, 오렌지 시럽 5㎖
- 기타 도구 클레버
- 최종 음료량 20㎖
- 향미 시트러스, 청량하고 깔끔한 향

TIP 오렌지 시럽 만드는 법

재료 오렌지 1개 껍질, 설탕 100g, 물 100㎖

오렌지는 껍질 부분만 강판에 살살 갈아 사용하는데, 껍질의 흰 부분은 씁쓸한 맛을 내기 때문에 들어가지 않도록 주의한다. 냄비에 모든 재료를 넣고 5분간 끓인 후 식혀 3일 동안 냉장 보관한다.

TIP 레몬 청 만드는 법

용기에 레몬 과육과 설탕을 같은 양으로 넣고 하루 동안 실온에서 숙성시킨 후 7일 동안 냉장 보관한다.

RECIPE 만드는 법

1 포터필터에 분쇄원두를 담아 샷잔에 에스프레소를 추출한다.
2 클레버에 오렌지 껍질, 레몬 청, ①을 넣고 머들러를 이용해 오렌지 껍질을 잠시 누른 후 약 4분 정도 우려 잔에 추출한다.
3 ②를 얼음이 담긴 볼에 넣고 약 4분 정도 냉각한다.
4 준비한 잔에 오렌지 시럽을 넣는다.
5 ④에 ③을 서서히 부어 층을 만든다.

STORY 스토리

오렌지 필 소 굿은 에스프레소에 오렌지와 레몬을 더해 상큼하고 청량한 향미가 표현되도록 레시피를 구성했다. 두 모금 정도의 양인 음료를 담기에 충분하고, 적은 양의 레이어드 음료가 효과적으로 보이도록 음료가 담기는 부분의 끝이 좁은 형태의 잔을 선택했다.

CHAPTER 5

2014 KBC 2위

리프레쏘
REFRESSO

PROFILE 프로파일

- 에스프레소 머신 Rancilio Classe 11 x-celsius
- 그라인더 Rancilio Kryo 65 OP & ST
- 원두명 무세띠 미도리
- 원두량 16g
- 에스프레소 추출방식 인퓨전 없음, 15초 추출, 리스트레또 25㎖
- 부재료 오이 시럽 12㎖, 젤라틴 폼 10g, 라임 껍질 한 조각
- 최종 음료량 35㎖
- 향미 시트러스, 깔끔한 애프터테이스트

RECIPE 만드는 법

1 포터필터에 분쇄원두를 담아 샷잔에 에스프레소를 추출한다. 이때는 인퓨전 없이 15초 동안 에스프레소를 추출한다.
2 ①을 작은 잔에 옮겨 담은 후 얼음이 담긴 볼 안에 넣어 3~5분간 냉각한다.
3 준비한 잔에 차가운 오이 시럽을 붓는다.
4 ③에 스푼을 대고 ②를 붓는다.
5 ④에 젤라틴 폼을 올리고 가니쉬로 라임 껍질을 올려 마무리한다.

TIP 오이 시럽 만드는 법

재료 물 25㎖, 설탕 50g, 올리고당 7㎖, 오이 30g

1 냄비에 물, 설탕, 올리고당을 넣고 끓인다.
2 오이를 갈아 체에 거른다.
3 ①과 ②를 1:1의 비율로 섞은 후 냉장 보관한다.

오이에는 수분이 많기 때문에 커피가 오이 시럽에 쉽게 스며들어 레이어드하기 어렵다. 이를 위해 오이 시럽에 올리고당을 넣고 점성을 만들어 층이 쉽게 나눠지도록 했다.

TIP 젤라틴 폼 만드는 법

재료 따뜻한 물 340㎖, 판젤라틴 2장(40g), 라임 50g, 설탕 50g

1 따뜻한 물에 판젤라틴을 넣고 녹인다.
2 라임과 설탕을 믹서기에 넣고 갈아 체에 거른다.
3 휘핑기에 ①과 ②를 넣고 질소 가스를 주입해 냉장고에서 12시간 숙성시킨 후 사용한다.

STORY 스토리

리프레쏘는 첫 모금에서 진한 리스트레또를, 두 번째 모금에서는 오이 시럽의 청량함과 달콤함을, 마지막엔 젤라틴 폼의 깔끔한 애프터테이스트를 느낄 수 있도록 레시피를 구성했다. 특히 젤라틴 폼은 휘핑크림보다 텍스처가 가볍고 깔끔해 오이 시럽과 잘 어우러지고, 라임 시럽을 넣어 상큼함을 추가했다. 가니쉬로 곁들인 라임 껍질이 시트러스 계열의 향미도 더한다. 완성된 리프레쏘는 상큼한 아로마를 효과적으로 전달하고자 좁고 높은 잔에 담는다.

시연 윤혜령 바리스타

커피스터디 플러스
Coffee Study Plus

2016년 11월 10일 1판 1쇄 발행
2025년 1월 7일 2판 3쇄 발행

엮은이 원경수, 최치훈, 김지훈, 김세헌, 아이비라인 출판팀
펴낸이 홍성대
편집 정성희, 이여진
사진 김대현, 김유나, 변귀섭, 월간Coffee
디자인 onmypaper 정해진
마케팅 홍준기, 이현석

펴낸곳 아이비라인
출판등록 2001년 12월 27일 제311-2003-00049호
주소 (04320) 서울시 용산구 한강대로 329 3층
전화 (02) 388-5061 **팩스** (02) 388-9880
홈페이지 www.the-cup.co.kr

ISBN 978-89-93461-52-7 13590

· 이 책은 저작권법에 따라 보호받는 저작물이므로 무단 전재와 무단 복제를 금합니다.
· 이 도서의 국립중앙도서관 출판시도서목록(CIP)은 서지정보유통지원시스템 홈페이지 (http://seoji.nl.go.kr)와 국가자료공동목록시스템(http://www.nl.go.kr/kolisnet)에서 이용하실 수 있습니다. (CIP제어번호: CIP2019034827)